DISSERTATIONS

DE

MAXIME DE TYR,

TOME SECOND.

Κατὰ πᾶσαν δὴ οὖν τῶν μελιττῶν τὴν εἰκόνα τῶν λόγων ἡμῖν μεθεκτέον. ἐκεῖναί τε γὰρ οὔτε ἅπασι τοῖς ἄνθεσι παραπλησίως ἐπέρχονται, οὔτε μὴν οἷς ἂν ἐπιπτῶσιν ὅλα φέρειν ἐπιχειροῦσιν, ἀλλ' ὅσον αὐτῶν ἐπιτήδειον πρὸς τὴν ἐργασίαν λαβοῦσαι, τὸ λοιπὸν χαίρειν ἀφῆκαν. ἡμεῖς τε ἢν σωφρονῶμεν, ὅσον οἰκεῖον ἡμῖν, καὶ συγγενὲς τῇ ἀληθείᾳ, παρ' αὐτῶν κομισάμενοι, ὑπερβησόμεθα τὸ λειπόμενον.

ΒΑΣΙΛ. ΜΕΓΑΛ.

Quocirca juxta totam apum similitudinem, orationum participes nos fieri convenit. Illæ enim neque ad flores omnes consimiliter accedunt, neque etiam eos ad quos advolant, totos auferre tentant; sed quantum ipsis ad mellis opificium commodum est accipientes, reliquum valere sinunt. Et nos sanè, si sapiamus, quantum sincerum est et veritati cognatum, ab ipsis adepti, quod reliquum est transiliemus.

DIV. BASIL.

« Il convient donc qu'en ce qui concerne ces monumens de l'esprit » humain, nous imitions pleinement les Abeilles, qui ne s'approchent » point de toutes les fleurs indifféremment, et qui ne picorent pas » tous les sucs de celles dont elles s'approchent. Mais, après s'être em- » parées de tout ce qui est propre à leur miel, elles laissent le reste. » Nous aussi donc, si nous sommes sages, nous nous approprierons, » dans les Ouvrages des Écrivains de l'Antiquité, tout ce qu'ils ren- » ferment de principes purs, sains, tout ce qui tient à la vérité; et le » reste, nous passerons par-dessus ». *SAINT BASILE, dans son Discours adressé aux jeunes-gens, sur les moyens de profiter de la lecture des Auteurs Grecs.*

DISSERTATIONS
DE
MAXIME DE TYR,
PHILOSOPHE PLATONICIEN,

TRADUITES

SUR LE TEXTE GREC,

AVEC DES NOTES CRITIQUES, HISTORIQUES ET PHILOSOPHIQUES,

PAR J. J. COMBES-DOUNOUS,

Membre du Corps-Législatif, et de quelques Sociétés Littéraires.

TOME SECOND.

A PARIS,

CHEZ BOSSANGE, MASSON ET BESSON.

XI. — (1802.)

TABLE

DES DISSERTATIONS

Du second Volume.

Fin de la Table du second et dernier Volume.

DISSERTATIONS

DISSERTATIONS

DE

MAXIME DE TYR.

DISSERTATION XXI (1).

La vie active l'emporte sur la vie contemplative.

IL est difficile de trouver la perfection dans tel ou tel genre de vie, comme de la trouver dans tel ou tel individu. Il manque partout quelque chose pour compléter le souverain bien (2). Il y a partout plus ou moins à désirer, partout plus ou moins à dire (3). Aux yeux de l'agriculteur, les citadins sont heureux. Ils mènent une vie agréable et brillante (4). Les Magistrats, les Orateurs, ceux surtout à qui beaucoup de réputation attire beaucoup de cliens, se plaignent de leur condition. Ils voudroient habiter une chaumière, vivre confinés dans un modique héritage. Les militaires, lorsqu'ils sont en campagne, regardent la paix comme un bonheur. Ceux dont l'état est de mener une vie sédentaire et paisible, convoitent la vie militaire; et, si quelqu'un des Dieux ôtoit à tous ces mécontens leur genre de vie et leur costume actuel, comme s'ils étoient des acteurs dramatiques, et qu'il mît chacun à la place de son voisin, chacun se déplairoit encore dans sa nouvelle condition, et voudroit retourner à la première. Tant l'homme est difficile, acariâtre, hargneux, inquiet, et toujours dégoûté de sa position!

II. Mais que sert-il de s'occuper des affections des hommes vulgaires et de leurs divers mécontentemens? Cela ne sert pas plus que de s'occuper des quadrupèdes. Quant aux philosophes qui se piquent de mener une vie réglée par les principes de la prudence, et l'expérience de la saine raison, faut-il les blâmer ou les plaindre, de ce qu'ils ne cessent point de disputer, soit entr'eux, soit avec les autres, sans être nullement fixés sur le genre de vie auquel il leur convient de s'attacher (5)? Ils ont ainsi la maladresse de ressembler à des pilotes prêts à mettre à la voile, qui se sont munis d'un grand vaisseau, de provisions saines, de nombreux agrès, d'un équipage habile et complet, de solides instrumens, d'un bon lest; et qui, au milieu de la navigation, perdent (comme on dit) la tramontane, ne savent plus de quel côté se tourner, et, dans le nombre des ports qui se présentent à eux, n'osent se fier à aucun. Laissons donc se complaire dans leur condition, et celui qui se consume dans les jouissances, et celui qui cultive la terre de ses propres mains, et celui qui erre sur les flots, et le soldat qui se fait stipendier, et l'Orateur qui s'enroue dans les comices, et l'Avocat qui se démène dans les Tribunaux. De même que, dans les combats gymniques, les athlètes foibles, qui, contre toute probabilité de succès, se présentent dans l'arène, renoncent bientôt à l'espoir de vaincre, tandis que ceux qui ont la vigueur nécessaire, demeurent fermes, soutiennent les chocs, et disputent la victoire; de même, dans la carrière de la vie, il est des individus à qui l'on devroit défendre de la parcourir, et qu'on en devroit éconduire. Mais que les partisans de la vie active, et ceux de la vie contemplative, ces deux espèces d'antagonistes et de rivaux, entre lesquels on se partage, comparoissent et plaident leur cause, tour-à-tour, devant le Tribunal de la raison. Or, quels seront entr'eux ceux qui auront les premiers la parole? Nous pensons que ce doit être les champions de la vie active. Car ils ont plus de hardiesse, plus de confiance, parce qu'ils ont l'usage du monde.

III. Voici leur langage: si, à l'entrée de la vie, comme à la porte d'une Cité, on rencontroit quelqu'un constitué en autorité (6), qui, avant de permettre de passer le seuil de la porte, voulût savoir ce que chacun est en état de faire, et en quoi il peut être utile à la Cité, dans le sein de laquelle il veut s'introduire, je pense que l'un diroit qu'il est maçon, c'est-à-dire, qu'il sait disposer avec art des pierres dans un certain ordre, et qu'il construira aux habitans de la Cité, des abris suffisans pour les défendre du froid et du chaud; l'autre, qu'il est tisserand, c'est-à-dire, qu'avec des fils, de la trame et une navette, il fait des vêtemens propres, à la fois, à couvrir le corps, et à le parer. L'un diroit qu'il fait des charrues, des siéges, ou tout autre meuble de son métier. L'autre diroit qu'il forge, en fer, ou en airain, toute sorte d'armes pour la guerre, toute sorte d'outils pour la paix. Il est même apparent que l'on admettroit les artistes dont les ouvrages tiennent aux agrémens de la vie, tels que des peintres, des sculpteurs, pour le plaisir des yeux, des parfumeurs, des cuisiniers, pour la manipulation des odeurs et des alimens, et tous les arts nés pour les délices de l'oreille, tels que la musique, le chant, et la danse. Peut-être même appeleroit-on des bouffons pour faire rire, des histrions pour donner des spectacles, et des maîtres de rhétorique. Homère a tiré parti de la beauté de Nirée (7), même dans un camp. Personne ne vient donc à la vie, sans apporter, si l'on peut s'exprimer ainsi, son contingent. L'un y vient avec un métier, l'autre avec un art, un troisième avec de la volupté.

IV. Dans laquelle donc de ces classes rangerons-nous le philosophe? Car il est notoire que ce n'est point un personnage inutile. Il ne joue pas le rôle d'un *frelon*. C'est un homme qui vit sous la loi commune, et qui travaille pour le bien commun. Quel est donc le contingent qu'il apporte dans la société? Quelle place lui assignerons-nous? Le rangerons-nous parmi les armuriers, comme Tychius (8); parmi les cuisiniers, comme Mithæcus (9); parmi les bons vivans, comme Phrunion (10); parmi les bouffons, comme Philippe; parmi les démagogues, comme Cléon (11)? ou bien errera-t-il à l'aventure, comme n'ayant, parmi nous, ni feu, ni lieu? mais encore est-il bon à quelque chose, et nous ne savons à quoi. «Je vis», dit-il, «en repos; je contemple, à part moi, » la nature, et je me nourris de vérité». Qu'il est heureux, ce philosophe, de jouir de tant de loisir! A bord d'un vaisseau, il n'est ni pilote, ni rameur, ni du nombre de ceux qui s'empressent de donner du secours dans la tempête, ou de mettre la main à la rame, ou à la manœuvre, dans le moment du calme (12). C'est une de ces masses immobiles et inanimées, qui ne servent qu'à faire poids dans la *cargaison*. Mais pense-t-il qu'une Cité ait moins besoin d'un concours de services, pour se conserver sur terre, qu'un vaisseau en pleine mer? Nous pensons, nous, qu'il y a plus à exiger dans une Cité. Peu de gens, dans un vaisseau, mettent la main à l'œuvre (13); les autres, qui ne font qu'ajouter au poids des objets dont il est chargé, demeurent dans l'immobilité et dans l'inertie. Au lieu que, dans une Cité, chacun doit coopérer à l'œuvre de la conservation commune. C'est, comme dans le corps humain, un assemblage de plusieurs parties, sujètes à plusieurs besoins, et qui se conservent, par l'exactitude avec laquelle chaque partie remplit sa fonction, pour le bien du tout. Les pieds portent; les mains opèrent; les yeux voient; les oreilles entendent; et ainsi du reste, pour abréger.

V. Si, à l'exemple de ce Phrygien, qui composoit des apologues (14), nous supposons que les pieds sont mécontens de tout le reste du corps, qu'excédés de fatigue, las de soutenir debout un si grand poids, ils veulent enfin ne rien faire et se reposer; que la mâchoire se lasse, à son tour, de moudre et de triturer le manger nécessaire à une si grosse masse (15), et que chacune de ces parties, refusant son ministère, demande de se livrer à la contemplation; si tout cela arrive, l'individu, contre qui se réalisera cette fabuleuse conjuration, ne doit-il pas mourir, de toute nécessité? Il en est, sans doute, ainsi du corps politique. Si chacun de ses membres, dégoûté du travail, cessant ses fonctions, vouloit se séquestrer de la société, pour se livrer à l'indolence et au repos, n'en résulteroit-il pas la ruine, la dissolution du corps social? Quoi! la force d'un édifice consiste dans la liaison et la correspondance réciproque des pierres qui le composent. C'est ce qui le soutient et en fait la solidité, de manière qu'ôter une pierre quelconque de cet ensemble (16), ce seroit le faire crouler; et nous ne penserions pas que la société est un tout, dont la conservation tient au concours de toutes ses parties ! Que certains individus se vouent à l'inertie, à-la-bonne-heure. Que Thersite quitte son poste, et décampe, l'armée des Grecs ne s'en ressentira pas. Mais qu'Achille, bouillant de colère, se retire dans sa tente, qu'il s'abandonne à l'inaction, qu'il passe son temps à chanter ou à jouer de la lyre, ce sera, pour ses compagnons d'armes, une source de calamités. Lorsqu'un individu doit faire du bien par sa présence, il faut, de toute nécessité, que son absence soit funeste. Dira-t-on qu'il n'y a qu'un homme de sens, qu'un homme prudent, qui embrasse la contemplation, l'amour de la vérité, du repos? Mais quoi donc! Le pilote consommé abandonne-t-il le timon à celui qui n'a pas les premiers élémens du pilotage? Le Général habile remet-il le commandement à celui qui n'en a nulle notion? Et quel mérite y a-t-il à connoître la vérité, à la renfermer dans le sein de son âme, comme un bien (17) oisif, stérile, et sans fruit, qui ne sert ni à celui qui le possède, ni à autrui (18)? A moins que l'ouïe ne soit une belle chose, afin seulement que nous la possédions, et non afin qu'elle soit pour nous le véhicule de la voix et de l'harmonie : à moins que la vue ne soit une belle chose, afin seulement que nous la possédions, et non afin qu'elle nous serve à voir la lumière du soleil; à moins que la fortune ne soit une belle chose, afin seulement que nous la possédions, comme un trésor inutile et caché sous terre.

VI. En un mot, que sert-il de savoir uniquement à quoi le savoir est propre? à quoi bon être versé dans la médecine, si l'on ne s'adonne à rendre la santé aux malades? à quoi bon le talent de Phidias, si l'on ne l'exerce sur l'or, le marbre et l'ivoire? Nestor aussi étoit un sage; mais nous voyons les œuvres de sa sagesse. Il sauva une armée, procura la paix à une Cité, donna de la vertu à des enfans, et des mœurs à un peuple. Ulysse aussi étoit un sage, mais nous voyons ses hauts faits, sur mer et sur terre. « Il parcourut les Cités de » plusieurs nations; il étudia leurs mœurs, en tra- » vaillant à se sauver lui-même, et à ramener ses » compagnons à Ithaque (19) ». Et outre ceux-là, Hercule aussi étoit un Sage, non d'une sagesse d'é- goïsme, mais d'une sagesse qui se répandit dans toutes les régions de la terre. Il fut l'exterminateur des monstres, le fléau des tyrans, le libérateur des esclaves, le législateur des hommes libres, le restaurateur de la justice, l'inventeur des lois, le héraut de la vérité, le modèle des belles actions. Si Hercule se fût séquestré, s'il eût vécu dans l'inertie, livré à une oisive sagesse : au lieu d'Hercule, il n'auroit été qu'un sophiste, et personne n'auroit osé l'appeler fils de Jupiter. Jupiter lui-même ne vit point dans l'inaction. Car, si les cieux cessoient de rouler (20), la terre d'être féconde, les fleuves de couler vers la mer, et la mer de recevoir les fleuves, les saisons de se succéder, les parques de remplir chacune les fonctions qui leur sont assignées, les muses de chanter; les vertus des hommes cesseroient de se perpétuer, les animaux de se reproduire, les fruits de renaître; et l'univers entier, se repliant sur lui-même, ne tarderoit pas à rentrer dans le désordre et dans le chaos. Mais, Jupiter étant dans une activité continuelle, incapable de s'altérer, de se ralentir, n'étant jamais fatigué, ni tenté de se donner aucun relâche, il conserve éternellement les êtres. Aussi est-ce par la voie des songes qu'il fait retentir aux oreilles des Rois amis de leurs peuples, et qui lui ressemblent, cette célèbre leçon: « Celui à qui la conservation, le » salut, et le bonheur d'une nation, sont confiés, ne » doit point passer toute la nuit à dormir (21) ».

VII. A l'aspect de ces exemples, le philosophe imitera-t-il Jupiter, Hercule, les bons Rois, les bons Magistrats ; ou menera-t-il la vie d'un sauvage né dans un désert ; une vie solitaire, et non point une vie de société ; une vie de cyclope, et non point une vie d'homme ? Mais du moins, la terre produisoit pour ces derniers du froment et de l'orge, « quoique » leurs mains ne connussent aucune sorte d'agricul- » ture (22) ». Chacun du moins gouvernoit son ménage, sa femme et ses enfans (23) et n'étoit pas plongé dans une inaction absolue. En un mot, à qui une pareille inertie pourroit-elle convenir, si ce n'est à un cadavre ? Sans doute, si l'activité étoit incompatible avec la vertu, les zélateurs de celle-ci auroient raison de renoncer à l'autre. Mais, si la vertu de l'homme consiste dans l'action et non dans la méditation (24), dans l'exercice des fonctions sociales, dans l'usage d'une vie politique, il faut rechercher les choses avec lesquelles on trouve aussi la vertu. « Car, il en coûte peu d'être méchant (25) », selon l'idée du poëte de Béotie ; « mais les Dieux ont placé la sueur au-devant » de la vertu (26) », et il est plaisant de voir un athlète demander la couronne, sans s'être montré dans l'arène.

VIII. Mais, dira-t-on, se jeter dans les affaires, c'est s'environner de dangers, c'est s'exposer à des inimitiés, à des piéges, à des délations, à des rivalités, à l'opprobre, à l'exil, à la mort (27). Quoi donc ! mais si le pilote, avant de s'embarquer, raisonnant de la même manière, songeoit que la navigation a ses périls, qu'on doit s'attendre à mille fatigues, à mille accidens, à beaucoup d'incertitudes de la part des vents et des saisons; d'un autre côté, si un Général d'armée, avant d'entrer en campagne, réfléchissoit que les évènemens de la guerre sont très-incertains, que les chances sont égales de part et d'autre, que sa défaite ou sa mort dépendront d'une marche, d'un mouvement; il est probable qu'avec de semblables raisonnemens, la mer seroit sans navigateurs; que, faute de Généraux, la liberté des peuples ne seroit qu'un songe, et que l'homme seroit réduit à la triste, à l'inerte, et à la misérable condition du ver de terre. Nous vantera-t-on la vie de Sardanapale, la vie d'Epicure? Eh bien! opposons à Sardanapale, Cyrus, à un Assyrien, un Perse, qui, pouvant rester tranquille et vivre en repos, aima mieux entreprendre de rompre les fers de sa patrie, et lui rendre la liberté; aima mieux supporter les fatigues des expéditions militaires, endurer la faim, la soif, et ne se donner, ni le jour, ni la nuit, le moindre relâche (28). Opposons au Grec Epicure, plusieurs autres Grecs; parmi les Académiciens, Platon; parmi ceux qui ont porté les armes, Xénophon; parmi les navigateurs, Diogène.

IX. Le premier, par attachement pour un ami exilé (29), et réduit à la misère, brava la puissance redoutable d'un fier tyran; il multiplia les voyages par mer et par terre (30). Il se rendit lui-même odieux au despote. Il s'exposa, se compromit, plutôt que de rien omettre de ce qu'exigeoit le caractère de philosophe. Il étoit cependant le maître de ne pas bouger de l'Académie, et de ne pas interrompre ses contemplations dans la recherche de la vérité. Proxène mande Xénophon; l'oracle d'Apollon (31) se joint à

Proxène; et Socrate détache son disciple de ses loisirs et de ses études, pour l'envoyer à la tête d'une armée, au secours de plusieurs milliers de Grecs. Que dirons-nous de Diogène, qui, renonçant à son repos, parcourt, en observateur, toutes les contrées de son voisinage? Ce n'est point un voyageur nonchalant et paresseux. C'est le personnage dont parle Homère, « qui s'approche avec honnêteté de tous les Princes » et de tous les hommes de génie, pour en apprendre » quelque chose; et s'il rencontre, ou un rustre, ou » un bavard, il l'écarte avec son bâton (32) ». Au reste, il ne se ménagea pas lui-même. Il se châtia, se tailla de la besogne; « après s'être ignominieuse- » ment blessé, il se couvrit les épaules d'un méchant » manteau (33) ».

X. Dirons-nous que l'homme de bien, qui se livre à l'activité, qui ne s'isole point, qui ne laisse pas le champ libre aux méchans, travaille pour son propre compte, et tourne les autres au bien? S'il quitte la partie, s'il tourne le dos, il donne de l'audace, de l'insolence, de l'intrépidité aux méchans, il se met à leur discrétion : « Malheureux, où fuis-tu, pourquoi » montrer les talons au milieu des rangs ennemis (34) »? Ne recule point; tiens ferme; soutiens le choc; et tu ne seras point blessé. Tu n'as affaire qu'à une armée de lâches : leurs coups ne portent point : si tu cours sur eux, aucun n'osera te faire tête. Mais si tu prends la fuite, ils se disputeront à l'envi le plaisir de t'accabler. Tu auras le sort d'Ajax, sous les murs de Troye (35), et de Socrate, à Athènes. Les méchans ne lâchèrent prise contre ce dernier, qu'après qu'ils eurent entièrement consommé sa perte. Où donc trouver de la sécurité dans cette vie, parmi ce monde d'ennemis? Car rien ne conspire plus obstinément contre la vertu de l'homme de bien, que la méchanceté qui peuple la terre. « Retranché », dit Socrate, « dans une cita- » delle, je vois les autres continuellement en butte » aux agressions et aux combats (36) ». Bon Socrate, montre-nous donc cette inexpugnable forteresse, d'où nous puissions, en nous y plaçant, braver toutes les atteintes. Mais, si tu n'en as pas de plus sûre que la tienne à nous indiquer, nous voyons déjà des milliers d'Anytus, des milliers de Mélitus en faire le siége; et nous serons forcés dans nos retranchemens.

NOTES.

(1) Cette Dissertation et la suivante ont été séparément traduites en latin par Jean Rainold, et imprimées à Londres, en 1619, in-12.

(2) « Le philosophe », dit Socrate, au 6e. livre de la *République de » Platon*, (édition de Grou, tome II, page 121). « Le philosophe » devient, autant que la foiblesse humaine le permet, un homme » divin et réglé dans toutes ses actions.... J'ai mis cette restriction, » parce qu'il n'est rien ici-bas, où on ne trouve quelque chose à re- » prendre ». Voyez la note du traducteur sur ce passage.

(3) Horace a bien joliment rendu la même pensée en parlant de l'homme :

Nemo vitiis sine nascitur : optimus ille est
Qui minimis urgetur.

(4) On diroit que Maxime de Tyr n'a fait que copier ici le début du premier discours du premier livre d'Horace :

Qui fit, Mæcenas, ut nemo quam sibi sortem, etc.

C'est l'opinion de Davies, *Equidem suspicor nostrum, cùm Dissertationis hujusce principium scriberet, in animo habuisse Flacci locum qui legitur*, lib. I, serm. I. *Nam eandem rem uterque agit, eadem utrobique dantur exempla, et inter easdem personas instituitur comparatio.* C'étoit aussi l'opinion de Jensius, *in fere. litter.* pag. 14. On retrouve les mêmes idées dans Photius, CCXLIII, col. 2033.

(5) Le poëte Ausone a composé une pièce en vers hexamètres, qui commence par ces mots, *quod vitæ sectabor iter*. Il passe en revue toutes les conditions de la vie humaine. Il trouve dans chacune des inconvéniens; et il termine par cette sentence, d'un des penseurs de l'antiquité: « Qu'il seroit bon de ne point naître, ou de mourir aussitôt » après être né ».

Non nasci esse bonum, natum aut citò morte potiri.

(6) Le texte porte littéralement, l'*Archonte ou le Fondateur de la Cité*.

(7) Homère parle de ce Nirée, au second chant de l'*Iliade*, 671e. vers. « Nirée étoit à la tête de trois vaisseaux; Nirée, fils d'Aglaë et du Roi » Charope; Nirée, le plus beau des Grecs qui marchèrent contre les » Troyens ». Euripide rend le même hommage à la beauté de Nirée, dans son *Iphigénie en Aulide*, 204e. vers.

. . . ἅμα δὲ Νι-
ρέα κάλλιστον Ἀχαιῶν.

Lucien parle aussi de Nirée, dans un de ses Dialogues des morts.

(8) C'est le nom qu'Homère donne à l'armurier qui avoit fait l'énorme bouclier d'Ajax. Voyez l'*Iliade*, chant 7, 220e. vers.

(9) Maxime de Tyr fait mention de ce cuisinier célèbre, en plus d'un endroit. *Dissert. IV*, sect. V. *Dissert. XXVI*, sect. I.

(10) Davies soupçonne que le nom propre du texte a été altéré. *Voyez* sa longue note sur cet endroit. Je soupçonnerois volontiers que le mot qui le précède l'a été également. Car Maxime de Tyr passe ici les métiers, les professions, en revue; et je ne sache point que l'action exprimée par le verbe εὐφραίνειν fût un métier.

(11) Ce Cléon est celui qu'Aristophane a joué dans ses comédies, et sur la vie duquel on trouve quelques détails dans Thucydide. Quant à Philippe, Xénophon en parle plus d'une fois dans son *Symposiaque*, chap. I, 11. 15. III, 11. IV, 50.

(12) *Voyez* ci-dessus la *note* 11 *de la première Dissertation*.

(13) Le texte est évidemment altéré en cet endroit. Mais il a été restauré avec beaucoup de sagacité par Reiske, par Davies, et principalement par Markland.

(14) Il est évident que Maxime de Tyr fait allusion, ici, au fameux apologue d'Ésope, *les membres et l'estomac*, qui fit jadis un si grand effet, à Rome, dans la bouche de Ménénius-Agrippa. *Voyez* Tite-Live, liv. II, 32. Au reste, le texte porte littéralement, *si vous voulez, fabuliste Phrygien, scindre une fable*, etc.

(15) Le grec porte, τοσούτῳ ὄχλῳ σαρκῶν. Henri-Étienne, à qui cette leçon avoit paru suspecte, s'étoit imaginé de substituer ὄγκῳ à ὄχλῳ. Mais les annotateurs Anglois ont pris la défense de la leçon vulgaire, et ont établi, Davies, que Platon, dans son *Timée*, s'étoit servi de la même locution ὄχλον σαρκῶν, et Markland, que Philon, dans son Traité ὅτι ἄτρεπτον τὸ θεῖον, avoit employé la même expression, σαρκῶν ὄχλον, βαρύτατον ἄχθος.

(16) Afin de mieux sentir la justesse de cette idée, il faut se rappeler que les Anciens bâtissoient souvent sans employer de ciment. J'ai vu, à Nîmes, les restes d'un temple de Diane, où les pierres se touchent visiblement, sans l'interposition de rien d'étranger. Or, il est sensible que, dans un semblable procédé de construction, la soustraction d'une pierre doit faire crouler tout ce qui forme voussure.

(17) Le grec porte, *comme un trésor.*

(18) « Je ne voudrois point de la sagesse », dit quelque part Sénèque, « à condition de ne la pas montrer ».

(19) Ces paroles sont empruntées des premiers vers du premier chant de l'*Odyssée.*

(20) Le grec porte, ἢ γάρ ἂν ἐπαύσατο καὶ οὐρανὸς περιφερόμενος. Les Anciens, ayant placé la terre immobile au centre du monde, devoient faire tourner les astres autour d'elle, comme le soleil.

(21) Ce passage est emprunté du deuxième chant de l'*Iliade*, v. 24.

(22) Voyez l'*Odyssée*, chant neuvième, vers 108.

(23) Maxime de Tyr fait allusion, ici, à ce que dit Homère, quelques vers plus bas, de ces mêmes Cyclopes :

θεμιστεύει δὲ ἕκαστος
Παίδων ἠδ᾽ ἀλόχων.

(24) C'est sur ce principe, sans doute, que J. J. Rousseau a dit, » L'homme qui médite est un animal dépravé ».

(25) Voyez *Hésiode*, poëme des *Œuvres et des Jours*, 287e. vers.

(26) *Ibid.* 289e. vers.

Τὴν μὲν τοι κακότητα καὶ ἰλαδὸν ἔστιν ἑλέσθαι
Ῥηιδίως. ὀλίγη μὲν ὁδὸς, μάλα δ᾽ ἐγγύθι ναίει.
Τῆς δ᾽ ἀρετῆς ἱδρῶτα θεοὶ προπάροιθεν ἔθηκαν
Ἀθάνατοι.

(27) C'étoit sur toutes ces considérations qu'un Ancien avoit érigé en principe, « que le suprême agrément de la vie étoit dans l'éloignement de toutes fonctions publiques », ἐν τῷ μηδὲν λειτουργεῖν, ἥδιστος βίος.

(28) Voyez *Hérodote*, liv. I, 125, et *Justin*, liv. I, 6.

(29) C'est de Dion qu'il s'agit. Plutarque est entré dans beaucoup de détails sur ce trait historique, *Vie de Dion*. Voyez Tzetzès, chil. V, 174. Philostrate, *Vie d'Apollonius*, VII, 1. et *Diogène-Laërce*, III, 21.

(30) S'il faut en croire Apulée, ce ne fut qu'au troisième voyage de Platon, en Sicile, qu'il parvint à faire rentrer Dion en grâce auprès de Denis. *De habit. doctr. plat.*

(31) Diogène-Laërce parle de cette célèbre expédition de Xénophon, dans la *Vie de ce philosophe*. Il en parle lui-même au troisième livre de son *expédition de Cyrus*.

(32) Ce passage est emprunté du second chant de l'*Iliade*, 188e. et 198e. vers.

(33) Voyez l'*Odyssée*, 4e. chant, 244e. vers; et Élien, *Histoires diverses*, III, 20.

(34) C'est en ces termes que Diomède apostrophe Ulysse, dans le 8e. chant de l'*Iliade*, vers 94.

(35) Maxime de Tyr fait allusion, ici, au mouvement de terreur dont Homère dit qu'Ajax fut frappé, par Jupiter, au milieu d'un champ de bataille. Voyez l'*Iliade*, chant onzième, vers 543.

(36) Davies et Markland ont conjecturé que notre Auteur avoit, ici, en vue le passage suivant du 6e. livre de la *République de Platon*; (je me sers de la version de Grou). « Et comme un voyageur, accueilli » d'un violent orage, s'estime heureux de rencontrer un mur pour se » mettre à l'abri de la pluie et des vents ; de même, voyant que l'in- » justice règne partout impunément, ils mettent (ces philosophes) » le comble du bonheur à pouvoir conserver, dans la retraite, leur » cœur exempt d'iniquités et de crimes, passer leurs jours dans l'inno- » cence, et sortir de cette vie avec une conscience tranquille et rem- » plie des plus belles espérances ». Si, en effet, notre Auteur a fait allusion à ce passage, où Socrate ne parle point de lui personnellement, il faut penser, comme Markland, que Maxime de Tyr a poussé assez loin la liberté d'adapter les idées de Platon aux siennes. Car, dans l'endroit même du Traité de la *République*, d'où ce passage est emprunté, Socrate conclut pour *les vrais philosophes*, dans un sens tout opposé à celui de notre Auteur, dans cette Dissertation.

Paris, le 18 prairial an IX. (7 juin 1801.)

DISSERTATION XXII.

La vie contemplative l'emporte sur la vie active (1).

Si nous étions accusés devant un Tribunal, nous trouverions mauvais que les Magistrats ne donnassent pas à chaque partie une égale faculté de se défendre, et qu'ils ressemblassent plutôt à des tyrans qu'à des juges. Les règles et les chances des jugemens, dans les dicastères (2) de la justice civile, sont hors de la méthode et des principes de la philosophie. Cependant lorsque la raison combat contre la raison, un ami contre son ami, dans l'intérêt de la recherche de la vérité, cette sorte de lutte ressemble à ce qui se passe dans les Tribunaux. Donnons donc la parole aujourd'hui à l'autre partie, au champion de la vie contemplative; qu'il se présente tout bonnement devant ses juges, et qu'il combatte son acte d'accusation. Cet acte peut être ridigé, à-peu-près, ainsi : « On accuse Anaxagoras, citoyen de Clazomène, lequel participe à » la religion, et à tous les avantages (3) politiques, » aux lois, aux approvisionnemens de tout genre, » dans la Cité, ainsi que tout le reste de ses concitoyens, de fuir ces derniers comme s'ils étoient des » bêtes sauvages, de ne se montrer jamais dans leurs » assemblées, ni aux cérémonies de leurs fêtes, ni » dans leurs dicastères (4), ni ailleurs que ce puisse » être; tandis que, d'un autre côté, il laisse ses terres » en friche (5), sa maison déserte, et qu'il se concentre, tout entier, dans l'étude, et l'investigation de » la sagesse ».

II. Voilà l'acte d'accusation ; voici la défense d'Anaxagoras : « Citoyens de Clazomène, il s'en faut beau- » coup que je commette envers vous aucune injustice; » j'en suis très-certain. Car vous n'avez point souffert » de mes prévarications, dans le maniement de vos » finances. Je n'ai personnellement rien fait pour di- » minuer votre réputation, et celle de votre Cité, » parmi les peuples de la Grèce. Dans mes relations » avec chacun de vous, je me suis montré, je pense, » également affable et modeste. Du côté des lois que » vous avez établies, et de la forme de Gouvernement » sous laquelle notre État fleurit, vous avez encore » moins à me reprocher. Reste donc, si je ne vous » fais aucun tort par ma manière de vivre, ni par ma » conduite journalière, et qu'il y ait néanmoins quel- » que chose à dire à mes opinions, reste, dis-je, que » vous m'acquittiez de l'accusation qu'on m'intente de » délinquer contre la République; et que j'obtienne » des précepteurs qui m'instruisent de ce qui m'inté- » resse personnellement, au lieu d'être en butte à des » accusateurs. Au surplus, je vous dirai, quant à » moi, tout ce qui en est, sans vous rien celer, dussiez- » vous éclater de rire, en apprenant à quoi je passe » mon temps (6). Sans doute, je n'ignore pas que c'est » une belle chose que d'avoir de l'autorité dans la Ré- » publique, d'être répandu dans la société, de se mettre » en évidence, de jouer un rôle dans les affaires. Ces » avantages, je le sais, sont d'un très-grand poids; » lorsque l'amour de la probité et le zèle de la vertu » les accompagnent, ils font un bien infini à celui qui » les possède. Ils plongent, au contraire, celui qui ne les » possède pas dans la bassesse, l'avilissement, et l'ab- » jection ; et ne laissent pas aux méchans, lors même

» qu'ils

» qu'ils en sont revêtus, le moyen de n'être pas reconnus pour tels. Les Magistratures illustrent les hommes; mais, plus un Magistrat s'écarte de son devoir, plus il est accusé par sa place. S'il pense bien, et que sa conduite puisse, avec sécurité, soutenir le grand jour, sa dignité relève l'éclat de sa personne. Si, au contraire, il manque de prudence et d'habileté, et qu'il se charge de fonctions publiques auxquelles ces deux qualités sont nécessaires, il faut, de toute nécessité (7), que son impéritie et son défaut de moyens lui fassent commettre bien des fautes. En réfléchissant là-dessus, je pensai que je devois être plus circonspect qu'un autre: de peur que, si, malgré mon incapacité, je me jetois dans les affaires publiques, je ne manquasse d'apercevoir mes écarts, et de prévoir mes chutes. Car, si vous m'aviez ordonné de faire ma partie dans un concert, ce n'eût point été commettre aucune injustice, envers vous, que de refuser de prendre ma place dans le chœur, avant que d'avoir appris à chanter. De là vient que, prenant peu de soin de la culture et du produit de mes terres, je me suis adonné à ce genre de vie, qui, nourrissant l'âme d'instruction et de savoir, comme les yeux se nourrissent de lumière, lui assure le moyen de parcourir le reste de sa course avec toute sécurité. Or, ce genre de lumière, (l'instruction et le savoir) ne peut point être acquis par les hommes que nous nommons *Panathénaïques* (8). Il ne se compose ni de bagatelles, ni de futilités, ni de soins agricoles, ni d'occupations judiciaires, ni d'intérêts publics et politiques. Ses élémens sont l'amour de la vérité, la contemplation de la Nature, et le désir ardent d'arriver à la science de l'une et de l'autre.

» Dans l'idée que c'étoit à ce but qu'il falloit viser, j'ai » pris la raison pour guide; et je me suis efforcé de re» connoître les vestiges de la route qui y conduit.

III. » Voilà pour ce qui me concerne. Je vais mon» trer maintenant, que cette conduite de ma part est » ce que je pouvois faire de mieux, par rapport à » vous. Le salut des Cités ne consiste pas à avoir de » bonnes murailles, d'excellens ports, des vaisseaux » bons voiliers (9), des édifices publics, des lieux sa» crés, des gymnases, des temples, et un riche atti» rail pour les cérémonies. Car, quand bien même » toutes ces choses ne seroient détruites, ni par la » guerre, ni par le feu, ni par aucune autre calamité » de ce genre, elles deviendroient un jour la proie du » temps. Ce qui maintient les Cités, c'est l'harmonie, » c'est la symétrique organisation du Gouvernement. » Or, c'est à une saine législation à produire ce résul» tat. C'est à la vertu des Citoyens à garantir une » saine législation. C'est à l'instruction à produire la » vertu. C'est à l'étude à engendrer l'instruction. C'est » à la vérité à présider à l'étude. C'est à la contem» plation de la vérité à la propager, et à la rendre fé» conde. Car, il n'existe point, non, il n'existe point » d'autre moyen pour faire de la vertu un bien effec» tif et de possession, que l'étude et la science de la » vérité. Elles aiguisent l'âme, elles la ravissent; lors» qu'elle est dans l'ignorance, elles l'instruisent; lors» qu'elle est instruite, elle conserve ses lumières. En » les conservant, elle en fait usage; et lorsqu'elle en » fait usage, elle ne tombe pas dans l'erreur. Telles » sont les vues finales de la contemplation, la recher» che de la vérité, l'art de régler ses mœurs, l'art du » raisonnement, la manière d'ordonner l'âme au bien,

» et l'exercice de la probité. Dire que cette marche » ne conduit pas au *beau* moral ; ou bien en convenir, » et prétendre qu'elle n'est point susceptible d'être sou- » mise à des règles, et d'être enseignée, mais qu'elle » tient au hasard et aux conjonctures ; c'est se moquer » des gens (10), ou plutôt, c'est professer une erreur » digne de provoquer la vindicte publique. Mais, si » personne n'est assez insensé pour mettre en avant un » semblable paradoxe, il est donc impossible de con- » noître la vérité, d'acquérir une logique saine, de » devenir vertueux par la science des lois et de la » justice, autrement qu'en étudiant, en cultivant, et en » pratiquant toutes ces choses : de même qu'il est im- » possible de devenir armurier, si l'on ne s'adonne à » la fabrication des armes ; taillandier, si l'on ne tra- » vaille chaque jour à faire rougir le fer et à le forger ; » pilote, si l'on n'apprend la navigation, et si l'on ne » hante les mers. En se livrant donc à ces occupa- » tions, on ne cause aucun dommage quelconque. Au » lieu que, si l'on s'en abstenoit, et qu'on laissât son » âme inculte et en friche, ce seroit alors que l'on se- » roit coupable, et que l'on mériteroit d'etre traduit » devant les Tribunaux. Citoyens de Clazomène, je » viens de me justifier, devant vous, touchant ce » que je regarde, à la fois, comme la justice et la » vérité. Je pense donc que vous ne précipiterez point » votre jugement, et que vous y surseoirez, quant à » présent, jusqu'à ce que vous ayez été vous-mêmes » les spectateurs et les témoins des résultais de ma » manière de vivre. Si ces résultats sont utiles, vous » m'acquitterez de l'accusation qu'on m'a intentée. » Dans le cas contraire, vous me condamnerez à la » peine que vous jugerez convenable ; et alors je

» serai mieux en état de prendre un parti éclairé là-» dessus ».

IV. Un tel discours, une pareille apologie exciteroit, sans doute, les éclats de rire du peuple de Clazomène. Car Anaxagoras ne paroîtroit pas plus digne de foi que ses accusateurs. Mais, fût-il condamné à ce Tribunal, il n'en seroit pas moins sûr qu'il auroit dit la vérité (11). Supposons, au contraire, des Juges dignes de ce titre, non de ceux qui sont élus par le sort des fèves (12), mais de ceux qui doivent leurs dignités à leurs lumières (ce qui seul, en effet, donne des droits à l'élection), sans doute, ce ne seroit point devant des Juges pareils que seroient traduits comme accusés, et qu'auroient à se défendre, Anaxagoras à Clazomène, Héraclite à Éphèse, Pythagore à Samos, Démocrite à Abdère, Xénophane à Colophon, Parménide à Élée, Diogène à Apollonie (13), ou quelque autre de ces hommes divins : ou, s'ils comparoissoient devant eux, comme devant leurs pairs, ils auroient beau jeu avec des hommes intelligens, religieux, susceptibles de persuasion, à parler des choses qui regardent les Dieux, la Raison, et l'entendement humain : à développer, par exemple, cette vérité, que Jupiter a donné à l'âme de l'homme trois facultés, trois siéges, trois natures (14), à l'instar de l'organisation politique d'une Cité: qu'il a placé, comme dans la citadelle (15), la faculté dominante, celle qui a la prépondérance dans les décisions ; qu'il l'y a fixée, en ne lui assignant d'autre fonction que celle du raisonnement; qu'il a attaché et subordonné à cette première faculté, pour exécuter ses ordres, la seconde, qui a reçu en partage la vigueur, la force, et l'activité nécessaire, pour effectuer ce qui a été déterminé par la volonté de la première; et qu'il a mis à la troisième place cette multitude d'affections de paresse, d'intempérance, de sordidité, cette foule de désirs, de passions, de goûts déréglés, d'appétits de toute espèce, qui ressemblent à une sorte de populace oisive, tumultueuse, susceptible de divers genres d'impressions, et dans un état de démence. Telle étant la distribution de l'âme humaine, par rapport à son économie intérieure, la sédition doit y naître des mêmes causes que dans les Corps politiques. Le plus heureux, parmi ces derniers, est celui qui est gouverné par un Monarque, celui où toutes les parties de l'État sont soumises, selon la loi de Dieu, à celui qui est né avec les talens et la capacité nécessaires pour commander. Celui qui vient ensuite dans l'échelle du bonheur, est celui qui a un Gouvernement *aristocratique*; c'est-à-dire, un Gouvernement qui est dans la main des Grands (16)) : ce Gouvernement tient le milieu entre la *monarchie*, et la *démocratie*; il a de la force, du mouvement. Telle est la constitution de la Laconie (17), de la Crète, de Mantinée, de Pellène, de Thessalie (18). Mais la carrière y est grandement ouverte à l'ambition, aux dissensions, à l'esprit de parti, à l'intrigue, à l'effronterie, à l'audace (19). La troisième espèce de Gouvernement, qui porte le nom spécieux de *démocratie*, n'est en effet qu'une *ochlocratie* (20). Tel est celui d'Athènes, de Syracuse, et de Milet; Gouvernement éternellement livré au tumulte, à la licence, aux révolutions.

V. Il est aisé d'apercevoir, dans l'âme de l'homme, des analogies entre ses diverses manières de vivre, et ces trois sortes de Gouvernement. (21) Celui où une seule tête délibère, veut, et commande, sans se livrer à nulle espèce d'action, est l'emblème de la vie contemplative. Celui qui tient le second rang, et qui n'a que le second degré de mérite, est le type de la vie active. Quant à la démocratie, il n'est pas difficile de la reconnoître dans l'âme de l'homme. Il n'est aucune de ses parties qui ne porte l'emblème de cette forme de Gouvernement. Mais laissons ces analogies, et disons notre avis sur le genre de vie qui est le meilleur à embrasser. Puisqu'il résulte du parallèle de la vie contemplative avec la vie active, que l'une et l'autre ont leur prix, la première sous le rapport des connoissances, la seconde sous le rapport de la vertu, laquelle des deux doit donc l'emporter? La Raison répond, qu'à considérer l'usage et l'utilité, il faut donner la préférence à la vie active; et qu'à considérer la cause efficiente et génératrice du *bien* et du *bon*, il faut la donner à la vie contemplative. Stipulons donc une trève entre ces deux rivales, et distribuons aux hommes l'exercice des diverses facultés humaines, et les divers genres de vie, soit selon les caractères, soit selon les âges, soit selon les circonstances. Car les hommes diffèrent naturellement tous les uns des autres (22); l'un foible, débile, incapable d'agir, a, du côté de l'âme, toutes les facilités nécessaires pour se livrer à la contemplation. L'autre, sans talens pour la contemplation, a les forces requises pour la vie active. L'âge établit encore une différence entre les hommes. L'action est propre à la jeunesse. Homère dit, et je suis de son avis, « Que » tout sied, à cet âge-là (23) ». Que le philosophe, dans sa jeunesse (24), se livre donc à la vie active; qu'il parle dans les assemblées publiques; qu'il administre; qu'il porte les armes; qu'il remplisse les

Magistratures. Platon étoit à la fleur de son âge, lorsque, plein de dévouement pour Dion, il entreprit plusieurs voyages et plusieurs négociations, en Sicile. Mais, sur ses vieux ans, voulant passer le reste de sa carrière dans l'étude des sciences, et dans la recherche de la vérité, il se ménagea, dans le sein de l'Académie, de profonds (25) loisirs, d'agréables entretiens, et d'innocentes contemplations. J'aime à voir Xénophon consacrer sa jeunesse à l'activité, à des expéditions militaires, et sa vieillesse, à la culture des Lettres. Il est d'autres différences qui sont l'ouvrage des conjonctures. Tantôt elles condamnent les hommes à l'exercice du pouvoir, et à une activité nécessaire; tantôt elles leur assurent les loisirs les plus doux, et le repos le plus agréable. Je loue l'un de la bonne grâce avec laquelle il fait de nécessité vertu; mais je loue l'autre, et je préconise son bonheur. Je le trouve heureux, en ce qu'il peut donner son temps à l'étude. Je le loue de ce qu'il l'employe à acquérir des connoissances.

VI. Nous regardons comme heureux le voyageur qui navigue d'Europe en Asie, pour voir l'Égypte, pour en contempler les merveilles, les cataractes du Nil, la magnificence des Pyramides, les oiseaux, les bœufs, et les boucs. Nous admirons celui qui voyage le long du Danube, et celui qui parcourt les rives du Gange, et celui qui voit de ses propres yeux les ruines de Babylone, le fleuve de Sardes (26), les sépulcres de Troye, les bords de l'Hellespont. Ne voyons-vous pas des nuées d'Asiatiques passer en Grèce pour apprendre les beaux-arts à Athènes, ou pour s'instruire de l'histoire fabuleuse de Thèbes (27), ou pour contempler les diverses contrées de l'Argolide (28). Ulysse étoit un sage, aux yeux d'Homère, parce qu'il avoit long-temps erré sur les mers, parce « qu'il avoit vu plusieurs nations et étudié leurs » mœurs (29) ». Or, Ulysse avoit parcouru la Thrace, le pays des féroces Kicons, celui des Cimmériens qui ne voient jamais le soleil (30), et celui des Cyclopes qui mangeoient leurs hôtes ; il avoit passé quelque temps auprès de Circé l'enchanteresse ; il étoit descendu aux Enfers, il avoit entendu les hurlemens de Scylla et de Charybde ; il avoit vu les jardins d'Alcinoüs et l'étable d'Eumée : spectacle fugitif, contemplation éphémère, vaine et frivole illusion ! Mais à quoi comparerons-nous les contemplations du philosophe ? A un songe resplendissant, qui remplit l'Univers de sa lumière. Son corps ne bouge point, et son âme embrasse tout, depuis les cieux jusqu'à la terre, parcourant tous les parages maritimes, toutes les régions continentales, et aériennes, satellite du soleil, satellite de la lune, attaché au magnifique cortége des astres (31), et presque gouvernant, ordonnant, réglant tout avec Jupiter. O l'heureux assemblage de spectacles sublimes, et de songes pleins de vérité !

NOTES.

(1) Philon nous a laissé un Traité sur la *Vie contemplative*, qui mérite d'être consulté par les curieux. Nous remarquerons, en passant, qu'il a écrit, comme Maxime de Tyr, sur la *Vie active*, et que dans cet opuscule, il fait le tableau des mœurs des Esséens, ou Esséniens. Ce tableau se trouve dans le Traité de cet Auteur qui précède immédiatement celui que nous venons de citer, et qui a pour titre, que *celui qui se consacre à l'étude de la vertu, est un homme libre*.

(2) C'est un mot purement grec. Il exprime étymologiquement ce que nous entendons par *Tribunal*.

(3) Le grec porte, ἱερῶν καὶ ὁσίων, deux choses très-différentes, ainsi que l'explique Ammonius, dans son *Recueil des mots grecs qui ont une diversité d'acception*. Le premier se disoit exclusivement des choses qui appartiennent aux Dieux τὰ τῶν θεῶν, et qui composoient l'apanage des Prêtres. Le second se disoit des choses auxquelles les simples citoyens pouvoient prendre part. Il m'a paru évident que, dans ce passage de notre Auteur, ce mot devoit s'entendre de *tous les bienfaits de l'organisation sociale*. Heinsius s'est donc trompé, lorsqu'il l'a pris pour *cérémoniis*. Harpocration, et Suidas après lui, citent des passages d'Hypéride, d'Isocrate et de Démosthène, où ces deux mots sont mis en opposition, pour désigner, le premier, les choses sacrées, ou qui appartiennent aux Dieux, et le second, les choses profanes, ou qui appartiennent à la République. *Voyez* la note de Henri de Valois, sur le passage de Démosthène, cité par Harpocration.

(4) *Voyez* la note seconde.

(5) Il paroit, en effet, par le témoignage de Diogène-Laërce et de beaucoup d'écrivains qui l'avoient précédé, qu'Anaxagoras abandonna à ses plus proches parens son riche patrimoine, et qu'il se délivra du souci, du soin de toutes affaires domestiques, pour se livrer avec plus d'indépendance et plus de fruit, en même temps, à la recherche de la vérité. Platon est le premier, que je sache, qui nous ait transmis ce fait vraiment admirable, et si peu imité. « A merveille! » Hippias », s'écrie le philosophe, dans son *Phædre*; « à merveille, » vous me donnez une grande marque de la supériorité de votre sagesse » et de celle de nos contemporains, sur la sagesse de nos Anciens! A » vous entendre, ce fut donc une insigne folie, que ce qu'on raconte » d'Anaxagoras, car on dit qu'il fit l'inverse de ce que vous faites; » qu'ayant succédé à de grands biens, il commença par les négliger, » et finit par en abdiquer la propriété entière ». Plutarque rapporte ce même trait d'Anaxagoras, dans la *Vie de Periclès*. Philon en parle aussi dans son Traité sur la *Vie contemplative*. On peut consulter encore *Cicéron*, *Tusculanes*, liv. I, et *Valère-Maxime*, liv. VIII, chap. 7.

(6) Il le passoit, selon Diogène-Laërce, dans la contemplation, sans prendre aucune part aux affaires publiques : περὶ τὴν τῶν φυσικῶν θεωρίαν ἦν, οὐ φροντίζων τῶν πολιτικῶν. Cicéron dit, à ce sujet, dans son second livre de l'Orateur, *eâdem autem alii prudentiâ, sed consilio ad vitæ studia dispari, quietem atque otium secuti, ut Pythagoras, Democritus, Anaxagoras, à regendis civibus totos se ad cognitionem rerum transtulerunt: quæ vitæ propter tranquillitatem, et propter ipsius scientiæ suavitatem, quâ nihil est hominibus jucundius, plures, quàm utile fuit rebus publicis, delectavit.*

(7) Les annotateurs Anglois ont senti que le texte avoit, ici, besoin

de correction. J'ai préféré celle de Markland, comme la plus naturelle, la plus voisine de la leçon vulgaire, et la plus conforme au style ordinaire de Platon, ainsi que ce docte critique l'a justifié par deux passages, l'un du livre VI, l'autre du livre IX du Traité de la *République*.

(8) *Voyez* ce que nous avons dit plus haut, *Dissert. III*, sur les *Panathénées*. Il est probable que le vulgaire d'Athènes avoit beaucoup de goût pour ces jeux-là, et que l'on en prit occasion de faire du mot *Panathénaïque* une épithète de mépris, qu'on appliqua à ces êtres enfoncés dans la matière, qui sont incapables de se livrer à aucune des opérations de l'esprit.

(9) Heinsius a laissé de côté ces mots du texte, probablement parce qu'il ne leur a trouvé aucun sens dans les éditions vulgaires, et qu'il n'a pas voulu se donner la peine de réparer l'altération. Markland a très-judicieusement aperçu qu'il falloit lire νῆες ἄριστα πλεῦσαι, et parfaitement justifié sa correction par des passages de Lysias et de Polyæne. Il remarque en passant, que cette espèce de vaisseaux légers étoient principalement employés dans les batailles navales des Anciens.

(10) Le texte porte, σκηνὴ τὸ χρῆμα, et ce mot a donné de la tablature aux critiques. De la manière dont l'Archevêque de Florence l'a rendu, il doit avoir lu, dans son manuscrit, ἀπηνὲς τὸ χρῆμα ; et quoique Heinsius se soit déclaré pour cette conjecture, il est évident qu'elle est une erreur. La conjecture de Davies n'a pas été plus heureuse. Markland a pris la défense de la leçon vulgaire, et y a jeté du jour, à l'aide de passages d'Hérodien, d'Achilles-Tatius, d'Héliodore et de Plutarque. Reiske, a pris ce mot, dans le même sens que Markland, et l'a rendu en ces termes : *Res est scenâ digna, id est risu et cavillationibus histrionicis, ut Aristophanes Socratem in Nubibus exagitavit.* Le même critique a joint à l'incise suivante, *une négation*, que je n'ai pas cru devoir admettre.

(11) Heinsius et Formey ont omis, je ne sais pourquoi ni comment, cette phrase. Pacci a été plus exact : *Nec propterea Anaxagoras ipse minus vera loquutus fuerit, tametsi eorum sententiis condemnetur.*

(12) On connoit le fameux précepte de Pythagore, qui ordonnoit à ses disciples de s'abstenir de fèves. Quelques érudits ont pensé que c'étoit une leçon allégorique relative à l'abnégation des fonctions publiques. Ce passage de notre Auteur peut aider à cette opinion, ou, pour mieux dire, il n'est pas permis d'en avoir une autre, d'après l'autorité de Plutarque, que nous avons rapportée ci-dessus, *Dissertation IX*, note 7.

(13) Heinsius a raison d'inviter à prendre garde de confondre le

Diogène d'Apollonie, dont il s'agit ici, et qui étoit surnommé le *Physicien*, ou le *Naturaliste*, avec Diogène le *Cynique*. Ce dernier étoit de Synope, ville de Paphlagonie, dans l'Asie mineure.

(14) *Voyez* ce que nous avons dit plus haut, de la manière des Platoniciens d'envisager l'âme dans le corps de l'homme, *Dissert. XII*, note 12.

(15) C'est-à-dire, dans la tête. Voyez *Alcinoüs*, chap. 24, pag. 116 et 117.

(16) C'est, en effet, ainsi qu'on entend ce mot, quoique dans le sens de l'exactitude étymologique, on dût entendre, le *Gouvernement des plus gens de bien ;* chose un peu différente. Car on seroit peut-être embarrassé de dire, quel est le peuple de la terre chez lequel *grand* et *homme de bien* ont jamais été synonymes ; à moins que ce ne fût *un grand* qui répondît à cette question. *Voy*. ci-dessus, *Dissert. XX*, note 18.

(17) Lacédémone a eu néanmoins ses *Rois*, proprement ainsi nommés ; le trône y étoit même occupé par deux à la fois. Dans les idées politiques des Anciens, ce n'étoit donc pas le mot de *Roi* qui faisoit la *Monarchie*. Ils avoient raison. La Monarchie est, non pas dans la dénomination du chef de l'État, mais dans la mesure du pouvoir.

(18) C'est dommage que l'Histoire ne nous ait pas transmis des détails bien circonstanciés sur la nature de ces divers Gouvernemens.

(19) Tout cela convient encore mieux à la démocratie qu'au Gouvernement aristocratique.

(20) Maxime de Tyr a l'air de confondre ici deux choses, qui sont aussi aisées qu'importantes à distinguer ; savoir, l'une, les *parties intégrantes*, les *élémens organiques*, d'un corps politique, d'une Cité ; l'autre, les *diverses formes*, les *diverses espèces de combinaisons*, dont ces élémens, ces parties intégrantes sont respectivement susceptibles. Selon Alcinoüs, dans son *Introduction à la philosophie de Platon*, chap 38, » La division que fait Platon, en trois parties, de ce qui doit composer le corps politique, ressemble à la division des facultés de l'ame ; » selon lui, les parties intégrantes du corps politique sont les Magistrats, les Agens de la force publique, qui les secondent, et les » Citoyens exerçant une profession quelconque » ; τὰς ἄρχοντας, τὰς ἐπικούρους, καὶ τὰς δημιουργάς. Voilà pour les élémens organiques. Quant à la diversité de combinaison de ces élémens organiques, et aux formes de Gouvernement qui résultent de cette combinaison, le même Auteur dit expressément, que Platon en admettoit cinq : πέντε δὲ φησιν εἶναι πολιτείας. Il ne faut donc pas confondre les polities de Platon, avec leurs parties intégrantes, qui diffèrent, comme on voit, par le nombre, aussi bien que par l'essence.

(21) C'est-à-dire, un *Gouvernement populacier*, où tout se règle au gré des caprices et des fureurs d'une populace en état de sédition permanente. Les historiens nous apprennent, que les Perses eurent, pendant quelque temps, un singulier moyen de faire sentir la nécessité d'un Gouvernement vigoureux. A la mort de leur Roi, toutes les lois étoient suspendues. Alors éclatoient les vengeances, les proscriptions, les déprédations, les brigandages politiques, tous les crimes, impunément. C'étoit faire ouvrir école à l'anarchie, pour donner des leçons d'ordre social. Mais les historiens ne nous disent pas quelle étoit la durée de l'épouvantable cours de cet étrange professeur. François ! ce redoutable professeur a tenu, naguère, école ouverte au milieu de vous. Fassent les Dieux et votre sagesse, que vous n'ayez pas besoin, une seconde fois, de ses leçons !

(22) Voilà bien, quoi qu'en ait pu penser Helvétius, une vérité rigoureuse et de fait, au moral comme au physique. Qu'on vienne nous dire ensuite que les hommes sont égaux, sans nous expliquer dans quel sens cette égalité doit être entendue. Oh ! combien la confusion, et même la perversité des principes, sont liées à l'abus des mots !

(23) Voyez l'*Iliade*, 17e. chant, 71e. vers.

(24) *Le philosophe dans sa jeunesse !* Maxime de Tyr, prenez-y garde; vous restreignez, sans doute, ici, le mot *philosophe* à son acception étymologique. Cette explication est indispensable. Car le vulgaire confond, dans ce mot, la profession de la sagesse, avec l'amour de la sagesse, et il y a loin d'un philosophe dans ce dernier sens, à un philosophe dans l'autre.

(25) Le grec porte littéralement, *de profonds loisirs*, βαθεῖα σχολὴ. Si les puristes trouvent cette épithète hardie, je répondrai que, l'ayant rencontrée dans le texte, j'ai cru devoir la conserver, à cause de l'image qu'elle fait ici.

(26) Le Pactole, fameux par les paillettes d'or que l'on trouve dans ses sables. Il y a dans le grec, *les fleuves*, τῶν ποταμῶν.

(27) Scaliger a pensé qu'il falloit lire ici μύθους, au lieu de θυμοὺς. Heinsius a adopté cette correction. Davies pense qu'il est néanmoins possible qu'il n'y ait, ici, nulle altération du texte, et que Maxime de Tyr ait fait allusion à des monumens qui pouvoient exister à Thèbes, relatifs à ce qu'on racontoit de l'implacable haine d'Étéocle et de Polynice, qui montra, comme on sait, de la persévérance, même après leur trépas. Mais le judicieux Markland n'adopte point ce commentaire. « Quel est, en effet, dit-il, le lecteur assez pénétrant, pour que » ce seul mot puisse lui rappeler l'inimitié posthume des mânes de » ces deux Princes Thébains ».

(28) Markland conjecture, ici, qu'il faut lire τύπους, *statues*, ou

tableaux, (car Hésychius, dans son *Lexique*, donne cette acception à ce mot), au lieu de τόπους, *lieux*, mot qui ne dit rien ; je pense aussi que Maxime de Tyr a eu en vue, entr'autres beaux monumens des Arts qui décoroient la ville d'Argos, la célèbre statue de Junon, surnommée l'*Argienne*, ouvrage de Polyclète.

(29) Voyez l'*Odyssée*, premier chant, 3e. vers.

(30) S'agit-il ici d'une fiction poétique, ou bien faut-il prendre au pied de la lettre que les Cimmériens ne voyoient point le soleil ? Dans ce dernier cas, qu'on juge combien peu de chemin avoient fait, chez les Anciens, l'astronomie et la science de l'observation. On n'a sûrement pas besoin de télescope pour voir le soleil, dans les régions du globe les plus voisines des pôles.

(31) Citons ici une des belles *Réflexions morales de Marc-Antonin*, liv. VII, chap. 49, qui donnera quelque jour à la pensée de Maxime de Tyr : « Il faut contempler le cours des astres, comme si nous marchions avec eux, et considérer souvent les fréquens changemens » de toutes choses ; car ces sortes de pensées purgent cette vie terrestre, et en emportent les ordures ». Comme il est fécond, en effet, en grands résultats, cet aperçu de contemplation, qui, comparant l'état non-interrompu de versatilité et de vicissitude des choses humaines, à l'imperturbable stabilité de l'ordre qui règne dans le firmament, ne peut manquer de faire sentir à l'homme le plus arrogant et le plus superbe sa petitesse et son néant ! Que sont devenus les hommes qui ont fait, de leur vivant, le plus de bruit dans le monde, tandis que les corps célestes roulent aujourd'hui dans le même ordre et avec la même régularité, que le premier moment de leur impulsion ? De combien d'hommes, plus célèbres que Cyrus, plus renommés qu'Alexandre, plus fameux que César, un éternel oubli a-t-il dévoré les noms ? Oh ! comme il est propre ce point-de-vue, à éloigner l'homme du chemin du crime, et à le faire marcher dans le sentier de la vertu ! Dacier, avoit raison de s'écrier sur le passage que je viens d'emprunter de sa traduction : « Cela est admirable. Cet endroit est parfaitement » beau ; et s'il n'est pas de Platon, il est de son caractère et de son » style ».

A Montauban, le an II.

DISSERTATION XXIII.

Platon a-t-il eu raison de ne point admettre Homère dans sa République?

UN sophiste de Syracuse vint à Sparte. Il n'avoit, ni l'élocution brillante de Prodicus, ni le vain babil d'Hippias, ni le ton rhéteur de Gorgias, ni l'immoralité de Thrasymaque, ni nulle autre des qualités qui appartiennent aux orateurs de profession. Son talent consistoit dans un heureux mélange de l'utile avec l'agréable. A l'aide des assaisonnemens et du feu, il savoit donner à toutes les espèces d'alimens une supériorité, une perfection toujours nouvelle. Mithœcus (c'étoit son nom), étoit chez les Grecs, aussi célèbre cuisinier que Phidias célèbre sculpteur (1). Cet homme donc vint à Sparte, dans un temps où elle conservoit encore sa prépondérance politique, et où sa domination avoit encore beaucoup d'étendue. Il espéroit que son art lui donneroit, auprès des Lacédémoniens, de la considération. Mais il n'en fut pas ainsi. Les Magistrats de Lacédémone, l'ayant mandé, lui ordonnèrent de sortir de la ville sur-le-champ; et d'aller ailleurs, dans les Cités où il étoit probable que son art lui attireroit de la recommandation, de la part de ceux qui, sensibles aux plaisirs et aux agrémens qu'il procure, sont en possession de s'y complaire (2). « Quant à nous », lui dirent-ils, « nous aimons mieux exciter l'appétit par » le travail que par l'artifice; nous voulons nous » nourrir tout bonnement d'alimens simples, et qui

» n'aient pas plus besoin d'apprêt que les alimens » des lions. » Mithœcus sortit donc de Sparte avec son talent. Les autres Grecs l'accueillirent, chacun selon son affection pour son art, au lieu de partager le mépris qui l'avoit fait éconduire de Lacédémone.

II. S'il falloit passer en revue les autres exemples analogues à notre sujet, mais d'un genre plus relevé que celui de Mithœcus, nous dirions que les Thébains ont un goût particulier pour la flûte, et que la Muse qui préside à cet instrument est originaire de Béotie. Les Athéniens ont de la prédilection pour l'art oratoire. La culture de l'éloquence est un art attique. En Crète, on chasse; on gravit les montagnes; on s'exerce à l'arc, à la course. Les Thessaliens s'adonnent à l'équitation; les Cyréniens se plaisent à conduire des chars; les Œtoliens, à vivre de rapine; les Acarnaniens, à lancer des flèches; les Thraces, à manier avec adresse le petit bouclier (3); les habitans des îles, à naviguer. Si l'on transplantoit ces différens arts, ces divers exercices, de chez une nation chez une autre, on les abâtardiroit tous. Quel besoin ont les peuples qui habitent l'intérieur des terres, de vaisseaux; ceux qui n'aiment point la musique, de flûtes; les montagnards, de chevaux; ceux qui vivent dans les plaines, de chars; les grosses troupes, d'arcs; les troupes légères, de cuirasse? Puis donc que les différens arts ont été partagés entre les divers lieux, ou par le sort, ou par l'habitude de ceux qui les cultivent, ou par l'affection naturelle aux objets de la première éducation; et qu'aucun d'entr'eux n'est, ni estimé de tout le monde, parce qu'il est estimé de quelques personnes, ni universellement méprisé, parce que quelques personnes le méprisent, mais que chacun l'apprécie, à proportion de l'avantage qu'il en recueille; qui empêche que les citoyens de cette belle Cité, auxquels Platon, dans les spéculations de sa théorie (4), a donné des lois qui leur sont appropriées, et qui n'ont rien de commun avec les mœurs de la multitude, ne regardent, avec raison, comme indigènes à leur égard, les lois et les coutumes dont ils ont acquis l'habitude dès l'enfance, et qu'ils ont appris à estimer par l'usage qu'ils en font, tandis que d'autres ne les estiment pas, parce qu'elles ne sont point à leur convenance? Car, si nous comparions une Cité à une Cité, une Politie à une Politie, des lois à des lois, un Législateur à un Législateur, un système d'éducation à un système d'éducation, ce parallèle auroit pour nous quelque chose de raisonnable, dans le cas où nous aurions pour objet de rechercher en quoi chacune de ces choses pèche. Mais, si, séparant une partie de son tout, nous la considérons en elle-même, sur la foi de ceux qui en font, ou qui n'en font pas, usage, et, ainsi de toutes les autres choses appropriées à l'espèce humaine; nous trouverons estime, d'un côté, et mépris, de l'autre; et nous finirons par demeurer en suspens entre ces opinions opposées. Car, ni les alimens, ni les remèdes, ni les régimes dont les hommes usent, ne sont les mêmes pour tous: mais ce qui fait du bien, et qui plaît à l'un, nuit et déplaît à l'autre. Selon l'habitude, l'occasion et le genre de vie, chacune de ces choses est diversement appréciée.

III. Ces préliminaires ainsi posés, examinons, avec la plus sévère impartialité, notre question touchant Homère. Que la prédilection pour le philosophe

sophe ne nous rende pas injustes envers le poëte; et que l'admiration pour le poëte ne nous fasse pas accuser le philosophe. Car les voix n'ont point été prises; la prééminence n'est point décidée entr'eux deux; et l'on peut, à la fois, honorer et admirer Platon et Homère. Voici le moyen de concilier ces deux choses. Platon organise *théoriquement* (5) une République, non pas à l'instar de celle de la Crète, de celle de la Doride, de celle du Péloponnèse (6), de celle de la Sicile, pas même de celle des Athéniens. S'il suivoit le plan de quelqu'une de ces Républiques, non-seulement il auroit besoin d'Homère, mais encore d'Hésiode, d'Orphée, et des autres poëtes de l'Antiquité, propres à attacher, à intéresser la jeunesse par le charme des illusions, et accoutumés à faire un agréable mélange du langage de la vérité et des douceurs de la volupté. Mais sa République, sa Politie, est toute en spéculation. Elle est plutôt destinée à être parfaite (dans son type) qu'à être accommodée à l'usage des hommes. C'est ainsi que, parmi les Statuaires (7), il en est qui, rassemblant toutes les beautés éparses en divers corps, et les réunissant avec art dans un objet unique d'imitation, en forment un *Beau*, vrai, parfait, et en complète harmonie avec lui-même; de manière qu'on ne trouveroit point, dans la Nature, un corps d'homme d'une semblable beauté. Car les arts tendent au *Beau* suprême; au lieu que les choses ordinaires et communes sont éloignées de la perfection qu'elles reçoivent de la main des arts. Si les hommes avoient le secret de composer des corps humains, je pense que ceux qui le possédéroient, en réunissant tous les élémens organiques, dont la symétrique combinaison les constitue, auroient probablement soin de les composer de manière que l'individu qui seroit leur ouvrage n'eût aucun besoin des remèdes, des traitemens, du régime des médecins. Si donc quelqu'un de ces architectes entendoit annoncer à ces individus par lui théoriquement organisés, qu'ils n'auroient plus besoin d'Hyppocrate pour les guérir; mais qu'après l'avoir couronné de laine et parfumé (8), ils pouvoient l'éconduire, et l'envoyer chez ceux dont les maladies donneroient de la réputation à son art; et que néanmoins il se fâchât contre l'auteur d'un pareil avis, sous prétexte qu'il manquoit de respect à Esculape, et à l'art que professent ses disciples; ne se couvriroit-il point de ridicule, en regardant comme un crime qu'on dédaignât la médecine, non par mépris pour elle, mais comme incapable de procurer ni utilité ni plaisir?

IV. Or, l'utilité et le plaisir formant les deux rapports sous lesquels Homère, Hésiode, et les autres poëtes de réputation, peuvent être considérés; sous aucun de ces deux points-de-vue la poésie épique ne peut convenir à la République de Platon : l'utile s'y réduit au strict nécessaire, quant à la nourriture et à l'instruction. On n'y connoît, ni fantaisie, ni jouissance de goût, ni ces contes insensés et absurdes que les mères cornent aux oreilles de leurs enfans. On n'admet, dans cette République, ni leçon, ni enseignement, ni délassement même, qui ne soit préparé et mûrement réfléchi. On n'y a donc pas besoin d'Homère, qui ne fait qu'amplifier avec harmonie les opinions reçues sur le compte des Dieux; et qui n'est bon qu'à faire passer les âmes vulgaires de leur humble ignorance à l'ébahissement. Tel est l'effet que doivent produire les discours des poëtes sur des oreilles qui n'ont pas reçu de bonnes impressions : ils les étourdissent, et ne leur donnent pas le temps de se défier du vain babil qui les frappe : mais il ne faut pas ignorer que les poëtes parlent par énigmes ; et qu'à l'instar des oracles, ils entourent leurs énigmes d'une pompeuse obscurité. Or, dans un corps politique, d'où sont bannies toutes les classes vulgaires, et où tout est calculé et prévu, qu'y a-t-on affaire d'un semblable attirail ? Un Grec demandoit au célèbre Anacharsis, si l'art de la flûte étoit cultivé chez les Scythes. « Ils ne cultivent pas même la » vigne », répondit le philosophe (9). Car une jouissance en amène une autre. Elles s'engendrent réciproquement. C'est un torrent qui coule sans fin, sans cesse, du moment qu'il est en train de couler. On n'a plus, alors, d'autre moyen de salut, que d'étancher toutes les sources de la volupté, et de détruire les jouissances dans leur germe. Mais, dans la République de Platon, on est inaccessible aux jouissances des yeux et des oreilles ; de sorte que, si la poésie est un instrument de volupté de ce genre, elle ne doit pas être admise. Elle ne devroit l'être, que dans le cas où elle seroit utile (10).

V. Je ne dirai point qu'il est, dans le monde, bien des Gouvernemens, non seulement de ceux qui n'existent que dans la spéculation, mais encore de ceux qui ont une réalité effective, sous lesquels les peuples jouissent d'une administration saine et bien réglée, et où néanmoins on ignore jusqu'au nom d'Homère. Ce n'est que depuis assez peu de temps que ses poëmes ont été connus à Lacédémone, en Crète, et chez les Doriens de la Lybie ; au lieu que c'est depuis très-longues années, que ces peuples sont illustres par leurs vertus. Que dirons-nous des Barbares ? Il ne seroit pas aisé de leur inspirer du goût pour ce poëte (11) ; et cependant on rencontre de la vertu chez ces nations, quoique les ouvrages d'Homère y soient ignorés. S'il en étoit autrement, il faudroit dire que ceux qui font profession de chanter les poésies d'Homère, les Rapsodes (12), les gens du monde les plus insensés, trouvent leur bonheur dans l'exercice de leur art ; ce qu'à Dieu ne plaise. Les poésies d'Homère sont belles, les plus belles, les plus brillantes des poésies de ce genre, les plus harmonieuses, et dignes d'être chantées par les Muses mêmes. Mais elles ne sont pas belles aux yeux de tout le monde ; elles ne le sont pas en tout temps. Il y a plus d'une sorte de vers, plus d'un genre de mesure, dans la musique. L'accent d'un chant guerrier convient au milieu des phalanges ; celui d'une chanson bacchique dans un banquet. L'*Embatérion* (13) plaît à Lacédémone, comme le *Kuclion* (14) à Athènes : l'*Enkeleusticon* (15) a son mérite, lorsqu'on poursuit l'ennemi vaincu, comme l'*Anakléticon* lorsqu'on est en déroute (16). Toutes les Muses sont agréables ; mais elles ne sont pas d'un même usage pour tout le monde. Si donc vous décidez qu'Homère doit plaire aux hommes sous le rapport de la volupté, vous introduisez avec lui une tourbe bruyante et effrénée de poëtes, dont les ouvrages l'emporteront sur ceux d'Homère, sous le rapport de la volupté, et vous ôtez à ce poëte sa supériorité sur ce point (17). Sans doute ses poëmes sont marqués du sceau de la volupté. Mais le *Beau* est quelque chose de plus vif que la volupté. Il ne donne pas le temps de recevoir l'impression de la volupté. Il ne donne que le temps de louer. A la vérité, l'admiration s'allie à la volupté, mais elle n'est point la volupté même. Si donc vous admettez Homère pour la volupté qu'il peut procurer, de même que vous admettriez des joueurs de flûte, ou de guitare, vous le bannissez non seulement du système politique de Platon, mais encore de celui de Lycurgue, de celui des Crétois, et de toute République (18), de tout Gouvernement, où le travail et la vertu sont en honneur.

NOTES.

(1) Le grec porte littéralement, *le nom de Mithæcus étoit célèbre chez les Grecs, pour la cuisine, comme celui de Phidias pour la sculpture*. D'aill. urs, ce passage a exercé la sagacité des critiques. Il paroit constant qu'il y manque quelque chose, et qu'on ne l'a pas trouvé dans les manuscrits tel qu'il est sorti de la plume de Maxime de Tyr. Scaliger, Davies et Markland, se sont escrimés, pour déterminer la véritable leçon; et quoique le dernier de ces critiques ait d'abord incliné en faveur de la conjecture de Scaliger, il a laissé son lecteur dans l'incertitude, en exigeant seulement l'addition d'une préposition que Davies n'a point rencontrée dans son manuscrit anglois.

(2) « Les Cuisiniers de Sparte », dit Élien, liv. XIV, chap. 17 de ses *Histoires diverses*, « devoient se borner au talent de faire cuire la » viande; s'ils en savoient davantage, on les bannissoit, en expiation » des maladies des Citoyens ». Plutarque, dans son Traité *de la Santé*, dit que « les Spartiates ne donnoient à leur cuisinier, que du sel et » du vinaigre, et qu'il étoit obligé de trouver le reste de l'assaisonne- » ment dans la viande même ». Denis avoit pris à son service un cuisinier Lacédémonien, pour qu'il lui fît de cette *sauce noire*, (ζωμὸς μέλας) dont les vieillards de Lacédémone se régaloient. Denis ne la trouva pas de son goût, et le cuisinier lui dit, qu'il n'étoit pas étonnant qu'il ne trouvât pas cette sauce bonne, parce qu'il n'y joignoit pas ce qui en faisoit le mérite à Sparte, *la faim, l'exercice et le travail.* Alcibiade, tout accoutumé qu'il étoit à vivre avec luxe et délicatesse, ne laissa pas de s'accommoder si bien à la *sauce noire* de Sparte, qu'en le voyant manger de cette sauce, on doutoit qu'il eût jamais eu de cuisinier à Athènes.

(3) Les Anciens avoient plusieurs espèces de boucliers, qu'on peut distribuer en deux classes, le grand et le petit bouclier. Le grand bouclier avoit des liens, avec lesquels on le fixoit autour du corps. C'étoit, à-peu-près, notre ancienne cuirasse. Le petit bouclier étoit portatif. La main le faisoit mouvoir à son gré. C'étoit, à-peu-près, l'écu de nos anciens chevaliers.

(4) Le texte porte, ὣς Πλατων θρεψάμενος τῷ λόγῳ; et, à ce sujet, Davies a mis en question, quel est celui des deux mots latins, *ratio* et *sermo*, qui est le plus propre à rendre le λόγος, dont on fait usage à l'égard du livre de la *République*. Il cite St. Augustin, dans la *Cité de Dieu*, liv. II, chap. 14; *Minucius-Félix*, chap. 22; Cicéron, *de Oratore*, I. 52; et *Aulugelle*, liv. XVIII, chap. 2, qui ont rendu le mot grec, l'un par *ratio*, l'autre par *sermo*, et les deux derniers par *liber*. Au milieu de ces variantes, Davies se décide pour l'expression de Minucius-Félix, *mihi sanè præstare videtur ea quæ orationis potestatem continet*. Il ne parle pas d'Heinsius, qui, plus bas, dans la sect. III de cette *Dissertation*, a rendu ce passage du texte, πόλιν ἐπίξει Πλάτων τῷ λόγῳ, par *civitatem solâ contemplatione instituit Plato*. A mon avis, pour traduire littéralement, ce seroit le mot *verbum* qui devroit mériter la préférence. Car, de même que les Grecs, pour distinguer ce qui n'a qu'une existence idéale et fantastique, de ce qui a une existence effective et réelle, opposent le mot λόγος au mot ἔργον, et qu'ils disent λόγῳ μὲν, ἔργῳ δὲ; de même les Latins disent, *verbis quidem*, *sed re*.

(5) *Voyez* la note précédente.

(6) Le grec porte, οὐδὲ πελοποννησίαν (πόλιν) au singulier; sur quoi il est à remarquer qu'antérieurement à Platon, non plus que de son temps, le Péloponnèse n'a point formé une seule et unique République.

(7) Dans les *Mémoires de Xénophon*, liv. II, chap. X, n°. 2, Socrate employe une similitude du même genre. « Lorsque vous voulez imiter les belles formes, comme il n'est pas facile de les rencontrer » toutes en perfection dans le même individu, vous prenez entre plusieurs, ce que chacun a de plus parfait, et vous obtenez ainsi la représentation d'un corps parfaitement beau ». C'est ce que fit Zeuxis, dans le célèbre tableau d'*Hélène*, qu'il peignit à Crotone. Cicéron, au commencement de son second livre *de Inventione*, donne sur le procédé de Zeuxis, tous les détails qu'on peut désirer.

(8) C'est ainsi que Platon s'exprime sur le compte d'Homère, en parlant de son expulsion, au 3e. livre de sa *République*. Quelques savans, entr'autres *Kuhnius*, sur *Élien*, *Var. hist.* lib. XII, cap. 12; et André, *Schott*, *nodor. Ciceronianor.* lib. III, cap. 12, ont regardé ce cérémonial comme une note d'infamie. Ils se sont trompés. D'abord, Platon fait profession de beaucoup d'admiration et d'un grand

respect pour Homère. Il n'y a donc nulle apparence qu'il eût l'intention de le chasser avec ignominie de sa République. D'un autre côté, les parfums et les bandelettes de laine étoient fort en usage dans le culte religieux des Anciens. Pausanias, dans ses *Phocéennes*, parle d'une grande pierre, sur laquelle, chaque jour de fête, on répandoit de l'huile, et qu'on entouroit de *laine blanche*, parce qu'on croyoit que cette pierre étoit la même qui avoit été présentée à Saturne, à la place de Jupiter, nouveau-né, qu'il vouloit dévorer. Arnobe, dans son cinquième livre, parle d'un *arbre sacré* qu'on avoit entouré de *toisons de laine*. Plutarque, dans la *Vie de Thésée*, fait mention d'une branche d'olivier sacré, qui avoit été ornée de *laine blanche*. Properce, dans la quatrième de ses *Elégies*, s'exprime ainsi :

Costum molle dabat, et blandi mihi thuris honores,
Terque focum circa laneus orbis erat.

On peut, en outre, consulter Proclus, sur la *politique de Platon*, p. 360 ; Isaac Casaubon, sur le *Jules-César de Suétone*, chap. 81 ; et Grævius, dans ses annotations sur *Hésiode*, chap. 25. On ne peut donc pas présumer que les Anciens eussent appliqué à une chose qu'ils auroient regardée comme ignominieuse des particularités d'un cérémonial consacré à ce qu'ils avoient de plus saint.

(9) *Voyez* Diogène-Laërce, liv. I, *Vie d'Anacharsis*, vers la fin, ainsi que les notes d'Isaac Casaubon, sur ce passage.

(10) Ce n'est point, comme l'a dit un peu plus haut Maxime de Tyr, parce qu'*Homère ne fait qu'amplifier avec harmonie les opinions reçues sur le compte des Dieux*, que Platon l'exclut de sa République. C'est par un motif bien plus grave ; parce qu'*il parle des Dieux de manière à en donner de très-fausses et de très-dangereuses idées à une jeunesse, que ce philosophe veut pénétrer de respect pour les Dieux, et rendre même semblable aux Dieux, autant que la foiblesse humaine peut le permettre*. (Ce sont les derniers mots du liv. II de la *République*). Si telle étoit, en effet, l'impression de quelques passages des ouvrages du poëte, sur l'*esprit des jeunes Grecs*, Platon a, sans doute, eu grande raison de ne pas l'admettre dans sa *République*. A la vérité, Plutarque, dans son Traité, *Comme il faut lire les poëtes*, a judicieusement observé que les poëtes, et Homère entr'autres, ne mettent jamais dans la bouche de leurs personnages de mauvais discours, sans donner eux-mêmes quelque démonstration, quelque signe, qu'ils tiennent ce langage pour mauvais, sans reprendre et blâmer indirectement les propos de ce genre susceptibles de quelque fâcheuse impression. Mais si l'on considère que les poëmes d'Homère étoient

publiquement chantés dans les Cités de la Grèce, que les individus de tout état et de tout âge, les enfans sur-tout, faisoient cercle autour des Rapsodes, dans les rues et dans les places publiques, et que par conséquent il n'y avoit d'autre moyen d'empêcher l'effet de certains passages de ces poésies sur l'âme de la jeunesse encore tendre, encore incapable de réflexion et de discernement, que de proscrire les Rapsodes avec leur art, il est aisé de sentir la sagesse de cette mesure. Et c'est à cela qu'il faut borner la pensée de Platon, sans aller jusqu'à croire qu'il ait voulu ôter aux Citoyens de sa *République* en état de distinguer, dans les vers d'Homère, ce qui est utile, de ce qui peut être dangereux, les fruits salutaires que la *lecture* peut faire recueillir dans les ouvrages de ce poëte.

(11) Élien nous apprend, dans ses *Histoires diverses*, liv. XII, chap. 48, que les Indiens traduisoient les poésies d'Homère dans leur propre langue, et qu'ils les chantoient. Il en dit autant des Rois de Perse : Ἰνδοὶ τῇ παρὰ σφίσιν ἐπιχωρίῳ φωνῇ τὰ Ὁμήρου μεταγράψαντες ᾄδουσιν οὐ μόνον, ἀλλὰ καὶ οἱ Περσῶν βασιλεῖς. Dion-Chrysostôme, dans son *Oraison* LIII, confirme le témoignage d'Élien, en ce qui concerne les Peuples de l'Inde ; et Plutarque, au premier Traité *de la Fortune, ou Vertu d'Alexandre*, atteste que, depuis que ce conquérant « eut dompté et » civilisé l'Asie, tout leur passe-temps étoit de lire les vers d'Homère, » et que les enfans des Perses, des Susianiens et des Gédrosiens, chan» toient les tragédies de Sophocles et d'Eurypide », version d'Amyot.

(12) C'étoient des espèces de Musiciens ambulans, qui faisoient métier de chanter les poésies d'Homère, à-peu-près, comme nos anciens troubadours faisoient métier d'aller de châteaux en châteaux, pour y chanter leurs ouvrages. *Voyez* ci-dessus la *note* 10.

(13) C'étoit dans la musique guerrière des Spartiates, ce qui répond à notre *pas de charge*.

(14) C'étoit, chez les Athéniens, un air musical employé pour une sorte de danse circulaire, à-peu-près correspondante à ces *farandoles*, si fréquentes dans les jours de notre démagogie.

(15) Ce mot s'entend assez par l'explication qu'en donne le texte.

(16) *Voyez* la note ci-dessus.

(17) Davies change, ici, la ponctuation, et donne une tournure interrogative au dernier membre de cette phrase. Il ne fonde point cette conjecture sur la leçon des manuscrits. Elle ne m'a paru, d'ailleurs, rien faire au sens. Je ne l'ai pas adoptée.

(18) Le texte porte littéralement *de tout lieu*, καὶ παντὸς χωρίου.

Paris, le 14 prairial an VIII. (3 juin 1800.)

DISSERTATION XXIV.

Qu'est-ce que l'amour de Socrate ?

UN Corinthien, nommé *Æschyle* (1), avoit auprès de lui un garçon Dorien (2), nommé Actéon, remarquable par sa beauté. Un jeune Corinthien, de la famille des Bacchiades (3) (laquelle possédoit le pouvoir suprême à Corinthe) devint amoureux d'Actéon. Celui-ci, élevé dans les principes de l'honnêteté, repoussa de honteuses avances. L'autre engagea les autres Bacchiades de son âge à tenter avec lui l'enlèvement d'Actéon. Echauffés par le vin, l'amour, et la confiance du pouvoir, ils se jètent dans l'humble domicile du jeune homme. Ils le saisissent pour l'enlever. Les gens de la maison le saisissent aussi, pour le retenir de toutes leurs forces. Au milieu de cette lutte, Actéon est déchiré, et mis en lambeaux. Il périt entre leurs mains. Cet évènement tragique de Corinthe, fut assimilé, à cause d'une identité de nom, à l'évènement de même nature qui arriva dans la Béotie. Les deux Actéons périrent tour-à-tour, celui-ci à la chasse sous la dent des chiens, l'autre entre les bras de jeunes libertins dans l'ivresse. Périandre, tyran d'Ambracie (4) faisoit ses plaisirs d'un jeune Ambracien. Ce commerce n'avoit rien que d'illégitime. C'étoit plutôt une passion honteuse que de l'amour. Aveuglé par son pouvoir, Périandre prenoit ses ébats au milieu de l'ivresse, sans précaution, avec son Ganymède. L'ivresse alloit quelquefois au point de neutraliser les transports amoureux de Périandre. Cette circonstance fit du jeune homme l'assassin du tyran (5) : légitime châtiment d'une passion illégitime.

II. Voulez-vous que je vous donne un ou deux exemples de l'autre espèce d'amours que l'honnêteté avoue. Un jeune Athénien étoit, tout à la fois, aimé d'un simple citoyen, et du tyran d'Athènes. L'une de ces passions étoit autorisée par l'égalité des conditions. L'autre étoit fondée sur la violence, à cause de la puissance du tyran.. Le jeune-homme d'ailleurs étoit vraiment beau, et très-digne d'être aimé. Il dédaigna le tyran, et donna son affection à l'homme privé. Plein de colère, le tyran ne chercha qu'à les molester l'un et l'autre. Il fit l'affront à la jeune sœur d'Harmodius, qui étoit venue pour figurer, avec son panier, aux cérémonies des Panathénées, de l'empêcher d'y paroître (6). Il en coûta cher aux Pisistratides; et la liberté des Athéniens fut l'ouvrage de la lâche vengeance du tyran, de l'intrépidité du jeune-homme qui étoit aimé, de la vertu de celui qui l'aimoit, et de la légitimité du lien qui les attachoit l'un à l'autre (7). Epaminondas affranchit Thebes de la domination de Lacédémone avec une phalange d'amans. Un grand nombre de jeunes Thébains étoient amoureux chacun d'un beau garçon. Epaminondas fit prendre les armes aux uns et aux autres. Il en forma un bataillon sacré. Ces jeunes-gens, pleins d'intrépidité et de courage, combattirent avec beaucoup d'adresse, et ne se laissèrent point mettre en déroute. Ni Nestor, le premier des Capitaines dans les champs Troyens, ni les Héraclides dans le Péloponnèse, ni les Péloponnésiens dans les campagnes de l'Attique, n'eurent une pareille phalange (8). Chacun des amans étoit obligé de bien payer de sa personne (9); soit par amour-propre, parce qu'il combattoit sous les yeux de ce qu'il aimoit; soit par nécessité, parce qu'il combattoit pour ce qu'il avoit de plus cher. De leur côté, les garçons vouloient se montrer les émules de leurs amans, ainsi qu'à la chasse, les jeunes chiens s'efforcent de ne pas demeurer en arrière des vieux.

III. Mais où tendent ces exemples, d'Épaminondas, et d'Harmodius, et ces discours sur l'amour illégitime ? A établir qu'il y a deux genres d'amour, l'un qui se concilie avec la vertu, l'autre qui est le frère du vice; et que les hommes, en se servant d'un seul et même nom pour les désigner, comprennent sous une appellation commune, et celui dont on a fait un Dieu, et celui qui n'est qu'une passion honteuse. Les uns, ceux qui se livrent à ce dernier, s'en font accroire à la faveur de l'*homonymie* (10). Les autres, ceux qui se livreroient au premier, s'en défient à cause de l'amphibologie de la dénomination. Mais, de même que, si nous avions à examiner entre des orfèvres, quels sont ceux qui savent le mieux discerner le bon ou le mauvais aloi des métaux, nous regarderions comme très-étranger à son art celui qui prendroit pour bon ce qui n'en auroit que l'apparence, et comme expert dans son art celui qui porteroit un jugement conforme à la vérité; de même, appliquons la question qui nous occupe touchant l'amour, à la nature du *beau*, comme à une médaille (11). Car, si en ce qui concerne le *beau*, il est des choses qui n'en ont que l'apparence, sans en avoir la nature, et d'autres qui en ont, à la fois, l'apparence et la réalité, il faut nécessairement regarder ceux qui se passionnent pour le *beau* qui n'en a que l'apparence sans réalité, comme de faux, comme d'adultères amans du *beau*; et ceux qui s'enflamment pour celui qui joint la vérité à l'apparence, comme les nobles amans du vrai *beau*.

IV. Mettons de même l'amour à l'épreuve, au creuset, en ce qui concerne l'homme et la raison. Osons demander à Socrate quelque compte de sa conduite. Qu'il nous apprenne ce qu'il disoit de lui-même dans ses discours. Qu'entendoit-il, lorsqu'il disoit en parlant de lui, « qu'il étoit le serviteur de l'amour : qu'il » étoit la règle blanche pour les beaux garçons (12), » qu'il étoit habile dans son art : qu'Aspasie de Milet, » et Diotime de Mantinée, en tenoient école; qu'il » avoit pour disciples, Alcibiade, le plus pimpant des » Athéniens; Critobule, l'Athénien le plus à la fleur » de l'âge ; Agathon, le plus abandonné à la mol» lesse (13) : Phædre, à la divine tête; Lysis, le Ga» nymède, et Charmide, le beau garçon » ? Il ne gaze aucun des actes, aucune des impressions de l'amour. Il en parle avec la liberté la plus entière. Il dit que son cœur tressaille, que son corps s'allume (14) quand il pense à Charmide : qu'il se livre à des transports d'enthousiasme, comme une bacchante, auprès d'Alcibiade ; et qu'il tourne les yeux sur Autolicus avec la même avidité qu'on les jète sur la lumière pendant la nuit (15). Il organise une République. Il la compose de gens de bien. Il en est le Législateur; et pour récompenser les plus belles actions, il ne décerne pas des couronnes et des images, selon le frivole usage des Grecs; mais il veut qu'il soit permis au citoyen qui fait l'action la plus louable, d'aimer parmi les beaux garçons celui qui lui plaît le plus (16). O l'admirable récompense! Mais, lorsqu'il parle de l'amour, en forme d'apologue, qu'en dit-il? quelle description en fait-il?

Il le représente honteux à voir (17), pauvre, à-peu-près, autant que lui, pieds nuds, couchant à terre, dressant des embûches, toujours à l'affût du butin, empoisonnant, faisant le sophiste et le magicien. C'est le même portrait que faisoicnt de Socrate lui-même les auteurs comiques qui le jouoient aux fêtes de Bacchus. Et il s'exprimoit ainsi, non seulement au milieu des divers peuples de la Grèce, mais à Athènes, dans sa maison comme en public, dans les repas, à l'Académie, au Pyrée, dans ses voyages, sous les platanes, au Lycée. Il disoit qu'il ne savoit rien d'ailleurs, ni des discours sur la vertu, ni des opinions touchant les Dieux, ni des autres matières dont s'enorgueillissoient les sophistes. Mais sur le chapitre de l'art de l'amour, il se vantoit d'y être habile, et de travailler à s'y perfectionner.

V. Que signifient donc toutes ces belles choses dans la bouche de Socrate? Sont-ce des énigmes ou des ironies? Répondez-nous là-dessus, Platon, Xénophon, Æschine, ou tel autre de vous tous qui professez sa doctrine. Car je suis étonné, j'admire qu'il ait banni de sa merveilleuse *République*, et de son plan d'éducation pour la jeunesse, les poëmes d'Homère, après l'avoir couronné et parfumé (18), sous prétexte de l'inconvenance de ses descriptions, lorsqu'il peint Jupiter payant à Junon les tributs de l'hymen sur le mont Ida, sous le voile d'un nuage immortel, lorsqu'il peint les amours de Mars et de Vénus, Vulcain dans le piége, les Dieux buvant et se livrant à des éclats de rire inextinguibles, Apollon en fuite, et poursuivi par Achille, un simple mortel donnant la chasse à un Dieu (19): lorsqu'il représente les Dieux en lamentations: « Malheureux que je suis, s'écrie Ju-

» piter, j'ai perdu Sarpédon, celui des mortels que je » chérissois le plus (20) » ! « Que je suis malheureuse, » s'écrie Thétis, d'avoir enfanté un héros sous d'aussi » funestes auspices (21) » ! Et tant d'autres traits qu'Homère n'a présentés que sous le voile de la fiction, et dont Socrate lui fait un reproche ; tandis que lui-même, cet amant de la sagesse, ce vainqueur de la pauvreté, cet ennemi de la volupté, cet ami de la vérité, entremêle ses entretiens de discours si indécens et si dangereux, que les fictions d'Homère sont bien moins répréhensibles, en comparaison. En effet, quand on lit dans Homère ce qu'il dit de Jupiter, d'Apollon, de Thétis, de Vulcain, chacun comprend qu'il en est du poëte comme des oracles, dont les expressions énoncent une chose, tandis que le sens en présente une autre. On ne songe qu'au plaisir de l'oreille ; on se met de moitié avec le poëte; on laisse prendre l'essor à son imagination ; on aide soi-même au prestige de la fiction ; et l'on se complaît dans le sentiment de la puissance des illusions mythologiques, sans en être dupe. Au lieu que Socrate, renommé par son amour pour la vérité, nous présente des fictions bien plus dangereuses, soit par le poids que son nom donne à ses discours, soit par la subtilité de son intelligence (22), soit par le contraste de sa doctrine avec sa conduite. Car rien ne se ressemble moins que Socrate éperdu d'amour, et Socrate modèle de tempérance ; que Socrate brûlant à l'aspect des beaux garçons, et Socrate gourmandant le libertinage. Est-ce bien Socrate, l'antagoniste de Lysias (23) sur le chapitre de l'amour, qui touche de son épaule l'épaule de Critobule, qui revient de la chasse du bel Alcibiade (24), que la seule présence de Charmide met hors de lui? Sont-ce là des choses qui conviennent aux mœurs d'un philosophe ? Il y a loin de là, à ce ton de liberté et d'affabilité, avec lequel il parloit dans la conversation familière (25), au caractère de magnanimité et d'indépendance qu'il déployoit avec les tyrans, à l'intrépidité dont il fit preuve au siége de Delium (26), au mépris dont il accabla ses juges, au calme avec lequel il se laissa conduire en prison, à la sérénité avec laquelle il affronta la mort. Car, s'il faut prendre à la lettre ce que dit Socrate, nous n'avons plus rien à dire. Mais, s'il ne fait qu'envelopper de belles actions sous des paroles honteuses, c'est joindre le mal au danger. Cacher le *beau* sous un vilain masque, présenter les choses utiles sous l'extérieur des choses nuisibles, est l'œuvre, non de qui veut le *bien* (car le *bien* ne se montre pas de lui-même), mais de qui veut le *mal*, et cela ne coûte pas. C'est là, je pense, ce que pourroient objecter, ou Thrasymaque, ou Calliclès, ou Polus, ou tout autre antagoniste des principes de Socrate (27).

VI. Allons ; sans nous arrêter plus long-temps à des bagatelles, répondons à tout cela. Nous sentons bien que nous en avons plus la volonté que le pouvoir ; et cependant nous avons besoin ici de l'un et de l'autre. Pour justifier Socrate de ces choses qu'on lui reproche dans ses discours, nous imiterons l'exemple de ceux qui, traduits devant les Tribunaux, et courant quelques dangers, ne se contentent pas de se disculper du fond de l'accusation dirigée contr'eux, mais en font adroitement retomber la faute sur des personnages de considération, dont la complicité atténue le délit et l'accusation. Différons donc d'examiner, pour le moment, si Socrate a eu tort ou raison ; et disons à ses fougueux accusateurs : « Vous nous paroissez,

» Messieurs (28), des Sycophantes bien moins habiles » qu'Anytus et Mélitus. Ceux-ci accusèrent Socrate » de ce qu'il corrompoit la jeunesse, de ce que Critias » s'étoit emparé du pouvoir, (c'étoit un de leurs chefs » d'accusation) de ce qu'Alcibiade s'abandonnoit à tous » les genres de débauche, de ce qu'il enseignoit l'art » de faire prévaloir la mauvaise cause; de ce qu'il ju- » roit *par le platane, et par le chien.* Mais Socrate ne » fut attaqué, sous le rapport de l'amour, ni par ces » adroits accusateurs, ni par Aristophane même (29), » le plus acharné de ses ennemis, qui fit entrer dans » les pièces de théâtre dirigées contre lui, tout ce qui » pouvoit prêter à la malignité comique. Il lui repro- » cha sa pauvreté; il le traita de mauvais bavard, de » sophiste; il l'attaqua sur tout, hors sur l'obscénité de » ses amours. Il n'y a donc pas apparence que les ca- » lomniateurs, ni les auteurs comiques, eussent contre » Socrate la moindre prise, de ce côté-là ».

VII. Si donc on ne lui fit aucun reproche, à cet égard, ni sur le théâtre, ni en plein tribunal, nous pouvons d'abord répondre à ses modernes accusateurs, qui ne sont pas moins fougueux que les anciens, que ce genre d'amour n'est pas l'invention de Socrate, mais qu'il est beaucoup plus ancien; et nous produirons pour témoin Socrate lui-même, le louant, l'admirant, et désavouant d'en être l'auteur (30). Car, Phédre de Myrrhine lui ayant montré le discours de Lysias, fils de Céphale, sur cette matière, Socrate lui dit, qu'il ne voyoit pas une grande merveille à être plein comme une outre des ouvrages d'autrui (31), tels que ceux de la belle Sapho, (car il se plaît à l'appeler ainsi, à cause de la beauté de ses vers, quoiqu'elle fût petite (32) et brune), ou d'Anacréon qu'il nommoit

le

le *sage*. Le panégyrique de l'amour qu'il prononça (33), dans le *Banquet*, il l'attribue à une femme de Mantinée. Mais, que l'auteur de cet ouvrage fût une femme de Mantinée, ou de Lesbos, reste qu'il n'appartenoit point à Socrate, et qu'il n'en avoit point les prémices. Donnons-en la preuve, en commençant par Homère.

VIII. Il me paroît que ce poëte entre dans de très-grands détails. Il fait avec un talent égal, le tableau des vertus et des vices, les unes pour nous les faire acquérir, les autres pour nous les faire éviter. D'ailleurs il présente exactement, tels qu'ils existoient dans l'antiquité, les principes des arts, comme de la médecine, de la conduite des chars, de la tactique. C'est ainsi qu'il défend, dans les courses, de faire friser de trop près la borne au cheval gauche (34) : qu'il fait prendre aux malades un verre de vin de Pramnium (35); que, dans un jour de bataille, il place les lâches au milieu des rangs des braves, et sépare la cavalerie de l'infanterie (36), toutes choses qui paroîtroient ridicules aux cochers, aux médecins, aux Généraux, de nos jours. Quant à l'amour, il décrit successivement tout ce qui s'y rapporte, ses effets, l'âge qui lui convient, ses espèces, ses affections honnêtes ou honteuses, sa pudicité, ses débordemens, sa chasteté, son libertinage, son emportement, son sang-froid. Sur ces matières, il n'est plus à l'antique. Il s'y montre aussi habile qu'on l'est aujourd'hui. Par exemple, dans son premier chant, il introduit deux amans de la même captive, l'un audacieux et emporté, l'autre patient et tranquille (37). L'un étincelle des yeux, insulte et menace tout le monde : l'autre se retire sans bruit ; il pleure étendu à terre ; il ne sait quel parti prendre; il dit qu'il s'en ira, et il n'en fait rien. Ailleurs, c'est un exemple d'amour impudique. Tel est celui de Pâris, toujours prèt à quitter le champ de bataille, pour courir dans les bras de sa maîtresse, et se conduisant toujours comme un adultère. Ici, est le tableau d'un amour légitime, également tendre des deux côtés, c'est celui d'Hector et d'Andromaque. Celle-ci donne à son époux, à son amant, les noms de père, de frère, et toutes les autres dénominations que la tendresse peut imaginer (58). Hector dit à Andromaque, qu'il a plus d'amour pour elle qu'il n'en a pour sa propre mère. Là, est la peinture d'un amour sans cérémonie, entre Jupiter et Junon, sur le mont Ida. Ailleurs, on voit l'amour adultère, comme chez les amans de Pénélope; l'amour, avec toutes ses séductions, comme chez Calypso; l'amour, avec tous ses enchantemens, comme chez Circé. On voit aussi entre deux hommes, entre Patrocle et Achille, un amour que les travaux et le temps consolident, et qui dure jusques à la mort. Ils sont jeunes, et ont des mœurs l'un et l'autre. L'un donne des leçons; l'autre les reçoit. L'un a du chagrin; l'autre le console. L'un chante; l'autre écoute. C'est aussi un trait caractéristique d'amour, de demander, d'un côté, la permission de combattre, et de pleurer, dans la crainte de ne pas l'obtenir; tandis que, de l'autre, on se laisse fléchir; on pare le suppliant de ses propres armes; on tremble du retard de son retour; on veut mourir, en apprenant sa mort; et on abjure ses ressentimens. L'amour se retrouve jusque dans les rèves, dans les songes, dans les larmes d'Achille, et dans la dernière offrande qu'il fait au tombeau de Patrocle, dans sa chevelure (59). Tels sont les tableaux de l'amour qui nous sont présentés dans les ouvrages d'Homère.

IX. Chez Hésiode, les Muses chantent-elles autre chose que les amours des femmes et des hommes celles des fleuves, des vents, des plantes (40)? Je passerai sous silence les poésies obscènes d'Archilochus (41). Les ouvrages de Sappho (s'il est permis de comparer les modernes aux anciens) ne renferment-ils pas tous les principes de Socrate sur le sujet de l'amour (42)? Socrate et Sappho me paroissent avoir dit la même chose, l'un de l'amour des hommes, et l'autre de l'amour des femmes. Ils annoncent qu'ils ont de nombreuses amours, et que la beauté est toujours sûre de les enflammer. Ce qu'Alcibiade, Charmide, et Phædre, sont pour Socrate, Gyrinne, Athis et Anactorie, le sont pour Sappho; et, si Socrate a pour rivaux, sous certain rapport, Prodicus, Gorgias, Thrasymaque et Protagoras; Sappho a pour rivales, Gorgo, et Andromède; tantôt elle leur fait des reproches: Tantôt elle les querelle. Tantôt elle le prend avec elles sur le même ton d'ironie qui étoit si familier à Socrate. *Salut à Ion*, dit Socrate (43). *Mille choses à la jeune Polyanacte*, dit Sappho (44). Socrate dit qu'il n'avoit voulu s'attacher à Alcibiade, qu'il aimoit depuis long-temps, qu'après l'avoir jugé propre à l'éloquence (45): et Sappho dit: *Tu me parois encore un enfant, tu n'es pas formée encore.* Socrate tourne en ridicule le costume et les attitudes des sophistes. Sappho parle d'*une femme en habit de paysanne.* Diotime dit à Socrate que l'amour n'est pas le fils de Vénus, mais son laquais et son domestique. Sappho fait dire à Vénus, dans une de ses odes, *Et toi, le plus beau des valets, Amour!* Diotime dit encore que l'amour est rayonnant de santé, dans l'aisance, et qu'il a la pâleur de la mort, dans la pauvreté.

Sappho marie ces idées en comparant l'amour à de la douce-amère, à de l'aigre-doux. Socrate traite l'amour de *sophiste* (46); Sappho le traite de *conteur.* Les transports d'amour de Socrate pour Phædre sont des transports de Bacchante (47); l'amour agite l'âme de Sappho, comme les vents agitent les chênes des montagnes. Socrate gourmande Xantippe, qui pleure, parce qu'il va mourir (48). Sappho en fait autant, envers sa fille; *car le deuil ne doit point entrer dans la maison des nourrissons des Muses; ce seroit contre les convenances.* Le sophiste de Téos (49), Anacréon, ne professoit-il pas le même art, la même doctrine? Il est épris de tous les beaux garçons, il leur donne à tous des éloges. Toutes ses hymnes sont pleines de la chevelure de Smerdis, des yeux de Cléobule, et de la fleur de jeunesse de Bathylle. Toutefois il montre de la décence dans ces passages: *J'aurois désiré passer ma jeunesse avec toi, car tu es d'un naturel agréable;* et ailleurs, *c'est une belle chose que l'amour, quand il est légitime* (50). Bien plus, il a mis son art à découvert: *Les jeunes-gens s'attachent à moi, par le charme de mes discours; car je présente de jolis tableaux; je sais dire d'aimables choses* (51). Alcibiade en disoit autant de Socrate. Il assimiloit la grâce, l'élégance de ses discours, au jeu de la flûte d'Olympus et de Marsyas (52). Qui osera, grands Dieux! condamner de pareils sentimens, si ce n'est Timarque (53)?

NOTES.

(1) Davies remarque, sur la foi de Diodore, *in Excerpt. Peiresch*, p. 229, et des Auteurs que le docte Henri de Valois cite sur ce passage, que le père de cet Actéon se nommoit *Mélissus*, et non pas *Æschyle*. Voyez la *note suivante*.

(2) Heinsius s'est évidemment trompé, lorsqu'il a traduit le mot grec παῖς par *filius*; et il est étonnant que Formey, qui a été à même de consulter les annotations de Markland, n'ait pas profité de sa judicieuse remarque en cet endroit. *Quomodo enim*, dit-il, *homini Corinthio filius Doricus?* « Comment un Citoyen de Corinthe auroit-il eu » pour fils un Dorien » ? Il est singulier que cette disparate n'ait point frappé Heinsius, et qu'il n'ait pas aperçu que l'Actéon dont il est ici question, n'étoit pas plus le *fils* du Corinthien, que *Bathylle* n'est le *fils* d'Anacréon !

(3) Ambracie étoit une des principales villes de l'Épire, selon *Pomponius*, liv. II, chap. 3. Elle étoit la capitale de la partie de ce royaume, qu'on nommoit la *Thesprotie*.

(4) Aristote, dans sa *République*, livre V, chap. 10, rapporte que Périandre fut assassiné par le jeune-homme qu'il aimoit, pour lui avoir demandé, *s'il ne lui avoit pas fait encore un enfant*. Plutarque raconte la même chose, dans son Traité des *Propos d'amour*.

(5) Élien, dans ses *Histoires diverses*, liv. XI, chap. 8, rapporte que ce fut, en effet, pour n'avoir pas permis à la sœur d'Harmodius de paroître aux Panathénées avec son panier, qu'Hipparque, fils de Pisistrate, fut poignardé par Harmodius et Aristogiton. Harpocration, dans son *petit Lexique*, sur le mot Κανηφόροι, nous apprend que, sous le règne d'Erichton, il fut établi que les jeunes personnes des familles distinguées d'Athènes assisteroient aux Panathénées, avec des paniers remplis de choses destinées à servir d'offrande à Minerve. *Voyez* Suidas et Hésychius.

(6) C'est sans doute une chose bien monstrueuse à nos yeux, que cette pédérastie, qui passoit pour légitime dans les mœurs des Grecs. Qu'on lise dans les *Essais de Montaigne*, liv. I, chap. 22, le tableau des variétés en ce genre, qu'offrent les différens peuples à la méditation des philosophes; et l'on se demandera à quoi tient que l'espèce humaine puisse donner l'exemple de tant d'horreurs. D'ailleurs, les curieux qui désireront savoir ce que divers Auteurs de l'antiquité

ont dit d'Harmodius et d'Aristogiton, peuvent consulter Jean Meursius, dans son ouvrage sur *Pisistrate*, chap. 13. Quelques éditions d'Anacréon renferment l'Hymne que le poëte Alcée leur consacra.

(7) Voyez *Dion-Chrysostôme*, Oraison XXII ; et Athénée, dans les *Dipnosophistes*, lib. XIII, pag. 602.

(8) *Voyez* Platon et Xénophon, l'un et l'autre, dans leur *Symposiaque*.

(9) Homonymie, mot grec, qui signifie, *identité de dénomination*.

(10) Heinsius, trompé, peut-être, par la conjecture d'Henri Estienne sur ce passage, n'a pas rendu le vrai sens du texte. *Voyez* la note de Davies sur cet endroit.

(11) C'est ainsi que s'exprime Socrate, dans le *Charmide de Platon*, pag. 235. F. Ce qui veut dire qu'il aimoit la beauté sans distinction de personne. Eustathe, dans ses Commentaires sur l'*Odyssée*, cite un Ælius Dionysius, qui dit que λευκὴ στάθμη s'applique à *celui qui ne discerne, qui ne distingue rien*. Isaac Casaubon, dans ses doctes Scholies, sur les *Caractères de Théophraste*, περὶ ἀδολεσχίας, reproche aux traducteurs de Platon, de s'être mépris sur le vrai sens de cette expression proverbiale, par laquelle Socrate veut, selon lui, donner à entendre, *amorem pulcrorum sibi à natura esse sic insitum, ut omnes indiscriminatim deamet, qui inter pulcros suo merito censentur.*

(12) Heinsius remarque, en cet endroit, que, dans un manuscrit qu'il cite, il a trouvé Critobule et Agathon, ajoutés aux autres noms propres mentionnés dans ce passage. Pacci en dit autant du manuscrit sur lequel il a travaillé. Les manuscrits de Davies et de Markland offrent la même leçon.

(13) Le grec porte littéralement, *que son corps s'enfle*. Ceux qui savent à quel point il faut être sur ses gardes dans le choix des termes, pour écarter toute idée d'obscénité, sentiront pourquoi j'ai évité, ici, la fidélité.

(14) Selon Heinsius, ce passage n'existe nulle part dans les Ouvrages de Platon. Il pense que Maxime de Tyr, sur la foi d'une réminiscence, a prêté à Platon, et dit de Socrate, ce que Xénophon, dans son *Symposiaque*, a écrit de tous les convives qu'il fait figurer dans ce Traité.

(15) Maxime de Tyr fait allusion, ici, à ce que dit Platon, vers le milieu du cinquième livre de la *République*, que « celui qui se sera » signalé par sa bravoure, embrassera, à son choix, les jeunes gens » parmi les guerriers, et même que pendant la durée de la campagne, » il ne sera permis à aucun d'entr'eux, de se refuser à ses embrassemens, parce que ce sera, pour tous ceux qui aimeront, un motif de » mériter le prix de la valeur ».

(16) *Voyez* Platon, dans son *Symposiaque*.

(17) Dans la *Dissertation* précédente, sect. III, Maxime de Tyr applique à Hippocrate ce qu'il applique ici à Homère. *Voyez* la note en cet endroit.

(18) Voyez l'*Iliade*, 22e. chant, vers 9.

(19) Voyez l'*Iliade*, 16e. chant, vers 433.

(20) Maxime de Tyr a cité ces mêmes passages d'Homère, *Dissertation XI*, sect. V.

(21) Markland soupçonne quelque corruption en cet endroit, sous prétexte que Socrate, au troisième et au dixième livre de la *République de Platon*, condamne l'*imitation*. Il pense qu'il faut lire συνέτον δ' ἐν τῇ ποίησει. J'ai adopté sa conjecture.

(22) Voyez le *Phædre de Platon*, p. 340 et suiv.

(23) Voyez *Xénophon*, dans son *Symposiaque*, chap. 4, no. 27 et 28.

(24) « La preuve », dit *Athénée*, liv. V, chap. 13, à la fin, « la » preuve que Socrate aimoit réellement Alcibiade, quoiqu'il eût envi» ron trente ans moins que lui, est dans ce passage du *Protagoras de* » *Platon :* D'où venez-vous, Socrate, lui demande-t-on ? Je viens, » répond-il, de la chasse du bel Alcibiade, car dernièrement je le » regardai, et je le trouvai beau encore ».

(25) Le texte porte littéralement, *avec lequel il parloit au peuple*.

(26) *Athénée*, liv. V, chap. 12, ne dissimule pas que cette intrépidité de Socrate, à Delium, lui paroît très-suspecte, et qu'il regarde ce que Platon en a dit comme une fiction.

(27) Ce sont les noms des principaux interlocuteurs que Platon met en scène, dans ses *Dialogues*, pour combattre les opinions de Socrate.

(28) Il y a dans le grec ὦ ἄνδρες, que j'aurois dû rendre par *Citoyens*. Car ce mot a cette acception technique, dans le style grec. Le mot πολίτης étoit proprement ce que le mot *Concitoyen* est pour nous. Témoin ce passage d'Isocrate, πολίτης αὐτοῦ καὶ φίλος, *son Concitoyen et son ami*. On le prenoit aussi pour *Citadin*, par opposition aux gens de la campagne. D'ailleurs, il n'y a pas un Helléniste qui n'ait remarqué que les Orateurs d'Athènes, en s'adressant à leurs Concitoyens, dans les assemblées publiques, disoient toujours, ὦ ἄνδρες Ἀθηναῖοι, et non pas πολίται Ἀθηναῖοι.

(29) Ce silence d'Aristophane sur un point qui lui auroit fourni si beau jeu contre le philosophe, doit paroître péremptoire à tous les hommes de bonne foi.

(30) Un passage du *Phædre de Platon*, p. 340. B, où Socrate dit formellement « qu'il n'a rien mis du sien dans ce qui concerne ce genre » d'amour », a fait penser à Davies et à Markland, que le texte étoit

corrompu en cet endroit ; et qu'au lieu de αἰξαιζμενοι, il falloit lire, ἐξαριζμενοι, ou ἀναιζμενοι, ou, mieux encore, ἐξομηζμενοι. J'ai adopté cette correction.

(31) Voyez le Phædre de Platon, *ibid.*

(32) Ovide lui fit dire à elle-même, dans une *Épître* à Phaon,

Sum brevis ; et nomen quod terras impleat omnes
Est mihi ; mensuram nominis ipsa fero.
Candida si non sum, placuit Cepheïa Perseo
Andromede, patriæ fusca colore suæ.
At, me cùm legeres, etiam formosa videbar, etc.

(33) J'ai suivi Reiske, qui lit ici λεγόμενον, au lieu de λόγον.

(34) Voyez l'*Iliade*, 23e. chant, vers 338 ; et Platon, dans le Traité intitulé, *Ion*, p. 146. E.

(35) Voyez l'*Iliade*, 11e. chant, vers 637 ; Platon, *ibid.* le Traité de la *République*, liv. III, p. 440. C ; et *Athénée*, liv. I, chap. 28.

(36) Voyez l'*Iliade*, 4e. chant, vers 257 et suivans.

(37) Je m'étonne que la sagacité ordinaire de Markland soit restée, ici, en défaut, et qu'il n'ait pas aperçu que, pour la justesse de l'antithèse, il falloit lire, εὐπαθής, et non pas ἐμπαθής.

(38) Il est curieux, à Paris, dans les ménages même, où l'on sait le mieux que les époux ne sont, ni des Hectors, ni des Andromaques, de les voir se piquer réciproquement de la recherche, du raffinement le plus ridicule, dans les dénominations qu'ils se donnent. Au moins, du temps d'Hector, il paroît que l'on respectoit l'analogie des sexes. Au lieu qu'à Paris, il n'est pas rare d'entendre une femme, appeler son mari, *ma bonne*, et un mari, appeler sa femme, *mon petit*.

(39) Se faire couper les cheveux en l'honneur des morts étoit un signe de deuil chez les Anciens. *Voy.* Kirchman, *de Funerib.* lib. II, 14.

(40) Davies et Markland observent très-judicieusement, en cet endroit, que le mot βασιλέων, qui se trouve placé entre ποταμῶν d'une part, et φυτῶν de l'autre, forme une bigarrure, une disparate d'autant plus étrange, qu'en parlant génériquement de l'amour des hommes et des femmes, Maxime de Tyr est censé y avoir compris les amours des Rois. Jusque-là, je suis de l'avis de l'un et de l'autre. Mais, quand l'un pense qu'il faut mettre les *vents* à la place des Rois, et que l'autre conjecture qu'il faut y mettre les mers, alors le mot à substituer ne présentant aucune analogie matérielle avec le mot apocryphe, je soupçonne que, dans leurs conjectures, ils se trompent tous les deux. Ferois-je mieux ? Non, et pour ne pas ajouter une troisième leçon aux deux autres, j'ai adopté celle de Davies. Markland présume également, que le mot βασιλέων peut faire allusion à quelque ouvrage

d'Hésiode, qui n'est point parvenu jusqu'à nous. Mais cette opinion ne paroît avoir aucun fondement, puisque Markland lui-même ne prend pas la peine de l'appuyer. Au surplus, Reiske, qui a été frappé, comme les annotateurs Anglois, de l'incongruité de la leçon du texte, a proposé *ἐπαινῶν*.

(41) Valère-Maxime rapporte, dans le 3e. chapitre de son VIe. livre, que « les Lacédémoniens proscrivirent les ouvrages d'Archilochus, » parce qu'ils en jugèrent la lecture dangereuse pour les mœurs ». Plutarque en donne une autre raison, dans son Traité des *Institutions de Lacédémone*. C'est l'Archilochus dont parle Horace, dans l'*Art poétique* :

Archilochum proprio rabies armavit iambo.

(42) Ceux qui ont regardé Sappho comme suspecte de tribadisme, ont peut-être fondé là-dessus leur opinion. Voyez *Ovide*, Héroïd. XV. 19. Trist. II. 365 ; et Suidas.

(43) Ce sont, en effet, les premiers mots du Traité de Platon, qui porte ce titre.

(44) Les manuscrits ne sont pas d'accord sur ce nom propre.

(45) *Voyez* le Traité de Platon, intitulé, *le premier Alcibiade*. Pacci a fort bien remarqué ici que l'article féminin devoit être substitué au masculin.

(46) Voyez le *Symposiaque de Platon*, pag. 328. B.

(47) Maxime de Tyr fait allusion à un passage du *Phædre*, p. 339. G.

(48) Xantippe se désoloit de l'injuste condamnation prononcée contre Socrate. « Aimeriez-vous mieux, lui dit Socrate, que je l'eusse » méritée » ? *Voyez* Diogène-Laërce, *Vie de Socrate*.

(49) Élien, en parlant de l'amour d'Anacréon pour le jeune Smerdis, a grand soin d'écarter toute idée d'obscénité de cet amour-là ; et il recommande, au nom des Dieux, de ne pas croire le poëte de Téos capable de se souiller de cette infamie. Barnès insiste là-dessus, dans sa *Vie d'Anacréon*, §. 20. D'un autre côté, Sénèque nous apprend, dans la 88e. de ses *Épîtres*, que ce Didyme le Grammairien, le plus fécond peut-être de tous les Écrivains anciens et modernes, avoit fait un livre dans lequel il examinoit la question de savoir, auquel des deux, de l'amour ou du vin, Anacréon s'étoit le plus adonné. Ovide a dit, dans le second livre *des Tristes*, vers 363 :

Quid, nisi cum multo venerem confundere vino,
Præcepit lyrici Teïa musa senis ?

(50) Barnès rapporte ce passage d'Anacréon, sous le no. 116 de ses *Fragmens*.

(51) *Voyez* Barnès, *ibid. Fragment CXVII.*

(52) Formey s'est trompé ici; il a dit de Socrate, à l'égard d'Alcibiade, ce que Maxime de Tyr dit d'Alcibiade à l'égard de Socrate. Cependant Heinsius a été exact, en traduisant *idem de Socrate Alcibiades dicebat.*

(53) Ce Timarque est celui contre lequel Æschines écrivit. *Voyez* Barnès, *Vie d'Anacréon*, §. 25.

Paris, le messidor an IX. (juin 1801.).

DISSERTATION XXV.

Continuation du même sujet. Qu'est-ce que l'amour de Socrate?

REVENONS à ce que nous avons à dire de l'amour, (ce n'est que le début d'une longue route) et, après un moment de repos, poursuivons notre chemin, et prenons pour guides, Mercure qui préside à l'art de la parole (1), la Persuasion, les Grâces, et l'Amour lui-même. Car il s'agit ici d'une chose qui a ses dangers, et qui n'est point une bagatelle. En traitant un pareil sujet, on marche entouré de précipices; et il faut, de deux choses l'une, ou que ceux dont l'amour est bien ordonné, aillent leur train avec sécurité, ou que ceux qui se fourvoient, tombent dans des affections déréglées, et de là dans quelque abîme. L'aspect de ce désordre effraya Socrate. Il vit que le mal alloit en croissant, par toute la Grèce, et principalement à Athènes. Il vit que tout fourmilloit d'impurs débauchés, et de Ganymèdes (2) pris dans les piéges. Il eut pitié des uns et des autres. Il ne pouvoit point opposer à ce genre de libertinage une loi. Car il n'étoit ni Lycurgue, ni Solon, ni Clisthène (3), ni aucun de ceux qui, revêtus d'une délégation publique, avoient de l'empire sur l'esprit des Grecs. Il ne pouvoit point, de son autorité privée, employer la violence, pour améliorer les mœurs. Les Grecs auroient eu besoin pour cela, ou d'un Hercule, ou d'un Thésée, ou de quelque autre vigoureux professeur de décence et d'honnêteté. Il ne pouvoit pas tenter les voies de la persuasion. L'on persuade difficilement, lorsque la passion est aiguillonnée par le désir, et poussée presque jusqu'au délire (4). Socrate ne laissa pas de songer, et de travailler, à guérir, à sauver les uns et les autres (5). Voici le moyen qu'il imagina pour les amener d'eux-mêmes où il vouloit.

II. Pour me faire entendre, je prendrai, à l'exemple d'Ésope, le langage de l'allégorie. Un berger et un boucher (6) voyageoient ensemble. Ils virent un agneau bien nourri, qui erroit, séparé du reste de son troupeau. Tous les deux se ruent dessus. Dans ce temps-là, les bêtes parloient le même langage que les hommes. L'agneau leur demande qui ils sont, et quel est celui d'entr'eux qui veut s'emparer de lui, et l'emmener. Lorsqu'il eut, en effet, appris le métier qu'ils faisoient l'un et l'autre, il donna la préférence au berger, et dit au boucher : « Toi, tu es un bourreau, » tu égorges mes semblables; au lieu que celui-ci se » contente d'en retirer ce que la Nature les a destinés » à faire pour lui (7) ». Comparez, si vous voulez, d'après cette fable, tous les Pédérastes à des bouchers, Socrate à un berger, et les beaux garçons de l'Attique à des agneaux égarés, qui parlent, à la vérité, le même langage, mais sur un autre ton, que dans l'apologue. Que fera donc ce berger, en voyant ces bourreaux avides de la beauté de ces adolescens, et s'empressant autour d'eux? Souffrira-t-il cela? Restera-t-il dans l'inaction? Sans doute, si l'on le suppose plus sanguinaire que les bourreaux eux-mêmes. Il se mettra donc en mouvement : il courra comme les bouchers. Il tendra au même but, mais avec une intention différente. Qui est-ce qui, sans connoître la profession de ce concurrent, et le sujet qui le fait courir, pensera qu'il conspire aussi la perte de ce qu'il poursuit? Mais si l'on attend la fin, on louera le motif, on prendra ce zèle pour exemple, on admirera et le chasseur, et le bonheur de sa proie. C'est dans ce sens que Socrate disoit qu'il aimoit tous les jeunes-gens. C'est dans ce sens qu'il couroit autant que les autres, qu'il poursuivoit les beaux adolescens, qu'il gagnoit ses concurrens de vitesse, et qu'il rendoit vains tous les efforts des bourreaux. Il étoit plus propre qu'eux à ce genre d'exercice, plus habile à aimer, plus adroit à parvenir à son but. Cela devoit être ainsi. Chez les autres, l'amour n'étoit que l'appétit du désir qui se perd en vagabond dans les jouissances, qui a sa source dans les agrémens corporels, qui attire et séduit les yeux, et par eux s'insinue dans l'âme. Car les yeux sont le chemin de la beauté (8). Chez Socrate, l'amour ne le cédoit point en intensité à celui des autres : il étoit différent sous le rapport du désir, plus modéré sous le rapport de la jouissance, plus ingénieux sous le rapport de la vertu. Il avoit son principe dans la beauté de l'âme qui se dessine sur le corps (9). Imaginez dans une prairie le beau crystal d'un ruisseau. Les fleurs déjà belles qu'il humectera en deviendront plus éclatantes encore. Tel est l'effet de la beauté de l'âme dans un beau corps. Elle en reçoit du lustre, de la splendeur, de l'éclat. La beauté du corps n'est elle-même que la beauté de la vertu qui doit l'embellir, et, en quelque façon, que le prélude d'une beauté plus accomplie. De même que la lueur crépusculaire qui annonce le lever du soleil, du haut des montagnes, réjouit les yeux dans l'attente du grand astre de la lumière; de même la beauté de l'âme, se montrant dans les charmes répandus extérieurement sur le corps, offre au philosophe un spectacle qui le ravit par la perspective des résultats.

III. Un Thessalien se passionnera pour un poulain, un Égyptien pour un veau, un Spartiate pour un jeune chien de chasse; et le philantrope, celui qui fait ses délices de former un homme, le cédera-t-il à l'agriculteur Égyptien, au cavalier de la Thessalie, et au chasseur de la Laconie? Ceux-ci, en soignant leurs animaux, les préparent aux travaux auxquels ils les destinent (10) : et le philantrope, celui qui a de l'amour pour les jeunes gens, les cultive, dans la vue d'établir avec eux un commerce de vertu : il choisit, en conséquence, ceux qui sont les plus propres à son dessein; et ce sont ceux qui sont les plus beaux, qui promettent le plus. Quant à la beauté, intrinséquement considérée, elle est autre aux yeux de celui qui a des intentions de débauche, et autre aux yeux de celui qui n'a que des projets de vertu. Il en est de même d'un glaive. Envisagé comme tel, le vaillant homme de guerre le voit d'un autre œil que le bourreau. Les yeux d'Ulysse pour Pénélope ne sont pas les yeux d'Eurymaque. Le Soleil est aux yeux de Pythagore autre chose que ce qu'il est aux yeux d'Anaxagoras; car le premier le regarde comme un Dieu (11), et le second comme une pierre (12). Socrate s'attache à la vertu, par un motif qui n'est pas celui d'Épicure. Socrate l'aime, parce qu'elle conduit au bonheur, Épicure parce qu'elle mène à la volupté. De même, en se passionnant pour un beau jeune homme, Socrate et Clisthène ont des vues toutes différentes. L'aiguillon de Socrate est son amour pour la vertu; celui de Clisthène est son goût pour le plaisir (13).

IV. Lors donc que vous entendrez dire d'un philosophe, qu'il aime, et d'un débauché, qu'il aime aussi, ne donnez pas le même nom au sentiment de l'un et de l'autre. L'un cède à l'impulsion du plaisir, l'autre est entraîné par les charmes de la beauté. L'un est malade malgré lui; l'affection de l'autre est spontanée. Celui-ci aime pour le bien de celui qui est aimé: l'autre pour la perte de tous deux. La vertu est l'œuvre de l'amour de l'un : le plus honteux déréglement est l'œuvre de l'amour de l'autre. L'amitié est la fin de l'amour de l'un ; la haine est le terme de l'amour de l'autre. L'amour de l'un est gratuit : l'amour de l'autre est intéressé. L'amour de l'un est digne d'éloges : l'amour de l'autre ne mérite que l'infamie. L'un est d'un Grec ; l'autre d'un Barbare (14). L'un est un amour généreux ; l'autre un amour lâche et efféminé. L'un est constant ; l'autre est fugitif et sans consistance. L'homme qui est animé du premier amour est ami de Dieu, ami des lois (15), plein de pudeur, et zélateur de l'indépendance. Il est, toute la journée, à courtiser celui qu'il aime, à se complaire dans son amour. Il joue avec lui dans le gymnase ; il court avec lui dans l'arène ; il en fait son compagnon de chasse, son frère-d'armes. S'il est malheureux, il partage son malheur (16) ; s'il faut mourir, ils meurent ensemble. Dans le commerce qu'ils ont entr'eux, ils n'ont besoin ni de la nuit, ni de la solitude. Celui que l'autre amour possède est ennemi des Dieux, car il a de mauvaises mœurs. Il est ennemi des lois, car il agit contre les lois (17). Il est peureux, craintif, sans pudeur. Il aime les lieux écartés, les ténèbres, les cavernes. Il n'ose jamais se montrer au grand jour, à côté de l'objet de sa passion. Il fuit le soleil, il cherche la nuit et l'obscurité, « que les bergers n'aiment pas (18) », et qui favorisent les voleurs. Le premier ressemble au berger; l'autre ressemble au voleur (19), et désire autant que lui de se dérober à tous les yeux. Car il ne se dissimule point le mal dont il est coupable. Mais, quoiqu'il le connoisse, la passion l'entraîne. Le cultivateur ne touche qu'avec précaution à ses arbres fruitiers. Au lieu que le larron qui s'y jète enlève tout. Il dégrade. Il ravage.

V. Vous voyez un beau corps qui commence à fleurir, qui promet du fruit. N'en souillez point, n'en flétrissez point la fleur; n'y touchez point. Imitez le voyageur de l'*Odyssée*. « Telle j'ai vu s'élever, » auprès de l'hôtel d'Apollon, la tige d'un jeune pal- » mier (20) ». Ménagez la plante d'Apollon et de Jupiter. Attendez ses fruits : vous l'aimerez à plus juste titre. Cela n'est pas bien pénible. Il ne faut être pour cela ni Socrate, ni un philosophe. Un Spartiate, qui n'avoit point été nourri au Lycée, qui n'avoit point fréquenté l'Académie, qui n'avoit point été instruit dans les principes de la philosophie, ayant rencontré un jeune-homme, Barbare à la vérité, mais extrêmement beau, et déjà dans la fleur de l'âge, en devint amoureux. Eh ! comment s'en seroit-il défendu ? Mais son amour n'alla point au-delà de ses yeux (21). Je fais plus de cas du courage qu'Agésilas montra, dans cette occasion, que de celui de Léonidas, aux Thermopyles (22). Il étoit, en effet, plus difficile de vaincre l'amour qu'un Roi Barbare (23). Les traits de l'Amour blessent plus profondément que les flèches des Cadusiens (24), ou des Mèdes. Au lieu que Xerxès passa sur le corps de Léonidas vaincu, et pénétra

par

par les Thermopyles ; l'Amour, arrivé jusqu'aux yeux d'Agésilas, s'arrêta là, à la porte de l'âme. Ce coup de force l'emporte sur le dévouement de Léonidas. Je lui donne la palme. Je loue Agésilas de cette victoire, plus que d'avoir mis Tissapherne en fuite, que d'avoir vaincu les Thébains, et supporté des coups d'étrivières. Car ces derniers triomphes appartenoient aux institutions du corps, à l'éducation physique. Au lieu que l'autre étoit l'œuvre de l'âme vraiment exercée, et accoutumée à se morigéner elle-même (25).

NOTES.

(1) Telle est la raison du surnom donné, ici, à Mercure par Maxime de Tyr. *Voyez* Vossius, *de origine et progressu idololatriæ*, lib. II, cap. 32; et remarquez, chemin faisant, par quel emblème, du temps d'Hérodote, les Athéniens représentoient, dans la statue de ce Dieu, la féconde prérogative de l'art de parler : *Ut verò Mercurii statuas facerent cum rigido ac porrecto veretro, non ab Egyptiis, sed à Pelasgis, didicerunt; et primi quidem Græcorum omnium acceperunt Athenienses, ab his autem alii*, etc.

(2) Je ne peux pas employer le mot grossier qui, dans notre langue, est le synonyme de μειρακίον. Je pense que l'autonomase que j'y substitue est à la portée de tout le monde.

(3) Plutarque fait, en peu de mots, un bel éloge de ce Clisthène, dans la vie de Périclès : « Clisthène se signala dans l'expulsion des » Pisistratides. Il renversa courageusement la tyrannie : il fit des lois, » et il combina avec tant de perfection toutes les bases du Gouvernement, qu'en ramenant les esprits à l'union et à la concorde, il sauva » la République ». Isocrate, dans son *Aréopagitique*, rend le même hommage à Clisthène ; mais, plus voisin de la révolution opérée par cet illustre Athénien, il fait un récit différent, à certains égards, de celui de Plutarque. « Clisthène, dit-il, après avoir chassé les tyrans, » et rétabli le Peuple dans ses droits, rendit à Athènes son ancienne » forme de Gouvernement; et il seroit difficile d'en trouver de plus

» populaire, et qui convint mieux à la République ». Ce Clisthène figure avec honneur parmi les législateurs de l'antiquité, témoin, entre autres, Aristote, dans sa *Politique*, liv. 3, chap. 2; Cicéron, dans son *Brutus*, chapitre 7: Plutarque, dans le *Traité des contradictions des Stoïciens*; Dion-Chrysostôme, dans sa vingt-deuxième Oraison; et Thémistius, dans le second et le vingt-troisième de ses Discours.

(4) Je m'écarte ici de la version d'Heinsius, et de celle de Formey. Il seroit trop long d'en donner les raisons. Je laisse au lecteur à juger quelle est celle des trois leçons qui rend le mieux le sens concis de l'original. Au surplus, Markland soupçonne quelque altération dans ce passage. Il est possible toutefois qu'il n'y en ait point. La richesse de la langue grecque consiste peut-être moins dans l'immensité de son vocabulaire, que dans la variété d'acceptions qu'embrassent les mots, dans leur isolement étymologique et dans la relation de leur contact respectif. Toutes les fois donc que, sans tourmenter le texte, on peut en tirer un sens concordant au sujet, il vaut mieux croire au talent de l'écrivain, qu'à l'erreur ou à la bévue des copistes.

(5) Markland démontre, ici, par des passages de Maxime de Tyr, l'un de la Dissertation XIII, sect. IV; l'autre, de la même Dissertation, sect. VII; et un troisième, de la Dissertation XVI, sect. IX, qu'il faut lire ἐγγύτατα μανίας, au génitif, au lieu de μανίᾳ au datif.

(6) Le texte porte τῶν νεανίσκων καὶ τῶν μειρακίων, et Markland avertit, ici, les Hellénistes de prendre garde de confondre les mots ἐραστὴς ou νεανίσκος d'une part, et le neutre μειράκιον de l'autre. Car les deux premiers se disoient de celui qui jouoit le rôle actif dans la pédérastie, et le troisième de celui qui jouoit le rôle passif.

(7) Davies fait remarquer, ici, que le mot μάγειρος, que tous les lexiques rendent par Cuisinier, *coquus*, doit être traduit dans cet endroit par Boucher, *lanius*. A l'appui de son opinion, il rapporte des passages de Plutarque *in Apophth*; d'Artémidore, *Oneirocri*. lib. III, chap. 57; de Dion-Chrysostôme, *Orat*. IV, p. 66; et de Thémistius, *Orat*. XIII, p. 171; où ce mot grec a cette acception. Markland confirme l'observation de Davies, et cite, de son côté, un passage de l'évêque Synèse, *de regno*, p. 4, où le substantif μάγειρος est pris dans le même sens.

(8) Cette pensée n'est pas moins juste, mais elle est moins fine que celle de Fontenelle, qui disoit que l'*amour est le revenu de la beauté*.

(9) » Je ne suis pas l'amant des corps », disoit Socrate, » je ne » regarde qu'à la beauté de l'âme ». C'est ainsi qu'il se justifie, dans le Traité de Lucien qui a pour titre, *Les vies des philosophes à l'encan*; tome I, p. 379, édition d'Isaac Vossius. Davies cite ici un passage

qu'il a puisé dans la Bibliothèque de Photius. Ce passage est d'Himérius, Orateur, dont (par parenthèse) on a omis le nom dans le *Dictionnaire historique des Hommes illustres*. Le voici : « La Vénus vulgaire n'a » rien de commun avec la Vénus céleste. La première n'enfante que » des amours profanes, impurs de leur nature. Chez l'autre, les » amours sont des enfans d'or. Tous leurs attributs, même leurs » flèches, sont d'or. Elles ne sont destinées qu'à des âmes récemment » accomplies, à des âmes immortelles ». *Himérius, apud Photium, Cod.* CCXLIII, 1167, ἐκ τοῦ εἰς τὴν τῶν Κυπρίων ἐπιδημίαν. « L'amour naïf », dit Plutarque, *Traité de l'amour*, version d'Amyot, « l'amour naïf et » légitime est celui que l'on porte aux jeunes enfans, lequel n'étincelle » point d'ardeur de concupiscence, comme fait celui des filles, ce dit » Anacréon, ni n'est point parfumé, ni fardé, ains toujours simple » et naïf, sans afféterie, ni mignardise quelconque, parmi les écoles » des philosophes, ou ès parcs, là où s'exerce la jeunesse ; et là ne » fait que chasser aux jeunes gens, les encourageant, et excitant à la » vertu ceux qui sont dignes qu'on en prenne soin et sollicitude ». *Voyez* Cicéron, *Tusculanes*, liv. IV, n°. 33. 34.

(10) Ce passage est évidemment corrompu. Aussi a-t-il été la croix des critiques. Heinsius, Pacci, Davies, se sont escrimés à le corriger. Mais Markland n'y a pas touché. Reiske adopte l'heureuse et judicieuse conjecture de Davies. Au reste, les autres s'en rapprochent plus ou moins, en ce qui concerne la pensée présumée de Maxime de Tyr.

(11) « Il regardoit le soleil, la lune, et les autres astres, comme des » Dieux, parce qu'ils étoient de grands foyers de chaleur, et que la » chaleur est la source de la vie ». *Diogène-Laërce*, liv. VIII, chap. 1. Remarquons, en passant, que, quelque peu avancée que fût alors l'astronomie, Pythagore enseignoit que la lune ne brilloit que de la lumière du soleil. Diogène-Laërce le dit formellement, immédiatement après le passage que nous venons de citer.

(12) Anaxagoras regardoit le soleil, la lune, et tous les autres astres, comme des pierres en feu, λίθους ἐμπύρους, ou πυρινούς, comme dit Suidas.

(13) Il ne faut pas confondre ce Clisthène avec le législateur de ce nom, dont nous avons parlé plus haut. Celui-ci étoit un débauché, contre lequel Aristophane a répandu des sarcasmes dans ses comédies *des Grenouilles* et *des Nuées*.

(14) Tout le monde sait que les Grecs comprenoient sous le nom odieux de Barbares tout ce qui n'étoit pas Grec comme eux.

(15) Heinsius et Formey paroissent avoir fait ici un contre-sens ; ils ont traduit, *cher aux Dieux, cher aux Lois*. Mais dans quel sens un homme peut-il être *cher aux lois ?* D'ailleurs, dans le second membre de l'antithèse qui suit, ils ont dit l'un et l'autre, ainsi que le texte,

ennemi des Dieux, *ennemi des Lois*. Comment cette disparate leur est-elle donc échappée?

(16) Markland a raison de corriger, en cet endroit, le texte, qui dit, *s'il est heureux*, *il partage son bonheur*. « Belle merveille », remarque le judicieux critique : « Dans les amours libertins, on en fait autant ».

(17) *Voyez* la note n°. 1, ci-dessus.

(18) *Iliade*, chant 3, vers 10.

(19) Maxime de Tyr a employé, ici, dans son texte, des expressions qui paroissent copiées de celles de l'*Évangile de Saint-Jean*, chap. X, versets 1 et 2. Markland s'écrie, à ce propos, *Nonne Evangelistæ scrinia compilavit?* Il n'y a, certes, nulle apparence. Deux écrivains peuvent fort bien se rencontrer dans la même idée, et jusque dans les mêmes termes, sans que l'un doive, pour cela, être présumé le copiste de l'autre. Et, par exemple, parce que le célèbre aphorisme, de morale, *Ne faites point aux autres ce que vous ne voudriez pas qu'on vous fît*, se rencontre dans une des Oraisons d'Isocrate, (dans celle à Démonicus si je ne me trompe) presque dans les mêmes termes qu'on la trouve dans le texte d'un des Évangélistes, faudroit-il en conclure que l'écrivain sacré n'a été, dans ce passage, que le plagiaire de l'orateur Athénien?

(20) *Odyssée*, chant 6, vers 162.

(21) Le Lacédémonien dont il est ici question, est Agésilas, Roi de Lacédémone; et le jeune Barbare dont il tomba éperduement amoureux, est Mégabate, fils de Sphithridate. Voyez l'*Agésilas* de Xénophon, chap. V, n°. 4 et 5. Plutarque, *Vie d'Agésilas*, n°. 18; et Cedrenus, pag. 204.

(22) On trouve dans les *Proverbes de Salomon* la même pensée, en d'autres termes: « Celui qui est maître de son cœur, est plus fort que » celui qui prend des villes », chap. XVI, vers. 32. Rousseau a dit, dans sa belle *Ode à la Fortune* :

» Celui qui dompte la fortune,
» Merite seul le nom de Grand.

J'aimerois encore mieux dire :

» Celui qui sait dompter son âme,
» Mérite seul le nom de Grand.

(23) Faute d'y avoir fait attention, Heinsius a traduit, ici, dans le sens de la règle de *liber petri*, s'il est permis d'emprunter cette expression à la syntaxe latine. Il n'a pas vu que τῶ βαρβάρω étoit régi, non par le substantif ἔρως, mais par le comparatif ἀμαχώτερος. Il a dit, *magis*

namque inexpugnabilis amor erat Barbari illius. Aussi a-t-il induit Formey dans le plus grossier des contre-sens. Le secrétaire de l'Académie de Berlin a rendu, en effet, le latin d'Heinsius par la phrase suivante : « En effet, il étoit plus diffcile de vaincre l'amour qu'inspiroit ce Barbare, que de triompher des ennemis ». Pacci ne s'y est pas trompé. *Minoris enim*, a-t-il dit, *negotii est Barbarum Regem quàm amorem superare*. Voilà le texte.

(24) Peuple de l'ancienne Asie, entre la mer Caspienne et le royaume de Pont. *Voyez* Strabon, lib. II.

(25) Le texte porte littéralement, *à se donner des coups d'étrivières*.

DISSERTATION XXVI.

Continuation du même sujet (1).

Des Grecs firent prisonnier un Thrace, nommé Smerdis. C'étoit un Ganymède pour un Roi (2). Il s'enorgueillissoit d'attirer tous les regards (3). On en fit cadeau à un tyran d'Ionie, à Polycrate de Samos (4), qui l'accueillit avec satisfaction. Polycrate devint amoureux de Smerdis, qui inspira, en même temps, au poëte de Téos, à Anacréon, une affection décidée. Smerdis reçut de Polycrate, de l'argent, de l'or, et tout ce qu'il étoit dans l'ordre qu'un beau Ganymède reçût d'un tyran qui l'aimoit. Il recut d'Anacréon des hymnes, des louanges en vers, et tous les hommages de cette nature, qu'un poëte décerne à l'objet qu'il aime. Or, si l'on compare l'amour à l'amour, celui du tyran à celui du poëte, quel est celui des deux qui paroîtra le plus auguste, le plus céleste, le plus digne d'être consacré à Vénus, d'être regardé comme l'œuvre d'un Dieu ? Je pense, moi, que c'est celui dont les Muses et les Grâces forment le cortége, plutôt que celui qui cède à la nécessité, et à la crainte. Celui-ci est d'un esclave, d'un misérable mercenaire ; celui-là est d'un homme libre, d'un Grec (5).

II. De là vient, à mon avis, que l'amour est peu familier aux Barbares. Partout où la multitude est dans l'esclavage, tandis que le despotisme est armé du pouvoir, là, ce qui forme l'intermédiaire de ces deux extrêmes, l'égalité de droits, l'égalité de recommandation, l'égalité de justice sont anéanties (6). L'amour ne répugne à rien autant qu'à la contrainte. Il a le sentiment de sa dignité personnelle. La liberté est sa passion, plus encore qu'elle n'est la passion d'un Spartiate même. L'amour est de toutes les affections humaines, lorsqu'il existe dans un cœur pur et bien né, la seule qui ne se laisse point éblouir par l'opulence, qui ne craint point les tyrans, à qui l'appareil de l'autorité n'en impose point, qui ne redoute point la prison, qui ne fuit point la mort. Il n'a peur, ni d'une bête féroce, ni d'un bûcher, ni d'un précipice, ni de la mer, ni d'un glaive, ni d'un lacet. Il n'est point de lieu inaccessible où il n'aboutisse aisément, point d'obstacle qu'il ne lui soit facile de vaincre, point de danger dont il ne se tire sans peine, point d'inconvénient auquel il n'ait bientôt un remède. Tous les fleuves, il les traverse; toutes les tempêtes, il les brave sur les flots; toutes les montagnes, il les franchit; toujours audacieux, toujours intrépide, toujours triomphant. Si tel est l'amour, c'est une passion très-précieuse; et, selon moi, un homme de bon-sens devroit faire des vœux pour en être toujours animé; si, d'ailleurs, il pouvoit se maintenir libre, ferme, et intact.

III. Mais je crains bien qu'il ne soit pas tel chez tout le monde indistinctement, et qu'il ne soit souvent qu'une honteuse affection, cachée sous un beau masque, se faisant valoir à la faveur de la ressemblance, et qui, avec les mêmes dehors, ne tend pas au même but. C'est ainsi que l'Empirique joue le Médecin, que le Sycophante joue le Rhéteur, que le Sophiste joue le Philosophe. En effet, on trouve partout le *bien* et le *mal* ayant une origine commune, et plusieurs traits de ressemblance. On les distingue, ou par le but auquel ils tendent, comme le Rhéteur et le Sycophante, ou par la fin qu'ils se proposent, comme le Médecin et le Charlatan, ou par leurs mœurs, comme le Philosophe et le Sophiste. Mais le but, la fin, les mœurs, sont des choses à quoi peu de gens sont capables de faire attention. Lors donc que dans les objets de nos actions, ou de nos affections, il existe une sorte de duplicité et d'*amphibologie*, et que les caractères d'identité concourent avec les caractères de disparité, il faut de nécessité que ceux qui ne peuvent point établir de distinction entre ces objets, faute d'en apercevoir les différences, les confondent, en ne considérant que les traits de conformité.

IV. Ne devons-nous donc pas juger de l'amour d'après ces principes, et le regarder comme le nom commun d'une chose placée entre le vice et la vertu; exposée aux impressions de l'un et de l'autre; modifiée par l'un ou par l'autre, selon qu'elle s'identifie avec l'un des deux; et recevant définitivement une dénomination relative aux affections qui en sont le résultat. Car, l'âme étant, ainsi que l'enseigne Platon, divisée en deux parties, dont l'une s'appèle la raison, et l'autre la passion, il est nécessaire que l'amour, joint au vice, soit une passion destituée de raison. Si, au contraire, il est joint à la vertu, de deux choses l'une, ou bien, affranchi de l'empire de la passion, il n'est subordonné qu'à la raison; ou bien, la passion et la raison le constituent également. Si l'amour est l'impulsion de la Nature (7), l'appétit du semblable qui tend à s'unir à son semblable, et qui désire d'avoir commerce avec lui, là est la passion, et non la raison; et à cette passion, il faut lui donner la raison pour régulatrice, afin que la vertu s'y joigne, et qu'elle ne dégénère point en maladie. Car, de même que, dans l'organisation animale, la santé consiste dans les affections du sec et de l'humide, du froid et du chaud, maintenues en harmonie, et dans un salutaire équilibre, ou par le secours de l'art, ou par la Nature; de manière qu'en ôtant la Nature et l'art, on dissout la combinaison et l'on détruit la santé : de même l'amour, uni à la raison, ne laisse pas d'être une passion. Mais, si vous ôtez la raison, vous dérangez toute la symétrie; vous n'en faites plus qu'une maladie.

V. L'amour est donc un appétit de l'âme. Mais, semblable à un cheval fougueux, cet appétit a besoin d'un frein. Car, si vous abandonnez l'âme à elle-même, vous réalisez la comparaison d'Homère (8); vous lâchez la bride à votre jeune cheval, vous le laissez, sans mors et sans maître, gambader à son aise, et tout dégrader dans la campagne, aller boire les eaux qui ne sont pas pour lui, et violer, en courant, les règles de l'équitation. Or, autant il est honteux de voir un cheval ainsi abandonné, autant il est honteux d'entendre parler d'un amour livré à l'impureté. Tel est l'amour qui franchit les précipices, qui passe les fleuves, qui saisit le glaive, qui prépare le lacet, qui touche à sa marâtre (9) qui tend des piéges à ses parens, qui viole les lois qui est toujours en frénésie, et qui n'engendre que des malheurs (10) : tel est l'amour des tragédies sur la scène. Tel est celui qu'on peint sous des traits odieux dans la mythologie, en proie aux furies, noyé dans les larmes, abandonné aux gémissemens, aux sanglots, rarement heureux, parce qu'il est sans cesse hors des convenances, prompt à toutes sortes de vicissitudes, esclave du plaisir des sens, brûlant de mêler son corps à un autre corps, et ne se bornant jamais à une jouissance honnête, légitime, et vraiment digne de l'amour. La beauté l'excite; le mot l'entraîne; mais il se trompe sur la chose, faute de lumières.

VI. L'amour qui est contraire à celui-là, cherche, dans la jouissance d'un plaisir avoué par la Nature et les lois, à produire son semblable, et il admet la différence des sexes. Telle est la loi des Dieux qui président aux mariages, aux naissances, à la perpétuité des races (11), et qui s'étend à toutes les espèces d'animaux. Les uns, par l'aiguillon de leur propre instinct, se recherchent, d'eux-mêmes, pour s'accoupler, dans la saison de la génération. Les autres n'approchent chacun de la femelle que leur a donnée la Nature, qu'en obéissant aux règles qui leur sont prescrites par l'art des pasteurs, des bergers, ou autres surveillans qui les gouvernent; et ils en sont ensuite séparés, de peur de libertinage. «Les agneaux » d'un an étoient à part des nouveau-nés, et de leurs » mères (12) ». Quant à cet autre art, qui préside à la conservation des troupeaux d'hommes, et dans lequel les chefs des Nations font les fonctions de pasteurs (13), il ne trouveroit point d'autre digue contre le débordement des mœurs, que de faire céder chacun spontanément à la raison, et de confier la conduite pastorale de l'âme à la pudeur et à la tempérance. Car, de même que les animaux reçoivent respectivement de la Nature, chacun un moyen de défense pour sa propre vie, à l'aide duquel ils se conservent, savoir : les lions la force, les cerfs la vitesse, les chiens l'odorat, les animaux aquatiques la nage, les volatiles les ailes, les reptiles leurs trous; de même l'homme inférieur à tous les animaux sous ces rapports (car il est un de ceux qui ont le moins de force, qui courent le moins vite, qui ne peuvent pas voler, qui nagent très-imparfaitement, et qui ne savent point se creuser de trou), a reçu des Dieux la raison en compensation de tous les autres avantages, pour lui soumettre l'appétit de l'amour, comme le cheval est soumis au frein, l'arc à l'archer, le gouvernail au pilote, et l'outil à l'ouvrier. Si, d'un côté, la Raison sans l'amour ne jouit pas de toute son intensité (14), de l'autre, l'amour sans la Raison n'est qu'une frénésie. Or, la subordination de l'amour envers la Raison est le lien qui les unit dans le désir du *Beau*, et qui les fait ressortir l'un et l'autre, dans leurs efforts communs pour l'atteindre. Quant à ceux qui pensent que le *Beau* est enseveli dans le matériel des corps, ils prennent la *volupté* pour le *Beau*, et ils sont dupes de la première. Car la *volupté* est un mal qui persuade facilement, et qui est rempli d'astuce et de flatterie.

VII. Tel, ce jeune Troyen, qui avoit mené jusqu'alors une vie pastorale sur le mont Ida, ne se contentant pas des *voluptés* domestiques, du sommet des montagnes se lança sur les flots, se jeta dans un vaisseau; et, pirate d'amour, fit voile pour le Péloponnèse. Car il n'y avoit dans toute l'Asie nulle autre Beauté, ni dans la Troade, ni dans la Dardanie (15), ni sur l'Hellespont, ni en Lydie, qui pût convenir à cet amoureux, et qui eût été élevée dans ses mœurs et dans ses principes. Ce séducteur traverse les mers, vient à Sparte, sur les bords de l'Eurotas : enflammé par un songe, il viole les lois de l'hospitalité ; il brouille deux époux ; il dissout un mariage grec. O amour lascif ! ô songe funeste ! ô regards criminels ! ô volupté, source de tant de maux ! Tel encore, ce Roi de Perse qui se mesura contre les Grecs à Platée et à Salamine, et qui régnoit sur tant de Beautés qui s'offroient de toutes parts à ses yeux, se prit de belle passion, non pour une des Beautés de l'Inde, malgré leur belle taille, non pour une des Beautés du pays de Mèdes, malgré l'élégance de leurs tiares, non pour une des Beautés du pays des Mardes, malgré l'éclat de leurs mîtres (16), non pour une des beautés de la Carie, malgré la grâce de leur armure, non pour une des Beautés de la Lydie, malgré leur talent pour la musique, non pour une des Beautés de l'Ionie, ni de l'Hellespont, mais pour Amestris, sa belle-fille (17). O l'abominable passion, qui dédaignant des plaisirs agréables, en recherchа d'amers et de dégoûtans, par la facilité de se livrer impunément à des désirs de débauche ! car si vous ôtez à l'âme ses lumières, et que vous la laissiez à même de s'abandonner à ses penchans, vous lâchez la bride, vous ouvrez la porte, vous donnez pleine liberté au désordre et au déréglement. Otez au fils de Priam la puissance de son père, et la confiance qu'elle lui inspire, il continuera de garder ses troupeaux, et ne pensera pas même à Hélène. Otez à Xerxès son empire, Amestris ne sera plus à ses yeux qu'une femme sans agrémens, une femme vulgaire (18).

VIII. Les tyrans se livrent à toute sorte d'excès, lorsque la raison n'a point d'empire sur eux, et que leurs yeux aiment à contempler les charmes des belles femmes (19). Dépouillez-les de l'autorité, ni Critobule (20) n'aimera à se sentir le cœur chatouillé pour Euthydème, ni Callias pour Autolycus, ni Agathon pour Pausanias (21), et ainsi des autres. C'est la raison pourquoi je loue les lois des Crétois, et que je blâme celles des Éléens. Je loue les lois de Crète, sous le rapport de la nécessité qu'elles imposent ; et je blâme les lois d'Élée sous le rapport de la liberté qu'elles laissent. Il est honteux à un adolescent, en Crète, de n'être point aimé. Mais il est également honteux à un Crétois de toucher à ses mignons (22). O l'admirable loi! dans laquelle on a si heureusement allié l'amour et la tempérance! Je ne parlerai point des Éléens (23), mais des Lacédémoniens. Un Spartiate aimoit un jeune-homme de la Laconie; mais il ne l'aimoit que comme on aime une belle statue. C'étoit un de ces sentimens que plusieurs individus peuvent avoir pour le même objet, et que le même individu peut avoir pour des objets différens. Les plaisirs de l'impudicité n'admettent point de partage; au lieu que l'amour qui ne va pas au-delà des yeux, peut être commun entre plusieurs, et s'attacher à tous les tempéramens susceptibles d'aimer. Qu'y a-t-il de plus beau que le soleil? Est-il rien, dans la Nature, qui puisse suffire à un plus grand nombre d'amans? Et, certes, les yeux de tous les hommes aiment le soleil.

IX. Chez les Locriens d'Italie, étoient, un beau garçon, une bonne loi, et des libertins. La beauté forçoit les libertins d'aimer; mais la loi leur défendoit de mêler à leur amour aucun désir obscène. Néanmoins la violence de la passion des jeunes Locriens l'emporta; mais le jeune-homme qui en étoit l'objet repoussa leurs honteuses provocations (car il avoit de l'honnêteté). Les libertins, dans leur désespoir, se pendirent tous l'un après l'autre. Ils méritoient de mourir. Car comment mériteroit de vivre celui qui ne résiste point à ses yeux? On voit une statue, on en admire la beauté, et l'on ne va pas se pendre. Un écuyer voit un beau cheval; il en admire la beauté. Il ne peut point en devenir le propriétaire; et il ne va pas se pendre. Un jardinier voit, chez son voisin, un bel arbre, un fruit magnifique. Il se contente de l'avoir vu. Un chasseur voit, chez un autre chasseur, un excellent chien de chasse, il l'a vu: c'est assez pour lui. Nul de ces individus ne s'avise de s'ôter la vie, parce qu'il ne peut point posséder l'objet de son admiration. Les avares aiment encore plus l'argent, que les amans n'aiment les objets de leurs jouissances corporelles. Ils sont bien plus avides de se faire enterrer avec leur cassette, que les amans avec les froides reliques de l'objet aimé. Néanmoins on ne voit point les avares mourir, si quelque gros gain leur échappe. Le Roi de Perse ne se pendit pas, pour n'avoir point trouvé le trésor qu'une cupidité plus insatiable et plus insensée que celle de tous les publicains lui fit chercher dans un sépulcre; lui, qui étendoit sa domination sur d'immenses contrées, et qui avoit à sa discrétion des voluptés capables d'assouvir, par leur variété et par leur nombre, les désirs d'un des plus grands Princes. Il avoit ouï dire qu'une Reine s'étoit fait ensevelir avec ses richesses; et ce grand Roi, ceint de la tiare, fouilla les tombeaux. De trésor, il n'en trouva point. Mais dans l'intérieur du sépulcre s'offrit à lui cette inscription : « O le plus insatiable » des hommes, à qui l'amour de l'or n'a pas fait » craindre de toucher à un cadavre (24) » ! Tel est le langage qu'un Grec tiendroit à un autre Grec, qui, pensant que la beauté est ensevelie dans le corps, se livreroit avec emportement aux insatiables désirs d'une fougueuse lubricité. O le plus insensé de tous les hommes ! C'est un sépulcre que tu fouilles ! Toucherois-tu d'ailleurs au corps d'un mâle, auquel un mâle ne doit point toucher ? Ce contact est un crime. Ce commerce ne produit rien. C'est labourer le sable : c'est semer sur des cailloux (25). Ramène tes jouissances dans les sentiers de la Nature. Tourne tes regards du côté de la culture qui ne reste point stérile. Complais-toi dans les plaisirs qui donnent du fruit, et crains que ta postérité ne périsse (26).

NOTES.

(1) Qu'est-ce que les amours de Socrate ?

(2) Le grec porte, μειράκιον βασιλικόν, à-peu-près dans le même sens que nous disons en françois, *morceau de Prince, morceau de Roi.*

(3) Ο'ρθῶναι γαῦρον n'a été rendu ni par Heinsius, ni par Formey.

(4) *Voyez* Élien, *Histoires diverses*, liv. IX, chap. 4; et *Athénée*, liv. XII.

(5) Nous avons vu dans la *Dissertation XXIV*, sect. II, qu'en parlant de l'amour qu'avoient l'un pour l'autre, Harmodius et Aristogiton, Maxime de Tyr l'a traité de légitime, δίκαιος ἦν, et qu'en ce qui concerne la passion qu'avoit le tyran d'Athènes, Hipparque, fils de Pisistrate, pour un de ces jeunes-gens, il l'a regardée comme illégitime, ὁ δὲ ἄδικος. Ici, en comparant l'affection de Polycrate pour Smerdis, au sentiment qui attachoit Anacréon au même jeune-homme, notre philosophe, d'accord avec lui-même, ne voit que honte, qu'infamie, du côté du tyran, que dignité, que convenance libérale, du côté du poëte. Quoi donc ! la même turpitude auroit-elle eu un point-de-vue différent à ses yeux, suivant la qualité des personnes ; et, à

son avis, les tyrans étoient-ils les seuls qui ne pussent impunément se livrer à cette aberration de la Nature? Ce ne peut pas être ainsi qu'il l'entendoit; car, dans sa *Dissertation XXIV*, sect. I, il dit formellement de Périandre d'Ambracie, que son affection pour un jeune Ambracien étoit illégitime, parce qu'elle étoit du *libertinage*, et non pas de l'*amour*, ὕβρις ἦν τὸ χρῆμα, οὐκ ἔρως : à moins que, dans le système de cette galanterie masculine, le crime ne commençât qu'où commençoit la brutalité d'un appétit purement physique; et qu'elle ne fût aussi innocente que sa sœur, partout où la sympathie des âmes et les convenances morales en formoient le lien.

(6) Voici un passage de l'*Aréopagitique* d'Isocrate, bien propre à fixer le sens politique de ce mot d'*égalité*, si dangereux dans son isolement. « Ce qui servit le mieux à faire prospérer leur administration, » ce fut, entre les deux espèces d'égalité, dont le nom existe dans l'or- » dre des idées, l'une, qui donne à tous un droit égal à toutes choses, » l'autre, qui fait entrer les considérations du mérite personnel dans » ses calculs, de n'avoir pas méconnu la plus utile : d'avoir réprouvé » comme injuste, celle qui mettoit sur la même ligne les gens de » bien et les méchans, et d'avoir donné la préférence à celle qui traite » chacun selon ses qualités et ses talens. En conséquence, dans les » choix qu'ils avoient à faire pour la dispensation des Magistratures, » ce n'étoit pas au sort qu'ils s'en rapportoient : ils jugeoient les can- » didats par leur conduite, et c'étoit le plus homme de bien et le plus » capable qui l'emportoit. Car ils savoient que les Citoyens se mettent » toujours à l'unisson des dépositaires de l'autorité ». Qu'on me montre un corps social quelconque où l'exécution de ces principes soit dans les choses, et non dans les mots, et je dirai : voilà le peuple le plus libre et le plus heureux de la terre.

(7) Le texte porte littéralement, l'*impulsion de l'amitié*.

(8) *Iliade*, chant 6, vers 506; chant 15, vers 263.

(9) Il ne faut pas penser que Maxime de Tyr se mette ici en contradiction avec ce qu'il a dit dans la sect. II ci-dessus. Là, il s'agit de l'amour pur et honnête; ici, il est question de l'amour impur et libertin; et, quoiqu'ils aient de commun l'audace et l'intrépidité qui font passer les fleuves, franchir les précipices, et exécuter d'autres prouesses de ce genre, il ne s'ensuit pas que l'éloge du premier appartienne aussi au second.

(10) Heinsius suppose ici gratuitement une altération de l'original. D'ailleurs, sa correction n'est pas heureuse. Davies justifie le texte, en faisant remarquer que le mot ἄδωρος, suspect à Heinsius, signifie quelquefois κακόδωρος, sens qui concorde parfaitement avec le reste de la phrase; et l'annotateur Anglois cite un passage de l'Ajax de

Sophocle

Sophocle, où l'adjectif ἄδωρος est employé dans le sens en question. Au surplus, le grand Scapula en fait foi. C'est ainsi que, faute de connoître les diverses acceptions des mots grecs, nous voyons des fautes de copistes, où n'est que notre ignorance de toutes les valeurs des termes.

(11) Le mot grec ὁμόγνιος, qu'Heinsius a rendu par *gentilitius*, ne me paroît pas avoir autant de latitude que le mot latin lui en donne. Il me semble qu'il doit être restreint, ainsi que le prescrit son étymologie, aux enfans et aux descendans d'un père et d'une mère communs. Littéralement traduit en latin, il doit être rendu par *iisdem parentibus oriundus*. Aussi le traducteur qui a rendu le θεοὺς ὁμογνίους de Platon par *Pénates*, s'est-il, à mon avis, plus rapproché du sens étymologique.

(12) *Odyssée*, chant 10, vers 221.

(13) Ces belles expressions de Maxime de Tyr, desquelles je sens que je n'ai pas mieux réussi à exprimer l'énergie, qu'à peindre l'image, méritent d'être notées. Elles renferment une excellente définition de la politique, considérée comme art social.

(14) Le texte porte littéralement, *de toute sa lumière*.

(15) La Dardanie et la Troade étoient une seule et même région, qui, appelée du premier nom par *Dardanus*, reçut le second, lorsque Tros, bisaïeul de Priam, vint s'y établir. *Voyez* Calepin, au mot *Dardanus*.

(16) Il ne faut pas entendre ces mots, *tiare* et *mitre*, dans l'acception pontificale que leur donne l'usage. Ils désignent tout bonnement des genres de coiffures qui peuvent bien avoir servi de modèle à celle qui fut adoptée anciennement par les Papes et par les Évêques.

(17) Heinsius a judicieusement remarqué que Maxime de Tyr avoit été trompé par sa mémoire, sur le nom de la maîtresse de Xerxès, qui s'appeloit *Artaynta*, fille de Masista, et qu'il avoit écrit pour ce dernier nom, celui de la propre femme de ce Prince. Voy. *Hérodote*, liv. IX; et Platon, dans le premier *Alcibiade*.

(18) Voilà, par exemple, un de ces aperçus de morale qui échappent à la plupart des hommes, et quelquefois aux moralistes de profession. Autant il est difficile qu'un malheureux, réduit, soit par sa faute, soit par les caprices du sort, à une détresse telle qu'il n'ait pas de quoi pourvoir à ses besoins physiques, ne se sente pas impérieusement poussé vers le crime, autant il est malaisé que le Sybarite, l'Épicurien qui nage dans l'opulence, ne soit pas entraîné, comme malgré lui, dans le torrent des vices. O vous, pères de famille, qui calculez le bonheur de vos enfans sur la mesure de vos possessions, et sur la richesse de vos porte-feuilles, bien moins que sur les progrès de leurs lumières, et la culture de leur raison, songez quelquefois

qu'en grossissant chaque jour votre patrimoine, vous ne faites qu'agglomérer les poisons qui doivent un jour causer la perte de ce que vous avez de plus cher !

(19) Il m'a été impossible de faire passer, ici, dans notre langue, la métaphore de l'original. Maxime de Tyr a assimilé les yeux des tyrans avides de belles femmes, à ces gourmands qui, après avoir mangé d'un mets délicat et très-succulent, en lèchent leurs doigts et leurs assiettes.

(20) Maxime de Tyr avoit en vue ce passage de Xénophon, dans ses *Mémoires* : « Comme Critias ne se laissoit ni toucher, ni persuader par ses réflexions, on dit que Socrate, en présence de » plusieurs autres personnes, et notamment d'Euthydème, se prit à » dire, que Critias, désireux de se frotter contre Euthydème, lui paroissoit ressembler aux pourceaux qui aiment à se gratter contre » les pierres ». Or, il est évident, d'après ce passage, d'où Maxime de Tyr a emprunté sa pensée, et spécialement le verbe προσκνήσασθαι, qu'il s'est trompé, ainsi que l'a remarqué Heinsius, lorsqu'il a mis Critobule à la place de Critias.

(21) *Voyez* Élien, *Histoires diverses*, liv. II, chap. 21. Agathon étoit un poëte de ce nom, différent de celui dont on trouve des fragmens dans *Aristote* et dans *Athénée*. Il avoit écrit dans le genre dramatique. Le Pausanias qui l'aimoit étoit un simple citoyen d'Athènes, qu'Élien distingue suffisamment du Lacédémonien de ce nom, en disant de l'autre qu'il habitoit le Céramique. Agathon et Pausanias allèrent passer quelque temps à la Cour d'Archelaüs, Roi de Macédoine. Ce Prince remarqua qu'ils étoient souvent en querelle, et il en demanda la raison au jeune poëte. « L'étude que j'ai faite », lui répondit-il », et la connoissance que j'ai acquise du cœur humain, » m'ont appris qu'on ne s'embrasse jamais plus tendrement qu'après » quelque brouillerie ». C'est, en effet, une de ces vérités, qui ont leur base dans la nature de l'homme; et, si je voulois compiler les citations, vingt pages n'y suffiroient pas. Je me contente de renvoyer les curieux à la quatrième note du 21e. chap. du liv. II d'Élien, *Variæ historiæ*, édition de Kuhnius. Mais je ne peux résister à la tentation d'en extraire ces six vers latins, où est assez bien rendu tout ce que l'amour peut présenter de contrastes :

Consonat antithesis in amore, scientia nescit,
Ira jocatur, honor sordet, abundat egens,
Probra probant, reprobat laus, desperatio sperat,
Spes metuit, prosunt noxia, lucra nocent,
Anxietas in amore sapit, dulcescit amarum,
Vernat hyems, sudant frigora, morbus alit.

(22) Le παιδίσκος des Grecs a un sens propre et déterminé. Il s'entend des beaux garçons qui sont pour les mâles qui les aiment, ce que Ganymède étoit pour Jupiter, et Apollon pour Admète. Le mot françois qui m'a paru le plus propre à recevoir l'acception du mot grec, est le mot *mignon*, et je l'emploirai dorénavant dans ce sens.

L'usage ou le goût des mignons remonte, comme on voit, à une haute antiquité, puisque le père des Dieux, Jupiter, a eu le sien, et qu'Apollon en a servi. Comment concevoir que les Auteurs de la mythologie aient eu l'idée de faire jouer à des Dieux, de semblables rôles ! Quoi qu'il en soit, il demeure constant que cette aberration de la Nature est très-ancienne ; et il n'est pas peu singulier que les Crétois aient songé et réussi à en faire un instrument de bien politique. S'il faut en croire ce qu'en dit Héraclide, dans son Traité des Gouvernemens, *de Politiis*, les Crétois ont été les premiers à ériger le mignonisme en système. Ce que *Strabon* raconte des usages des Crétois, à cet égard, dans le dixième livre de son histoire, vaut bien la peine d'être lu. Du reste, il résulte, à mon avis, de deux circonstances de la narration de cet Auteur, que cet amour, dont les jeunes Crétois étoient l'objet, n'admettoit aucun genre d'obscénité. La première, c'est que les Crétois qui vouloient avoir un mignon de ce genre, choisissoient, non le plus beau, mais le plus courageux, le plus propre aux travaux militaires ; la seconde, qu'ils ne gardoient leurs mignons que deux mois ; ἑστιαθέντες δὲ καὶ συνθηρεύσαντες δίμηνον (οὐ γὰρ ἔξεστι πλείω χρόνον κατέχειν τὸν παῖδα) εἰς τὴν πόλιν καταβαίνουσιν, ἀφίεται δ' ὁ παῖς, etc. Ce sont les propres termes de Strabon, qui disent d'ailleurs, que tout se passoit en festins et en parties de chasse.

Au surplus, Perizonius remarque, avec raison, que cette institution des Crétois a beaucoup de rapport avec celle de notre ancienne *Chevalerie*. On a senti, dans tous les temps, que la valeur guerrière, pour être excitée, avoit besoin de la chaleur, de l'enthousiasme des passions. Or, comme l'amour est de toutes celles du cœur humain la plus facile à exalter, et celle dont l'exaltation fait opérer le plus de prodiges, il est dans l'ordre que d'habiles instituteurs politiques aient pris les moyens d'en tirer parti.

(23) Voyez *Libanius*, tom. II, Orais. 19 ; et Platon, dans son *Symposiaque*.

(24) Maxime de Tyr a emprunté ce trait historique d'Hérodote, qui raconte, en effet, dans le livre I de son *Histoire*, que Nicocris, Reine d'Assyrie, fit construire sur la porte la plus magnifique de Babylone, son tombeau, avec cette inscription extérieure : « Si quelqu'un » de mes successeurs est pressé du besoin d'argent, qu'il ouvre ce » sépulcre, et qu'il prenne ce qui lui sera nécessaire. Mais qu'il ne

» l'ouvre point sans une nécessité urgente. Car ce n'est pas-là ce qu'il » pourroit faire de mieux ». Et dans l'intérieur, elle avoit fait graver cette autre inscription : « Si tu n'étois d'une cupidité honteuse, et » d'une insatiable avarice, tu ne viendrois point fouiller les morts ». On voit, ici, entr'autres preuves, que Maxime de Tyr citoit de mémoire, car cette dernière inscription, dans le livre premier d'*Hérodote*, est dans des termes différens de ceux de la Dissertation de notre Auteur. Au reste, le Roi de Perse, dont il est ici question, est le premier des Darius, qui monta sur le trône, après le succès de la conspiration contre le faux Smerdis.

(25) Cette métaphore est très-familière dans la langue grecque. On la retrouve dans une des paraboles des Évangélistes. Théognis dit, dans ses *Sentences morales*, que « celui qui fait du bien au méchant, ne » doit pas plus s'attendre à de la reconnoissance de sa part, qu'à » moissonner sur les flots, s'il y jetoit de la semence ». *Théog. sent. Eleg.* v. 104.

(26) *Iliade*, chant. 20, vers 303.

Paris, le 24 messidor an IX. (13 juillet 1801.)

DISSERTATION XXVII.

Continuation du même sujet (1).

» Je n'ai pas dit la vérité », s'écrie dans quelqu'une de ses Odes le poëte d'Himérie (2), au sujet d'une Ode antérieure, dans laquelle il avoit dit d'Hélène des choses qui n'étoient pas vraies. Au blâme précédemment déversé il fait donc succéder l'éloge. Je crois qu'à l'instar de ce poëte, j'ai, moi-même, besoin de chanter la palinodie, touchant ce que j'ai dit de l'amour. Car l'Amour est aussi un Dieu ; et il n'a pas moins de puissance qu'Hélène pour se venger de ceux qui disent du mal de lui. Et en quoi donc ai-je péché contre l'amour, que j'aye à rétracter ce que j'en ai dit ? J'ai grandement, grièvement péché; et il me faudroit le talent d'un poëte accompli pour réclamer, comme il convient, l'indulgence, et obtenir la faveur, d'un Dieu incorruptible; et cela, non en lui donnant ni sept (3) trépieds, ni dix talens d'or, ni des femmes Lesbiennes (4), ni des chevaux troyens, mais en corrigeant la raison par la raison, le mal par le bien, et le mensonge par la vérité.

II. On raconte d'Anacréon, le poëte de Téos, que dans une circonstance, il fut puni, de la même manière, par l'Amour. Dans celle de leurs places publiques que les Ioniens appèlent le *panionion* (5), une nourrice portoit un enfant. Anacréon passe auprès d'elle. Il étoit ivre. Il chantoit. Il étoit couronné de fleurs. Dans ses chancellemens, il choque la nourrice, et le nourrisson, et lâche une imprécation contre ce dernier. La nourrice ne riposta rien d'ailleurs à Anacréon, mais elle fit des vœux pour que l'ivrogne qui venoit d'outrager ainsi son nourrisson, l'exaltât un jour, par ses louanges, autant qu'il venoit de le maudire, et même davantage. Ces vœux furent accomplis. Cet enfant, devenu grand, fut le beau Cléobule; et, en expiation de l'imprécation qu'il avoit jadis proférée, Anacréon le combla d'éloges.

III. Qui nous empêche d'expier, à l'instar d'Anacréon, et spontanément, le mal que nous avons dit de l'Amour? Car, avoir montré qu'il commet l'adultère, comme dans l'exemple de Pâris, qu'il viole les lois de la consanguinité, comme dans l'exemple de Xerxès (6), qu'il méconnoît celle des sexes, comme dans l'exemple de Critobule (7), attribuer à un Dieu des actions impies, comment ne serions-nous pas coupables? Considérons donc notre sujet sous ce point-de-vue. L'Amour s'applique-t-il à toute autre chose qu'à la beauté? Non; car il n'y auroit rien moins que de l'amour, s'il n'y avoit point de beauté. Lors donc que nous disons que Darius aime l'argent (8), que Xerxès aime les contrées de la Grèce, que Cléarque (9) aime la guerre, qu'Agésilas aime les hommes, que Critias aime la tyrannie, qu'Alcibiade aime la Sicile, que Gylippus aime l'or, et cela par l'effet d'une séduction résultante de l'aspect d'une beauté qui n'existe qu'en apparence, appelerons-nous *amour* l'impulsion qui les porte chacun vers son objet? Dirons-nous que chacun d'eux aime, l'un une chose, et l'autre une autre? A Dieu ne plaise. Ce seroit outrager la vérité, que de parer les plus honteuses des actions humaines d'un nom qui ne leur convient pas. Et comment le *Beau* pourroit-il exister dans les richesses, la chose du monde la pire de toutes; dans la guerre, la chose du monde la plus sujète aux vicissitudes; dans la tyrannie, la chose du monde la plus atroce; dans les trésors, la chose du monde qui inspire le plus d'insolence? Si vous me parlez de la Sicile, ou des contrées de la Grèce; eh bien! vous me parlez de plaisirs en perspective, mais point du tout du *Beau*. Vous ne gagneriez même rien à me parler de l'Egypte, si célèbre par la majesté de ses pyramides, et par son grand fleuve; de Babylone, si renommée par ses murailles; de la Médie, si vantée par ses chevaux; de la Phrygie, si connue par ses pâturages; de la ville de Sardes, si fameuse par son opulence. Tant s'en faut que ces choses soient réellement belles, qu'elles ne sont pas même agréables. Néanmoins elles devroient être plutôt rangées parmi les choses de cette dernière classe, parce qu'on peut en retirer du plaisir, que parmi les choses *belles*, parce qu'il est impossible d'en recueillir aucun avantage solide (10). Car rien de ce qui est *beau* ne peut, ni être nuisible, ni être sujet aux vicissitudes, ni aider à la méchanceté, ni mener à la misère, ni se terminer par le repentir. A-la-bonne-heure.

IV. L'amour du *Beau* est donc, à nos yeux, vraiment de l'amour; et aimer toute autre chose que le *Beau*, c'est aimer la *volupté*. Faisons disparoître, si vous voulez, ce mot d'*amour*, et appelons cela *désirer*, et non *aimer*, de peur que, par l'inconvenance de l'expression, nous ne changions, sans nous en apercevoir, non-seulement le mot, mais la chose. Que l'*amour* soit donc pour le *Beau*, et le *désir* pour la *volupté*. Mais celui qui aime le *Beau*, ne le désirera-t-il pas? Beaucoup: car, que seroit l'*amour*, si ce n'étoit un désir, un appétit ? Si je donne à la même chose, tantôt le nom de *désir*, tantôt le nom d'*appétit*, j'en demande pardon aux puristes. Car, entr'autres choses, j'imite l'exemple de Platon, en ce qui concerne l'indépendance et la liberté des termes (11). L'*amour* sera donc, si l'on veut, un *appétit*, et non point un *désir*, et nous déterminerons ainsi la nuance entre ces deux expressions. Lorsque l'âme se portera vers un objet qui lui paroît *beau*, ce sera *amour*, et non point *désir*; et lorsqu'elle se portera vers un objet qui ne lui paroîtra pas *beau*, ce sera *désir*, et non point *amour*. Quoi donc! si un homme sans mœurs, imitant les sophistes, et ajoutant à un de ces objets qui ne sont qu'*agréables* une spécieuse apparence, disoit que cet objet lui paroît *beau*, accorderions-nous que cet homme eût de l'*amour* ? Et, d'un autre côté, en considérant ceux qui ont vraiment de l'*amour*, ceux qui se portent vers le *Beau*, si nous apercevons un objet agréable au travers de cet appétit pour le *Beau*, et que la *volupté* vienne s'y mêler, appelerons-nous cela *désir*, et non point *amour*? Comment déterminerons-nous, ici, ces différences ? Car, si les choses propres à la *volupté* prennent l'apparence du *Beau*, et que les choses qui appartiennent au *Beau* souffrent le mélange de la *volupté*, il est à craindre, sur ce pied-là, que nous ne puissions pas distinguer le *désir* de l'*amour*. Voulez-vous donc que nous séparions du *Beau* ce qui n'en a que l'apparence; afin que les choses qui appartiennent à la *volupté* ne puissent plus nous en imposer sous ses dehors, et que nous laissions intacte cette dernière (12). Car ce qui appartient au *Beau*, étant digne d'être estimé et recherché par sa nature, doit être *Beau* pour être aimable. Quant aux choses qui appartiennent à la *volupté*, il leur suffit d'en avoir l'apparence sans réalité. Car toute leur consistance ayant son fondement dans la satisfaction de celui qui en jouit, et non dans leur propre essence, c'est assez pour elles de paroître ce qu'elles ne sont pas en effet.

V. Voici quelle est ma pensée, (car je sens que j'ai de la peine à m'entendre moi-même (13), et que j'ai besoin d'un exemple). Il est impossible que notre corps soit entretenu, s'il ne reçoit la nutrition nécessaire; s'il ne prend des alimens; si les mâchoires, l'estomac et toutes les parties de l'économie intérieure ne font leurs fonctions (14). Du temps de Saturne, les hommes se nourrissoient, dit-on, de faînes et de poires sauvages. De là, l'opinion qui s'est répandue, que la terre produisoit ses fruits d'elle-même. On ne devoit pas, en effet, avoir besoin d'agriculture, lorsqu'on vivoit de ce qui naissoit spontanément. A ces alimens de la Nature substituez des cuisiniers, des épiceries, des mets, des ragoûts divers, tels qu'en ont enfantés la friandise des Siciliens, le raffinement des Sybarites, le luxe des Perses; vous donnerez à tout cela le nom de *voluptés*. Vous appelerez *aliment* ce qui est commun à tous, et *volupté* ce qui est particulier à chacun; *aliment*, sous le rapport de la Nature, et *volupté*, sous le rapport de l'art. Transposez maintenant les tables; présentez à des Siciliens un repas fait pour des Perses, et à des Perses un repas préparé pour des Siciliens. Les uns et les autres auront également de quoi *s'alimenter*. Mais adieu la *volupté*. Le défaut d'habitude l'a changée en dégoût. *L'aliment* consiste dans la propriété qu'il a reçue d'alimenter. La *volupté* est dans l'usage qui nous a accoutumés à ce qui en est l'objet.

VI. Or, les habitudes sont différentes, selon les individus. En effet, les Grecs, les Perses, les Lydiens, les Phéniciens, et peut-être d'autres peuples, ont planté et travaillé des vignes, cueilli des raisins, foulé la vendange, et fait une boisson, inutile, sous le rapport du besoin, mais très-agréable, sous le rápport de la volupté. Dans la Scythie, le lait est, pour la plupart des nations qui l'habitent, ce qu'est le vin pour ceux que nous venons de nommer. Chez d'autres, où les abeilles bâtissent leurs alvéoles parmi les pierres et les chênes, on adoucit sa boisson avec du miel. Ailleurs, on ne va point troubler les Nymphes dans leurs fontaines, on boit la première eau qu'on a sous la main. Il est, parmi les Scythes, une peuplade, où l'on ne boit que de l'eau. Toutefois, lorsqu'on va s'y livrer au plaisir de l'ivresse, on construit un bucher; on y jète des plantes odoriférantes; on forme un cercle, autour du bucher, comme autour d'une coupe; et l'on s'invite réciproquement à se régaler de la vapeur qui s'en exhale, comme on fait ailleurs d'un verre de vin; on se laisse enivrer de cette vapeur; on saute; on chante; on danse.

VII. Mais, où tend ce circuit de discours (15)? A démontrer la différence qui existe entre les choses qui appartiennent au *Beau*, et celles qui appartiennent à la *volupté*. Car, il en est, à mon avis, des alimens nécessaires, et qui s'offrent d'eux-mêmes, comme de ce *Beau* qui doit être tel par essence, et n'en avoir pas l'apparence seulement. Et, quant à ces alimens variés et appropriés à l'usage des différens peuples, qui leur plaisent diversement, il suffit qu'ils aient une spécieuse apparence. A ce compte, l'*amour* devient *raison*, *vertu*, *art*: *raison*, sous le rapport de la vérité; *vertu*, sous le rapport des dispositions personnelles: *art*, sous le rapport des moyens propres à atteindre le *Beau*. Au lieu que, les désirs ne s'attachant qu'aux choses qui appartiennent à la *volupté*, il y a défaut de raison des deux côtés. Puis donc que le *Beau* doit être le *Beau* réel pour exciter l'*amour*, quelles dirons-nous que doivent être l'essence et l'action de ce dernier? Voulez-vous que je vous le dise, selon la pensée de Socrate? Ce *Beau* est ineffable; il est au-dessus de la portée de nos yeux. L'âme l'a contemplé autrefois; elle n'en a plus qu'un souvenir semblable à celui d'un songe. Dans l'union où elle est, ici-bas, avec le corps, elle ne le contemple pas avec la même énergie; elle n'est plus avec lui dans les mêmes rapports de lieu et de situation. Exilée sur la terre, elle est devenue étrangère à ces sortes de contemplations. Elle est enveloppée d'un limon (16) épais, composé d'élémens divers, qui l'agitent. Elle est condamnée à une vie obscure et sans ordre, pleine de trouble, d'écarts, et d'égaremens. Tandis que la nature du *Beau*, qui tire son origine d'en-haut, à mesure qu'elle descend et qu'elle s'avance insensiblement vers nous, s'obscurcit par degrés, jusqu'à ce qu'elle ait perdu ce qui constituoit antérieurement son éclat.

VIII. Tels, ces grands fleuves qui se déchargent dans la mer, défendent encore leurs courans de tout mélange saumâtre, à l'endroit où ils s'y jètent, et peuvent encore fournir une eau pure aux navigateurs qui arrivent. Mais, lorsque ces fleuves sont un peu plus avancés, lorsqu'ils se répandent dans les profondeurs de la mer, et que leurs ondes deviennent le jouet des vents, des flots, du flux et reflux, de la tourmente, ils perdent leur pureté primitive. Il en est ainsi du *Beau* ineffable, du *Beau* immortel. Il existe d'abord dans le ciel, et dans les substances qui sont dans le ciel. Là, il se maintient pur, sans mélange, avec toutes ses parties intégrantes. Mais, en descendant des cieux ici-bas, il s'obscurcit par degrés, et finit par s'évanouir, de manière que le connoisseur vulgaire (17) dans l'art de discerner le *Beau*, en peut à peine apercevoir les vestiges, au travers des accessoires vagues et incertains, qui en enveloppent, qui en offusquent l'essence. Mais celui qui est familiarisé, de longue-main, avec le fleuve du *Beau*, qui conserve l'idée de son essence dans sa mémoire, lorsqu'il la rencontre, lorsqu'il en aperçoit la moindre trace, et qu'il la reconnoît, alors semblable à Ulysse, à l'aspect de la fumée qu'il voit s'élever du toit de ses Lares (18), il saute; il s'enflamme; il tressaille de joie; il est transporté d'amour. Un fleuve majestueux, une plante ririchement fleurie, un cheval fringant, offrent bien quelques parcelles de ce *Beau*, mais des parcelles très-brutes et très-rouillées. Mais, si ce *Beau* est descendu, quelque part, en nature, sur la terre, on ne le verra point ailleurs que dans l'homme, le plus beau et le plus intelligent de tous les Êtres qui sont ici-bas, et qui a reçu en partage une âme d'une origine commune avec le *Beau*. De là vient qu'un homme sensé qui voit une statue, loue l'art du statuaire; mais ne devient pas amoureux de la statue: s'il voit une plante, il s'émerveille à la beauté de son fruit; mais il ne devient pas amoureux de la plante. Voit-il un fleuve, il en admire la tranquillité; sans devenir amoureux du fleuve. Mais lorsqu'il voit, dans l'homme, le *Beau* respirer, penser, offrir les préludes de la vertu, sa mémoire se réveille, et il s'enflamme d'amour, en apparence pour ce qu'il voit, mais, au vrai, pour un *Beau* infiniment plus réel (19). Telle est la raison pourquoi Socrate examinoit avec tant d'attention les *beaux* corps; qu'il les contemploit avec empressement; qu'il les contemploit tous. Le *Beau* ne lui échappoit point; soit au milieu des nudités des jeux Gymniques, dans le palestre; soit au milieu des promenades de l'Académie; soit au milieu de la jovialité des festins. Mais, tel qu'un chasseur intelligent et habile, il demeuroit, par l'entremise des beaux corps d'homme, constamment fixé par sa mémoire vers le vrai *Beau* (20).

NOTES.

(1) Qu'est-ce que les amours de Socrate?

(2) C'est du poëte Stésichore qu'il est ici question. Isocrate, dans son *Éloge d'Hélène*, rapporte que cette célèbre héroïne reçut les honneurs de l'apothéose, et qu'elle fit sentir tout le poids de sa puissance divine au poëte Stésichore. Il s'étoit permis de mal parler d'elle au commencement de quelqu'un de ses poëmes. Pour l'en punir, la Déesse Hélène le rendit aveugle. Le poëte, instruit de la cause de sa cécité, s'empressa de composer ce qu'il appela sa *Palinodie*, et, sur-le-champ, la Déesse Hélène lui rendit la vue. Est-ce bien sérieusement qu'Isocrate, un des plus beaux génies, un des hommes les plus éclairés de la Grèce, nous a transmis un pareil fagot? On trouve le même conte dans le *Phédre* de Platon, et de plus les propres paroles de Stésichore: « Je n'ai point dit la vérité; non, vous ne vous embarquâtes point » avec un ravisseur; non, des vaisseaux ne vous portèrent point sur » les rivages de Pergame ». Voyez *Dion-Chrysostôme*, Disc. II, p. 21; Disc. XI, p. 162: Suidas; Jean Meursius, dans ses notes sur Hésychius le Biographe, p. 193.

(3) C'est ce que, dans Homère, Agamemnon promet à Achille, pour l'engager à oublier son injure, et à combattre contre les Troyens. *Iliade*, chant IX, vers 120 et suiv.

(4) Il falloit que tous les détails de la galanterie fussent en grande vogue chez les Lesbiens, puisque le nom de ce peuple est devenu technique dans ce genre-là.

(5) Selon Hésychius, c'est le nom d'un temple consacré à Apollon; et la place publique dont il s'agit, en tiroit sa dénomination, selon toute apparence.

(6) *Voyez* Dissert. XXVI, sect. VII, note 2.

(7) *Ibid.* sect. VIII, note 1.

(8) L'auteur fait allusion, ici, au tombeau de Nicocris, Reine de Babylone, dont il a été question dans une note, à la fin de la Dissertation précédente.

(9) C'est le nom d'un Lacédémonien qui fut envoyé à Byzance, et qui profita des troubles où il trouva cette ville, pour s'emparer du pouvoir. Il fut un des plus grands capitaines de l'antiquité. Rien ne le prouve mieux que ces deux maximes, dans lesquelles il faisoit consister tout le talent du métier des armes: 1°. *Sans une sévère discipline, on ne fait rien d'une armée*: 2°. *Il faut qu'un soldat craigne plus son Général qu'il ne craint l'ennemi.* Ce Cléarque ne doit pas être confondu avec les deux individus de ce nom, mentionnés par Suidas.

(10) Ni Heinsius, ni Formey, ne me paroissent avoir bien saisi le sens de ce passage. Maxime de Tyr n'a pas voulu accorder d'abord que les choses dont il venoit d'étaler la nomenclature, fussent même des choses *agréables*; afin de faire mieux sentir combien elles étoient loin d'être des choses *belles*. Pacci ne s'y est pas trompé. Il a traduit, *Tantumdem à verâ pulchritudine absunt, quantum etiam a jucunditate sunt remota.* Davies tient pour cette version; et je crois que c'est la meilleure.

(11) Et moi je ne suivrai pas l'exemple de Maxime de Tyr. Quoi donc! Dans les matières les moins importantes, lorsqu'on ne cherche même qu'à briller sous le rapport du style, on se pique de beaucoup de justesse dans le choix de ses expressions; et dans le langage philosophique, dans ce langage où l'on ne s'occupe, où l'on ne doit du moins s'occuper, que des idées; dans ce langage, où chaque terme doit être pour la chose dont il est chargé de représenter le type, ce que sont, dans l'arithmétique et l'algèbre, les caractères destinés à représenter les valeurs, c'est-à-dire, ne rien exprimer de plus ni de moins que ce qu'il faut, l'on emploira des mots dont la signification n'est pas rigoureuse, dont l'acception n'est pas déterminée avec la plus parfaite précision! J'en demande, moi-même, pardon à Platon, à Maxime de Tyr, et à tous les philosophes anciens et modernes. Mais tant qu'ils laisseront subsister, dans le langage, ce vague d'expression, au milieu duquel il est impossible que l'esprit puisse saisir, d'une manière tranchante, l'objet métaphysique qui lui est présenté; tant que les nuances, dans leur vocabulaire, ne seront pas rigoureusement et mathématiquement déterminées, l'esprit humain

ne fera que peu ou point de progrès, dans les vastes régions de la pensée, où le vice que je combats, ici, a si long-temps gêné sa marche. Le premier des modernes, que je sache, qui se soit aperçu de ce grave inconvénient, et qui ait cherché à s'en défendre, c'est Hobbes. En intitulant, comme il l'a fait, sa Logique, *de Logicâ seu de computo*, son génie a donné la clef d'un secret sans lequel on n'ira jamais bien loin. A ce compte, on voit que je pense tout le contraire de ces anciens philosophes dont parle Heinsius, qui ont loué dans Platon, ταύτην ὀνομάτων ἀδιαφορίαν.

(12) C'est-à-dire, sans séparer les choses qui appartiennent à la *volupté*, entre celles qui lui appartiennent réellement, et celles qui n'en ont que l'apparence.

(13) Cicéron, dans une de ses Oraisons, dans celle pour Ligarius, si je ne me trompe, dit, *habemus confitentem reum*. En écartant ce que le dernier mot a d'odieux, nous pouvons appliquer, ici, cette pensée de l'orateur Romain à Maxime de Tyr. Il avoue qu'il a de la peine à s'entendre lui-même. Cela devoit arriver, en effet, assez souvent, aux philosophes les plus transcendans, à Platon lui-même, lorsque, dans l'océan de la métaphysique, ils vouloient entreprendre de dépasser l'éternelle et inébranlable limite qui y est assignée à l'esprit humain. Au moment où leur *entendement* se perdoit dans les espaces du *monde idéal*, la *Raison* cédoit la place à l'*Imagination*, et les analogies physiques étoient appelées au secours de l'égarement moral, et des ténèbres intellectuelles. Maxime de Tyr en donne assez souvent l'exemple dans le cours de ses Dissertations. Il étoit aisé d'apercevoir le vice, et de sentir la *fallacieuse* dialectique de cette méthode. Témoin encore Maxime de Tyr; mais le vulgaire des hommes étoit si ignorant, d'un côté; et, de l'autre, les philosophes, soit empire de l'habitude, soit orgueil de secte, étoient tellement intéressés à entretenir l'illusion, qu'il a fallu tout l'amour de la vérité et toute la hardiesse de nos modernes penseurs, pour réduire cette méthode à sa valeur véritable.

Au surplus, que les champions du sacerdoce ne s'empressent pas de *demander*, d'un air de triomphe, *acte* de ce que nous venons de dire. Car, avec de la bonne foi, on ne peut s'empêcher de reconnoître que la *révélation* n'a pas reculé d'un pouce, dans le domaine de la pensée, les bornes de l'esprit humain, au-delà du point où les a plantées la *philosophie*, ainsi que je me propose de le démontrer un jour, συναιρεθέντος Θεοῦ. Hors le dogme de la *foi implicite*, la chose du monde la moins admissible et la plus absurde, il est certain qu'on n'y voit pas plus clair aujourd'hui, sur les hautes matières intellectuelles, qu'on n'y voyoit dans les écoles de l'Académie et du Portique; et Job, qui avoit, à cet égard, un peu plus de loyauté et de candeur que n'en ont eu les *Lévites* de toutes les sectes, disoit l'équivalent de ce que dit Maxime de Tyr, dans la Dissertation XVII, où il recherche ce que c'est que Dieu selon Platon; le saint-homme Job s'écrioit : « Pénétreras-tu l'essence de DIEU, en la sondant ? — Parviendras-tu à te » faire une idée du Tout-Puissant ?— Ce sont les hauteurs des Cieux. » Qu'y feras-tu ? — Ce sont les profondeurs des abimes. Qu'y connoitras-tu ?

(14) J'ai mis l'estomac à la place des entrailles, qui sont dans l'expression de l'original, attendu que, suivant la physiologie moderne, c'est dans l'estomac, et non dans la région intestinale, comme le croyoient les anciens, que s'opère la digestion. Il est étonnant que Formey ait pu traduire, « Les dents servent à broyer les alimens, les » intestins les reçoivent, la digestion se fait, etc. ».

(15) L'original dit ἡ περίοδος τοῦ λόγου. Maxime de Tyr, dans cette expression, semble se reporter par la pensée aux trois Dissertations précédentes qui roulent sur le même sujet que celle-ci.

(16) Le mot ἰλὺν du texte a exercé, ici, la sagacité des critiques. D'abord, il est constant que Pacci, dans le manuscrit de Florence, a lu ὕλην, au lieu de ἰλὺν, puisqu'il a traduit *materiam*. Davies, de son côté, n'a point admis cette variante, parce qu'il a pensé que Maxime de Tyr avoit voulu désigner quelque chose de plus sale, de plus sordide, que *la matière proprement dite*. Enfin Markland a imaginé que notre auteur avoit employé, ici, le même mot, que dans un passage analogue de la Dissert. XIV, sect. 1, et que ce mot étoit ἀχλὺν. Au milieu de cette incertitude, j'ai suivi la leçon vulgaire.

(17) Heinsius ajoute, ici, au texte, sans doute pour compléter une comparaison qui lui a paru tronquée : « De même, dit-il, que le » nautonnier ne reconnoît plus le fleuve, en pleine mer; de même, nul » homme ne peut reconnoitre, etc ». Le ναύτης θαλάττης du grec l'a conduit à sa périphrase. A la vérité, Maxime de Tyr paroit avoir voulu continuer, ici, l'analogie qu'il vient d'établir, entre le *Beau* descendant des cieux en terre, et les fleuves se déchargeant dans la mer; et, si je n'ai pas suivi l'interprète latin, ce n'est que par respect pour la rigueur du texte, qui m'a paru d'ailleurs suffisamment intelligible. Peut-être trouvera-t-on, d'un autre côté, qu'il valoit mieux périphraser, avec Heinsius, que de rendre les deux mots grecs ci-dessus, par cette autre périphrase, *Le connoisseur vulgaire dans l'art de discerner le* BEAU. Au surplus, je m'en rapporte à l'opinion des gens de goût.

(18) Les copistes ont évidemment brouillé et mutilé le texte, en cet endroit. Ils ont d'abord rangé les idées au rebours de leur série naturelle, et ils ont tronqué le texte dans la partie de la phrase où il est question

question d'Ulysse. Heinsius et Davies m'ont paru avoir imparfaitement restauré l'original par leurs conjectures. Markland a été plus heureux ; et Reiske a eu l'idée de faire précéder ἀποθρώσκοντα καπνὸν de la préposition πρὸς, dont cet accusatif ne paroît point pouvoir se passer, à moins de la supposer enveloppée dans une ellypse.

(19) Le texte est évidemment altéré en cet endroit. Heinsius et Davies ont essayé des corrections beaucoup moins ingénieuses que celle de Markland. J'ai suivi cette dernière.

(20) Un littérateur Hollandois, dont le nom ne nous revient pas, a composé un ouvrage *ex-professo*, pour venger Socrate de l'horrible imputation de pédérastie, qu'ont dirigée contre lui des Anytus et des Mélitus plus perfides que ceux qui le traduisirent devant le tribunal des Athéniens. Au défaut de cet ouvrage, on peut consulter la préface que Grou a mise à la tête de sa traduction de la *République de Platon*.

Paris, le 12 floréal an VIII. (2 mai 1800.)

DISSERTATION XXVIII.

De tous les fruits que recueille l'âme des études libérales, ceux qu'elle retire de la philosophie sont les meilleurs (1).

HOMÈRE raconte d'Ulysse que, pressé par le besoin d'un vaisseau, il en construisit un, à la hâte, de ce qui se trouva sous sa main (2). Une tempête survint. Le vaisseau d'Ulysse fut mis en pièces. Comme il nageoit, Leucothoë lui jeta son ruban de tête (3). Il se trouva sur le territoire des Phéaciens. Il supplia cette jeune Princesse de le conduire dans la ville. Il fut honorablement accueilli par Alcinoüs, qui l'invita à manger avec les premiers de la nation; et, après le repas, Ulysse adressa la parole à Alcinoüs, en ces termes: « O Roi Alcinoüs, c'est une belle chose que d'entendre » un bon chanteur, divin dans son art, tel que celui » qui chante ici. Quel plus agréable but pourroit-on » se proposer que de voir les hommes que l'on gou» verne (4), se livrer à la joie, donner des festins do» mestiques, écouter des chansons, assis, les uns à » côté des autres, autour de tables amplement ser» vies, et couvertes de vin (5) ». J'interpelle Ulysse, et je lui demande: O le plus sage d'entre les hommes, que pensez-vous que soit la *volupté?* Une table surchargée de mets, des torrens de vin, et, outre cela, des musiciens, aussi supérieurs que celui qui chante « la querelle d'Ulysse et d'Achille fils de Pélée (6) »? Ou bien, ce cheval creux dans lequel se renfermèrent les plus intrépides des Grecs, pour se faire introduire dans Troye, pour s'échapper de ses flancs (7), se jeter sur les Troyens ivres, et prendre leur ville? « Cela » vous paroît-il la plus belle chose du monde (8) » ?

II. A merveille, sage Ulysse! c'est ainsi que vous faites l'éloge de cette *volupté* populaire (9), que loueroit, comme vous, un Barbare récemment arrivé de Babylone, accoutumé à tout le luxe de la table, à toutes les profusions de vin, et à toute la mollesse des chants improvisés; vous, qui, comme vous le dites, vous êtes défié ailleurs de la suavité du Loto, et du chant des Sirènes (10). Homère auroit-il voulu nous donner à entendre quelque chose de mieux, que ce que ces paroles semblent présenter, au premier coup-d'œil. En effet, par cette profusion de mets et de vin, par ces tables splendidement servies, et ces coupes qu'on ne cesse de remplir, par les éloges donnés aux convives qui, au milieu de ces plaisirs, prêtent une oreille attentive à ces chanteurs; Homère me paroît nous avoir présenté l'emblème d'une fête honnête et décente, digne de l'émulation du sage, et qui consiste à transférer la volupté, des choses honteuses aux choses les plus recommandables, et des plaisirs de la table aux plaisirs de la musique (11). Peut-être même ne suffit-il pas que les oreilles jouissent ainsi sans règle et sans mesure des sons mélodieux des flûtes et des hautbois, qui se réduisent à un vain bruit; et faut-il encore y ajouter un art qui orne et qui rehausse les jouissances de l'oreille par son heureuse harmonie.

III. Eh! quelle seroit l'harmonie capable de produire sur nous cet effet? J'aime aussi, moi, la volupté que la musique donne à l'oreille, soit à l'aide du son des flûtes, soit à l'aide des vibrations de la lyre, soit à l'aide de tout autre instrument de musique, propre à nous plaire par d'agréables modulations. Cependant je crains que, quoique ces modulations soient accompagnées d'une véritable volupté, lorsqu'elles sont combinées d'après les principes de l'art, elles ne produisent, faute de sens, d'expression et de parole, rien de considérable pour les voluptés de l'âme (12). Car, si l'on compare la *volupté* qui résulte de la musique avec celle que procurent les paroles qui y sont jointes, on assimilera les dernières à des alimens solides, et l'autre à l'odeur qui émane de ces alimens. Les alimens sont très-utiles à la nourriture, au lieu que l'odeur, en tant qu'odeur, est la chose du monde la plus futile, et la moins propre à servir à la nutrition. En même temps donc qu'on songe aux *voluptés* de l'oreille, il faut s'occuper de la nourriture de l'âme, et joindre aux effets de la musique, que nous avons assimilés à l'odeur, ceux de la parole, que nous avons assimilés à des alimens solides (13). Mais, s'il est dans l'ordre que des convives prudens et bien avisés ne se plaisent uniquement qu'aux choses qui sont du ressort de la parole, quelles seront celles de ces choses que nous leur présenterons ? Leur présenterons-nous celles de ces choses qui sont l'objet des contestations judiciaires, des combats de la chicane, de ses rubriques, qui sont en possession de faire triompher l'injustice, d'embellir les turpitudes et les infamies, de falsifier la vérité, celle de ces choses qui ne souffrent rien de pur, de sain, de sincère (14), ni qui reste dans l'état où la Nature l'a placé, et qui ressemblent parfaitement à ces marchands d'esclaves, qui, recevant leurs esclaves avec une habitude de corps, telle tout simplement que la produit la pure lumière du soleil, et un air libre, détruisent, en les nourrissant à l'ombre, et en les façonnant à la mollesse, cette complexion vigoureuse et robuste que leur avoit d'abord donnée la Nature, et qui vaut bien mieux que celle que l'art y substitue (15)? Car c'est ainsi que ceux qui ont embrassé la profession du Barreau ont l'impudeur de se conduire.

IV. Mais un pareil emploi de la parole, outre son insigne imposture et son extrême difformité, n'est pas très-propre à offrir à l'âme des choses qu'elle puisse se plaire à entendre. Aussi n'ai-je garde de louer les spectacles qui font les délices des Æniens (16), lorsqu'ils se donnent des festins, et dans lesquels ils sont, les uns acteurs, et les autres spectateurs. Deux d'entr'eux font semblant de se battre ensemble, tandis qu'un troisième joue de la flûte. L'un a l'air d'être un agriculteur, et il laboure; tandis que l'autre a l'air d'être un voleur, et qu'il est armé. De son côté, l'agriculteur a aussi des armes auprès de lui. Aussitôt que le voleur s'avance, le laboureur quitte sa charrue : il vole à ses armes : les deux champions se courent sus réciproquement : ils se portent les coups au visage, et feignent de se blesser, de se terrasser l'un l'autre. Un tel spectacle ne convient point dans un festin. J'aime bien mieux l'ancienne coutume des Perses, à laquelle ils furent redevables de leur liberté. Les Perses traitoient leurs intérêts politiques au milieu des banquets, comme les Athéniens dans leurs assemblées (17); et les choses se passoient avec bien plus de décence et de dignité dans les festins des premiers, que dans les Comices des autres (18). Car, chez les Perses, la loi punissant l'ivrognerie, la jovialité des convives tournoit au profit de leur vertu. C'étoit comme de l'huile sur le feu. L'allégresse, l'hilarité se répandoient dans l'âme avec poids et mesure, sans y éteindre entièrement l'ambition, et sans lui laisser franchir les bornes (19) que l'utilité lui prescrit. Au lieu qu'à Athènes, où n'existoit aucune loi pour réprimer les écarts et la licence de la parole, tout sobres d'ailleurs qu'étoient ses Orateurs, ils s'abandonnoient à des transports de démence, pires que ceux que les derniers degrés de l'ivresse peuvent enfanter (20).

V. Mais laissons-là les Perses et les Athéniens, et revenons à notre sujet. La raison nous enseigne que l'âme (21), qui a le goût du bien, doit être régalée de discours comme d'un festin; mais non pas de discours tels que ceux du Barreau. De quels discours donc? De ceux qui, reportant l'âme vers le passé, lui présentent le tableau des évènemens anciens. Car il est très-agréable de lire l'Histoire; de se transporter de tous les côtés sans éprouver aucune fatigue; de promener ses regards sur toutes les régions; d'être témoin de tous les combats, sans courir aucun risque; d'embrasser les siècles dans un moment; d'apprendre, en peu de temps, une multitude de faits, ce qui s'est passé chez les Assyriens, chez les Egyptiens, chez les Perses, chez les Mèdes, chez les Grecs; d'être présent, tantôt aux opérations militaires sur le continent, tantôt aux expéditions maritimes, tantôt aux délibérations politiques; de combattre, à Salamine, avec Thémistocle, aux Thermopyles, avec Léonidas; de passer la mer avec Agésilas; de se battre en retraite avec Xénophon; de partager l'amour de Panthée (22) avec Abradatas, la passion de la chasse avec Cyrus, les soins du Gouvernement avec Cyaxare. Si Ulysse passoit pour sage, parce qu'il étoit fécond en ressources, « parce » qu'il visita les villes, et étudia les mœurs de plu- » sieurs peuples, tout en cherchant à retourner lui- » même, et à ramener ses compagnons, dans sa » patrie (23) » : bien plus sage est celui, qui, à l'abri de tout danger, se nourrit de l'étude de l'Histoire. Il voit Charybde, sans risquer le naufrage; il entend le chant des Sirènes, sans avoir besoin de se garrotter : il se trouve avec le Cyclope, mais sans en avoir rien à craindre. Si Persée étoit heureux d'avoir des ailes, de se promener dans les airs, contemplant tous les évènemens (24), toutes les régions de la terre (25); les ailes de l'Histoire sont bien plus légères, et s'élèvent bien plus haut que celles de Persée. Elles emportent l'âme, et lui font parcourir tous les climats; non en lui présentant un stérile et vain spectacle, mais en lui offrant, tantôt l'origine et la généalogie des hommes (26), par exemple : « Crésus » étoit originaire de Lydie; il étoit fils d'Alyatte, et » Roi des peuples qui habitent les bords de l'Ha- » lys (27): Dardanus tiroit immédiatement son ori- » gine de Jupiter » ; tantôt des villes, par exemple : « La ville d'Épidamne est à droite en entrant dans » le golfe d'Ionie ; les Taulentiens, peuple bar- » bare (28), en sont limitrophes : dans le golfe » d'Argos féconde en chevaux, est la ville d'É- » phyre » (29); tantôt des fleuves, par exemple : « Il » est un fleuve qui, coulant du Midi au Nord, va se » décharger dans le Pont-Euxin ; les Dieux le nom- » ment le *Xanthus*, les hommes l'appèlent le *Sca-*

» *mandre* (30) ». Quelque éphémère, quelque passagère, quelque fugitive, quelque périssable que soit l'espèce humaine, l'Histoire la sauve de l'oubli (31); elle conserve la mémoire de la vertu, elle immortalise le souvenir des grandes actions. C'est ainsi que les Lacédémoniens et les Athéniens ne sont point les seuls qui célèbrent la gloire de Léonidas, et la renommée de Thémistocle. On voit encore aujourd'hui Périclès, diriger le Gouvernement d'Athènes, Aristide être l'oracle de la justice, Critias subir sa catastrophe (32), et Alcibiade prendre la fuite. En un mot, l'Histoire est extrêmement agréable à celui qui ne la connoît pas, par le plaisir qu'elle lui procure, et à celui qui la connoît, par les souvenirs qu'elle réveille.

VI. Quel sera donc le genre de discours plus propre encore que l'Histoire à composer les festins de l'âme? Il est fâcheux de le dire, et de se mettre en opposition avec plusieurs d'entre vous, Historiens célèbres; néanmoins il ne faut pas le dissimuler. Quoiqu'il y ait beaucoup d'harmonie dans vos écrits, et que vous puissiez le disputer aux poëtes, l'âme qui a le goût de l'*honnête* et du *bon*, désire autre chose, et qui ne soit point tel que ce que vous nous présentez. Quel avantage peut recueillir du tableau des maux passés, celui qui n'a point encore appris comment se défendre du mal? Qu'ont gagné les Athéniens à savoir l'histoire de l'Attique, et les habitans d'Halicarnasse à savoir celle de l'Ionie (33)? Les insulaires de Chio se sont-ils par-là rendus plus heureux? Si du moins, séparant le bon du mauvais, on laissoit le dernier dans l'oubli, et que l'on ne s'occupât que de l'autre, l'âme pourroit tirer quelque fruit des actions dont le tableau lui seroit offert; de même que l'œil prend des modèles dans les ouvrages des peintres. Mais dans l'Histoire, on mêle, on confond tout; et il y a plus de mauvaises actions que de bonnes. On n'y voit, à-peu-près, que brigandage, tyrannie, guerres injustes, revers non-mérités (34), attentats, déplorables calamités, et tragiques révolutions : toutes choses, qu'il seroit dangereux d'imiter, dont le souvenir afflige, et dont les funestes résultats sont éternels. Quant à moi, je désire régaler mon âme de mets plus nourrissans et plus salutaires. Il me faut de ces alimens salubres, avec lesquels et Socrate, et Platon, et Xénophon, et Æschine, ont donné à leur âme une si brillante santé.

VII. L'âme de l'homme éprouve les impressions du désir, de la crainte, de la tristesse, de l'envie, et de toutes les autres passions. Êtes-vous témoin d'un de ces soulevemens, d'une de ces agressions que les Hérauts-d'armes ne proclament pas. Parlez-moi de cette guerre, et laissez-là la guerre des Mèdes (35). Entretenez-moi de cette maladie, et ne me parlez point de la peste. Dites-moi qui je dois choisir pour Général et pour Médecin. Laissons Hippocrate soigner les corps, et Thémistocle s'occuper de marine. Indiquez-moi un Médecin pour l'âme, un Général pour l'âme; et, si vous n'en trouvez point parmi les hommes, adressez-vous aux immortels. N'entrez point avec eux dans les détails des dévastations rurales, des brigandages maritimes, des siéges des villes, des maladies épidémiques. Ce n'est pas la peine. Ce sont des choses qui n'ont qu'une existence éphémère. Les campagnes seront ravagées, quand même les troupes du Péloponnèse les respecteroient. La mer n'en sera pas moins infestée par des pirates, quoique les Athéniens ne naviguent pas. Si ce n'est point Philippe, ce sera le temps qui détruira vos murailles. Au défaut de la peste, d'autres causes produiront la mort. Mais la vertu est inaccessible à toute agression, à toute atteinte, dans le cœur de l'homme. Consultez les Dieux sur son compte, lorsque l'âme est attaquée, assaillie, assiégée, rendue malade par les passions. Te faut-il un oracle? As-tu besoin d'une réponse des Dieux? Invoque le Dieu lui-même. « O toi, » dont le bras est armé d'un arc d'argent, protec- » teur de Chrysès, exauce-moi (36) ». Exauce-moi, ou toi, Apollon, ou toi, Jupiter, ou toi, tout autre Dieu, s'il en est, qui guérisse les maladies de l'âme. Exauce-moi, « si dans ton temple je t'ai quelquefois » présenté d'agréables offrandes, ou si j'ai brûlé de » grasses victimes sur tes autels (37) ». Apollon exaucera ce vœu, plutôt que celui de Chrysès. Car tu n'invoques pas ce Dieu pour qu'il envoie la peste, pour qu'il lance ses flèches meurtrières, pour qu'il répande la mort sur les chiens, sur les hommes, sur les mulets (38). Ce ne sont point les prouesses du Dieu qui préside à la musique, à la sagesse, à la divination. En les lui attribuant, Homère a enveloppé sous cette allégorie l'action des rayons du soleil qui traversent les airs, avec plus de rapidité que la flèche, et qui opèrent la dissolution des corps avec une force à laquelle rien ne peut résister (39). Qu'Homère donc, qu'Hésiode, ou tout autre divin poëte, m'indique, dans ses chants, un Dieu qui guérisse les maladies de l'âme. Voilà l'œuvre digne d'Apollon : voilà l'œuvre digne de Jupiter.

NOTES.

(1) Formey a traduit « qu'on trouve dans la philosophie une plus » grande source de contentement que dans tous les simples discours ». Est-il un seul lecteur François qui, sur ce titre, puisse se faire une idée nette de la matière de cette Dissertation ? Le latin d'Heinsius n'est guère plus clair : *Omni sermonum voluptate majorem esse eam quæ ex philosophiâ percipitur*. Pacci n'a pas été plus heureux : *Quòd omni suavitate loquendi melior est philosophicus sermo.*

(2) *Construire un vaisseau, à la hâte, de ce qui se trouve sous sa main.* Que de mots françois pour rendre le mot grec σχεδία ! cela est vrai ; mais à qui la faute ? Un des plus savans Hellénistes de la Hollande, Ruhnkenius, dans ses doctes annotations sur la collection des expressions platoniques du *Timée*, rend le verbe ἀκκίζεσθαι par *ficto et astuto mimo, recusantis specie, flagrantissimè cupere* ; et il ajoute ces paroles remarquables, *Tot latinis verbis opus est ad unius græci vim declarandam*. Voyez le *Lexicon vocum platonicarum* donné par Ruhnkenius, à la Haye, 1754, in-8°. p. 13.

(3) *Voyez* ci-dessus *Dissertation XVII*, sect. 10.

(4) Le grec porte littéralement, *le Peuple*, tout court.

(5) *Odyssée*, chant 9, au commencement.

(6) *Odyssée*, chant 8, vers 75.

(7) Heinsius a laissé de côté προχυθέντες τοῦ ἵππου.

(8) C'est ici le onzième vers du neuvième chant de l'*Odyssée*. Après avoir, dans les dix vers qui précèdent, fait compliment à Alcinoüs sur les voluptés dont il étale le tableau aux yeux de son hôte, Ulysse lui dit : « Cela me paroît être la plus belle chose du monde ».

(9) C'est, en effet, la volupté de Figaro, dans le *Barbier de Séville*. « Fi donc, dit Almaviva à Figaro, tu as l'ivresse du Peuple : C'est la » bonne, Monseigneur, répond le Barbier ; c'est celle du plaisir ». *Act. I, scène dernière.*

(10) *Odyssée*, chant 9, vers 94.

(11) Le grec porte littéralement, *du ventre aux oreilles.*

(12) La Nature a tellement distingué les *voluptés* de l'âme et les *voluptés* du corps, dans leurs objets et dans leur essence, qu'il étoit dans l'ordre que les Grecs missent à contribution les richesses de leur Onomatopée, pour désigner deux espèces de choses si différentes l'une de l'autre. En effet, Ammonius enseigne que les verbes εὐφραίνεσθαι et ἥδεσθαι ont une acception différente ; et Platon, dans son *Protagoras*,

détermine avec précision le sens propre à chacun de ces deux verbes. Le premier signifie, selon lui, *orner son entendement de science, et perfectionner ses facultés morales par la prudence et la sagesse*, et le second, *manger quelque chose d'agréable, ou prendre part à toute autre douce affection du corps*.

(13) Pacci paroît être tombé ici dans un contre-sens. Il a rendu τὰς μὲν ἰδμὰς ταύτας τὰς ἐκ τῶν μελῶν παραπεμπομένας, par *repudiatis videlicet odoribus musici concentûs*; tandis qu'avec un peu d'attention, il auroit remarqué, par les premiers mots de la phrase, que l'intention de l'Auteur étoit de joindre ce que le traducteur a eu tort de séparer. A la vérité, il a été induit dans cette erreur, par la corruption du texte, qui lui a fait lire παραπεμπομένας, au lieu de παραπεμπομένης, correction proposée par le Prince des Aristarques modernes, Scaliger, et admise par les Savans qui l'ont suivi, Heinsius, Davies et Markland. Pour faire disparoître toute équivoque, Reiske met au-devant de παραπεμπομένης les particules négatives οὐ, ou μὴ; mais je crois cette intercalation inutile, parce que le verbe grec en question peut s'entendre, ici, seul, et sans négation, dans le même sens qu'avec la négation. *Voyez* Scapula, Henri Étienne et Constantin.

(14) Cette épithète doit être prise, ici, dans son sens étymologique, dans le sens où le mot latin qui la représente, est employé par Horace, dans le 56e. vers de la *Satyre III* du premier livre.

At nos virtutes ipsas invertimus, atque
Sincerum cupimus vas incrustare.

Un vase *sincère* est, comme on voit, un vase encore tel qu'il est sorti de la main de l'ouvrier, et qui n'a été enduit, ni imprégné d'aucun suc vicieux, ni d'aucune mauvaise teinture.

(15) J'ai suivi la conjecture de Markland, qui, avec sa sagacité ordinaire, a fort bien vu que le dernier mot de la phrase précédente, devoit être à la tête de celle-ci, et lui donner un sens interrogatif.

(16) Voyez *Xénophon*, liv. VI, chap. 1 et 4 *de l'Expédition de Cyrus*. Marcassus, dans son *Histoire de la Grèce*, mentionne en trois endroits, cette peuplade de la Phocide.

(17) *Voyez* Brisson, *de Regno Persarum*, lib. II, §. 131; Plutarque, dans le 7e. livre de son *Symposiaque*; et Victorien, le *Scholiaste de l'Iliade*, chant 9, vers 70.

(18) Ce second membre de la phrase de Maxime de Tyr a été laissé de côté par Heinsius. C'est tout simple: le texte sur lequel il a travaillé, n'en disoit pas davantage. Mais, sur la foi du manuscrit de la Bibliothèque nationale, Davies a rétabli le texte dans son intégrité.

(19) Si ce que notre Auteur dit, ici, des Perses, est rigoureuse-

ment exact, elle a donc une fois au monde obtenu la solution que la philosophie cherche depuis si long-temps, cette question moitié politique, moitié morale, à laquelle tient d'une manière singulièrement fondamentale, le bonheur politique du genre-humain.

(20) Qu'on se rappelle ce qu'on a entendu, il y a sept ans, dans les *Sociétés populaires en France*, ou ce qu'on a lu, dans les papiers publics de ces temps de désastre et de calamité. Ce n'étoit, sans doute, qu'une répétition de ce qu'on avoit entendu à Athènes, pendant que la pleine démagogie y régnoit. Cette métropole de la liberté doit avoir eu ses Père-Duchêne, ses Chaumette, ses Billaud-Varennes; et c'est dommage que l'imprimerie n'ait point existé alors, pour nous transmettre les monumens d'un délire si absolument éversif de tout ordre social. Peut-être fût-ce pour empêcher le retour de ces aberrations politiques, que les Athéniens firent une loi pour défendre l'approche de la tribune à tout Orateur au-dessous de cinquante ans.

(21) Ces mots φησὶν ὁ λόγος ne sont ni dans le texte d'Henri Étienne, ni dans celui d'Heinsius. Mais Pacci les trouva dans le manuscrit sur lequel il fit sa traduction, et Davies les a également lus dans les deux manuscrits qu'il cite à tout moment. D'ailleurs, comme le remarque ce dernier critique, cette locution est très-répandue dans les écrits de Platon.

(22) Femme aussi célèbre par sa beauté, que recommandable par ses mœurs. Elle ne voulut point survivre à son mari, et se donna la mort. Voyez la *Cyropédie de Xénophon*, liv. VII, chap. III. Dion-Chrysostôme fait allusion à ce trait historique dans la 64e. de ses *Oraisons*, pag. 592.

(23) *Odyssée*, chant premier, dès les premiers vers.

(24) Le mot du texte que j'ai rendu par évènemens, est παθήματα. Heinsius a traduit, *naturam*, et Pacci, *affectiones*. Formey a mieux fait que les interprètes Latins, il a résolu la difficulté en la franchissant. A la lettre, le mot du texte signifie, dans une acception générale, *tout ce qu'on souffre*, *tout ce qu'on éprouve*, *au moral*, *comme au physique*. D'ailleurs, Maxime de Tyr fait allusion aux deux principales expéditions de Persée; l'une, contre les Gorgones qui changeoient en pierres tous ceux qui les regardoient; l'autre, contre le monstre marin qui devoit dévorer Andromède. *Voyez* le poëme d'Hésiode, intitulé, *le Bouclier*; *Apollodore*, lib. II, cap. 4; *Hyginus*, fab. 64.

(25) Ces ailes, à l'aide desquelles Persée s'élevoit et voyageoit dans les airs, étoient les talonnières de Mercure, dont ce Dieu, selon la Fable, lui avoit fait présent.

(26) Le texte grec porte, ἄνδρα γενεαλογεῖ καὶ ποταμόν. Markland pense qu'il faut retrancher les deux derniers mots καὶ ποταμόν, qui ne sont évi-

demment qu'une erreur de copiste, et mettre un point et une virgule, ou deux points après le verbe γενεαλογεῖ. Il ne faut, en effet, que considérer avec un peu d'attention la pensée de l'Auteur, et la contexture de la longue phrase destinée à la rendre, pour adopter, comme je l'ai fait, le sentiment de l'annotateur Anglois.

(27) Ce sont les propres termes d'Hérodote, liv. I. Ce passage est un de ceux qui prouvent le mieux que Maxime de Tyr ne citoit que de mémoire. Car il est probable que s'il avoit eu Hérodote sous les yeux, il n'auroit pas tronqué sa citation, ni laissé de côté les mots que nous avons mis entre deux parenthèses.

(28) *Thucydide*, lib. 1, p. 17, *édit* de Wechel.

(29) *Iliade*, chant 6, vers 152.

(30) *Iliade*, chant. 20, vers 74.

(31) « Les grandes actions », dit Synèse, dans la 99e. de ses *Épîtres*, « s'échappent de la mémoire des hommes, et l'oubli les enveloppe, » moins que le souvenir n'en soit consacré dans des monumens écrits ».

(32) Ce fut le plus féroce des trente Tyrans d'Athènes. Il périt, les armes à la main. Croiroit-on que ce misérable, qui n'a laissé qu'une mémoire couverte d'opprobre et d'exécration, avoit été l'un des disciples de Socrate? Gardons-nous néanmoins d'en rien conclure contre la philosophie. Il n'est malheureusement que trop vrai que l'ordre moral a ses tigres et ses panthères, quelque éducation que l'on donne aux monstres destinés à devenir tels.

(33) Notre Auteur fait allusion aux histoires de Thucydide et de Xénophon, en ce qui concerne les Athéniens; et à l'Histoire d'Hérodote, en ce qui concerne les habitans d'Halicarnasse.

(34) Markland pense qu'au lieu de εὐτυχίαι il faut lire le contraire de ce substantif; savoir ἀτυχίαι. La raison qu'il en donne, c'est que tous les substantifs de cette tirade appartiennent à l'odieux et au sinistre. Cette opinion est trop judicieuse pour que je ne me sois pas empressé de l'adopter.

(35) J'ai dit, dans la Préface, qu'en traduisant Maxime de Tyr, Formey n'avoit fait que traduire la version latine d'Heinsius. La bévue où il est tombé, dans cet endroit, le prouve avec bien de l'évidence. Il a lu, dans Heinsius, *Tale bellum mihi describe, Medicum verò relinque;* et, sans faire attention à la majuscule du mot *Medicum*, qui auroit dû lui donner l'éveil, il a traduit, « Décrivez-moi cette guerre, » et laissez-là le Médecin ». Or, si Formey eût, le moins du monde, jeté les yeux sur le texte, et qu'il l'eût entendu, il auroit vu que dans le τὸν δὲ Μηδικὸν ἔα, du texte, il n'est nullement question de Médecin.

(36) C'est dans ces termes qu'au 37e. vers du premier chant de l'*Iliade*, le Prêtre d'Apollon, Chrysès, éconduit par Agamemnon, qui

ne veut pas lui rendre sa fille, s'adresse à ce Dieu, pour provoquer la vengeance de son injure. Au reste, ce vers manque dans les éditions ordinaires de notre Auteur. Davies l'a rétabli sur la foi des manuscrits.

(37) *Iliade*, chant premier, vers 39 et 40.

(38) Notre Auteur fait allusion à la vengeance qu'Apollon exerça contre l'armée des Grecs, pour venger l'affront de Chrysès. *Iliade*, chant premier, vers 50. Les annotateurs Anglois ont corrigé le texte, en substituant au mot *oiseaux*, dont Homère ne parle pas, le mot *mulet*, qu'il mentionne formellement.

(39) Macrobe, au premier livre de ses *Saturnales*, n°. 17, nous a transmis une étymologie très-plausible du mot *Apollon*. *Alii cognominatum Apollinem putant* ὡς ἀπολλύντα τὰ ζῶα : *exanimat enim et perimit animantes, cum pestem intemperie caloris immittit.* « D'autres pensent » que le nom d'Apollon lui vient de ce qu'il fait mourir les animaux ; » et, en effet, il les détruit et leur ôte la vie, lorsque l'excès de la cha- » leur amène la peste ».

Paris, le 24 thermidor an VIII. (12 août 1801.)

DISSERTATION XXIX.

Quels sont, des Militaires ou des Cultivateurs, les citoyens les plus utiles à la République? Les Militaires.

Si vous aviez à spécifier quels sont ceux qu'Homère désigne dans ses poëmes, par les expressions de *fils de Jupiter, images des Dieux* (1), *pasteurs de peuples* (2), ou par tel autre nom qu'un poëte peut imaginer, pour honorer la vertu des hommes, diriez-vous que ce sont ceux qui bêchent, qui sillonnent la terre, qui sont habiles à labourer, experts à planter, adroits à moissonner, et jaloux de soigner les vignes? Il n'a pas daigné faire entrer, le moins du monde, de pareils détails dans ses descriptions, sinon à propos de ce vieux insulaire, que d'ambitieux jeunes-gens avoient insolemment dépouillé du pouvoir, et qui, en été, se reposoit sur un lit formé d'une jonchée de feuilles, sous un de ces bocages qui se formentdans les vignobles (3). Les hommes heureux, à ses yeux, ceux sur lesquels il se plaît à répandre ses éloges, sont ceux qui s'adonnent à d'autres occupations, à d'autres travaux. Ce sont, ou Achille, qui poursuit son ennemi, ou Ajax, qui combat tout seul, ou Teucer, qui se distingue avec ses flèches, ou Dioméde, qui fait des merveilles, ou tel autre de ceux qui montrent le plus de supériorité dans le métier des armes. Dans ses vers, on ne voit que grands boucliers, que casques étincelans, que longues lances, que chars magnifiques, que

que lestes chevaux, que braves qui tuent, et que lâches qui se laissent tuer. Agamemnon lui-même, le chef suprême des Princes Grecs, il n'a pas de quoi le louer autrement qu'en joignant l'épithète d'*habile dans l'art de la guerre* au titre de *Roi*, comme si c'étoit pour lui le côté le plus recommandable. Il dit, en effet, d'Agamemnon, qu'il étoit à la fois excellent chef de Gouvernement et grand Capitaine (4). Au lieu que de Ménélas, qui n'étoit pas moins Roi qu'Agamemnon, mais qui n'avoit point d'ardeur pour la guerre, Homère n'en fait qu'un très-mince éloge. Quant à Agamemnon, comment auroit-il acquis plus de gloire que les autres Princes Grecs, si, sans bouger d'Argos, il n'eût fait que régner sur un bon pays, que s'occuper d'en perfectionner la culture, que le rendre plus fertile et plus abondant que l'Égypte (5)? Ecoutez Ulysse lui-même, parlant honorablement d'Ithaque : « C'est, dit-il, un pays » raboteux, mais il produit de vaillans hommes (6) ». Ulysse étoit très-entendu dans la science des choses humaines (7). Il savoit donc combien les fruits de la valeur, dans la profession des armes, l'emportent sur le blé, sur l'orge, et sur tous les produits agricoles qui ne servent qu'à la nourriture animale.

II. Mais je laisse Homère. Peut-être vous plaindriez-vous que j'appèle en témoignage un poëte qui a l'amour de la guerre. Voulez-vous qu'à sa place, je vous parle des Lacédémoniens, des Athéniens, des Crétois, des Perses? Vous faites l'éloge de Sparte, sous le rapport de sa constitution politique. Mais Lycurgue vous dispensera de le louer. Car Apollon l'a loué avant vous, en disant de lui : « Je » cherche si je dois te regarder, ou comme un

» Dieu, ou comme un homme (8) ». Ce Lycurgue donc, que l'oracle compare à un Dieu, et qui organisa la constitution de Sparte, après avoir consulté Apollon, sur quelles institutions établit-il la forme de Gouvernement qu'il donna à ses concitoyens? En fit-il des agriculteurs, des artisans (9), des gens de métier? Les tourna-t-il du côté de ces professions viles, besogneuses, et qui n'attirent nulle considération? N'affecta-t-il point à ces travaux les Ilotes, les esclaves, et les habitans des campagnes voisines de Lacédémone? Quant aux vrais Spartiates, ne les rendit-il pas étrangers à toute occupation rurale? Dirigés vers l'émulation des sentimens droits, nourris dans les principes de la liberté, soumis à toute sorte de corrections et de châtimens, instruits dès l'enfance à chasser dans les plaines et dans les montagnes, et accoutumés à toutes les autres fatigues du même genre, n'étoient-ils pas, lorsque leur tempérament étoit suffisamment formé, obligés de prendre la lance et le bouclier, et sans autre chef que la loi, de marcher aux combats, pour la conservation de leur liberté, pour le salut de la patrie, pour le maintien de l'ouvrage de leur législateur, et pour accomplir l'oracle (10)? Si les Lacédémoniens avoient été des agriculteurs, où auroient-ils trouvé un Léonidas, qui se dévouât pour eux, aux Thermopyles, un Othryade, qui allât vaincre, à Thyrée (11)? Brasidas étoit-il un cultivateur? Gylippus quittoit-il ses labours pour voler au secours de Syracuse? Venoit-il de ses vignobles, Agésilas, lorsqu'il battit Tissapherne, lorsqu'il recula les limites de l'Empire du grand Roi, et qu'il donna l'indépendance à l'Ionie et à l'Hellespont? Callicratidas ne voulut pas faire son métier, de manier le hoyau, ni Lysandre, de remuer la bèche, ni Dercyllidas, de conduire la charrue. Ces travaux grossiers sont l'apanage des esclaves, des Ilotes, pour lesquels on combat, on fait la guerre, et dont le sort se décide par la victoire. C'est cette même vertu guerrière qui saccagea la République d'Athènes, ravagea Argos, et subjugua les Messéniens; et, aussitôt que chez les Spartiates elle commença de se relâcher, ils déposèrent leurs armes, et l'agriculture prit la place de la liberté.

III. Quand les Crétois furent-ils libres? Pendant tout le temps qu'ils portèrent les armes, qu'ils conservèrent leur talent et leur goût pour l'arc et la chasse. Quand devinrent-ils esclaves? Quand ils devinrent agriculteurs. Quand les Athéniens furent-ils libres? Pendant tout le temps qu'ils firent la guerre aux descendans de Cadmus, qu'ils envoyèrent des colonies dans l'Ionie, qu'ils furent gouvernés par les Héraclides, et occupés à expulser les Pélasges. Quand devinrent-ils esclaves? Lorsque les Pisistratides firent désarmer le peuple, et le forcèrent de se livrer aux travaux de la campagne (12). Dans la suite, lorsque les Mèdes (13) marchèrent contr'eux, ils abandonnèrent leurs champs, ils coururent aux armes, et, avec elles, ils recouvrèrent leur liberté. Ce ne fut point en cultivant la terre que Cynégire apprit à vaincre pour la liberté des Athéniens, que Callimaque apprit à repousser les Mèdes, et Miltiade à gagner la bataille de Marathon. Voilà les exploits des guerriers; l'art des combats donne la victoire, et la victoire donne la liberté. Lorsque les eaux devinrent l'unique refuge des Athéniens, ils dirent adieu à leur territoire, ils incendièrent tout ce qu'ils ne purent pas emporter;

et, sans rien conserver que leurs armes, ils s'embarquèrent sur leurs galères. Toute la ville d'Athènes étoit en pleine mer : tout un peuple étoit passé du continent sur les ondes (14); en naviguant, il combattoit, en combattant il remportoit la victoire, en remportant la victoire, il se rendoit maître de la terre et des eaux. Je louerai jusqu'aux talens militaires de Périclès, qui dédaigna les travaux agricoles, et qui, témoin du malheur des Acarnaniens, sut conserver la liberté d'Athènes. Car, en conservant sa liberté, on conserve son territoire, on conserve ses fruits, on conserve ses moissons.

IV. Mais laissons les Grecs, et passons aux Barbares. Les Égyptiens sont agriculteurs, et les Scythes guerriers. Les Scythes sont braves, et les Égyptiens sont lâches : les Scythes sont libres, et les Égyptiens sont esclaves. Les Assyriens sont agriculteurs, et les Perses guerriers. Les Assyriens sont subjugués, et les Perses règnent. Les Lydiens commencent par être guerriers, et puis ils deviennent agriculteurs. Tant qu'ils sont guerriers, ils sont libres; en devenant agriculteurs, ils deviennent esclaves. Transportons-nous chez les quadrupèdes. Là, nous trouverons également liberté, d'un côté, servitude, de l'autre, selon que chaque animal vit de la terre ou de son courage. Le bœuf laboure, le cheval sert dans les combats; transposez les rôles, vous changez l'ordre de la Nature. Les animaux timides vivent de fourrage, les animaux courageux vivent de rapine. Témoin le cerf et le lion. Le geai se nourrit de graines, et l'aigle se nourrit de proie. Vous voyez la servitude, du côté des graines et du fourrage, et la liberté, du côté de la proie.

V. Et, s'il faut s'en rapporter à la Mythologie sur le compte des Dieux, ni Jupiter, ni Minerve, ni Apollon, ni Mars, les plus puissans des immortels, n'ont été cultivateurs. Cérès, elle-même, ne s'adonna que tard à l'agriculture, et après avoir parcouru beaucoup de régions. Bacchus et Triptolème ne s'y adonnèrent que tard aussi, le premier après Cadmus et Penthée (15); le second, après Érichthon et Cécrops (16). Et, si nous remontons jusqu'au règne de Saturne, que dirons-nous de l'agriculture? Mais aujourd'hui même nous n'en avons pas besoin. La terre ne s'est pas lassée de produire des fruits d'elle-même. Elle nous donne encore des faînes et des poires sauvages. Elle nous offre une boisson naturelle dans les eaux du Nil, du Danube, de l'Achéloüs, du Méandre (17), et de beaucoup d'autres intarissables réservoirs qui ont un cristal limpide, et convenable à la sobriété. A qui sommes-nous redevables de tout cela? Ce n'est ni au vieillard Icarien, ni au cultivateur de la Béotie, ni à celui de la Thessalie. C'est à la chaleur du soleil, aux émanations de la lune, à la fécondité de la pluie, au souffle des vents, aux vicissitudes des saisons, à la végétation de la terre. Voilà les cultivateurs immortels des fruits de nos plantes et de nos arbres, et qui n'ont aucun besoin de notre industrie. Voilà l'agriculture, dont, ni la peste, ni la famine, ni la guerre, n'arrêtent point l'activité. « Elle fait » tout naître sans semence, et sans labours (18) ». Mais, si vous désirez le *loto* de la Lybie, le froment de l'Égypte, l'huile de l'Attique, et le vin de Lesbos, vous subordonnez l'agriculture à l'empire de la *volupté* (19).

VI. En un mot, de quoi s'agit-il? De comparer

des travaux enfans de la liberté avec des travaux devenus nécessaires ; de comparer les vertus, filles de l'indépendance, avec les occupations agricoles devenues indispensables ; sans qu'il s'agisse néanmoins de mettre en parallèle la paix et la guerre. A-la-bonne-heure : si nous considérons l'agriculture sous ce point-de-vue, et qu'il n'y ait point d'ennemis à combattre, faisons-nous tous agriculteurs. Que chacun mette ses armes de côté ; qu'il prenne la bèche ; qu'il se fasse un nom dans l'art de cultiver la terre ; qu'il obtienne le premier rang parmi ceux qui s'y distinguent ; qu'on le proclame à raison de la beauté et de l'abondance de ses produits ; qu'on le déclare le plus habile, et qu'on lui donne la palme. Mais aujourd'hui, tout n'est que guerre, que brigandage. Partout de la cupidité ; partout le désir immodéré d'ajouter à ce que l'on possède ; partout des armées qui envahissent. On vante la beauté d'une femme du Péloponnèse ; un Barbare s'élance du mont Ida sur les flots pour s'en emparer ; et ce n'est point un agriculteur ; c'est un homme dont les mœurs sont encore plus douces, plus oisives, plus pacifiques que celles d'un agriculteur ; c'est un pasteur, un berger. Cambyse désire de se rendre maître de l'Égypte. Ce désir allume la guerre. Darius désire de se rendre maître de la Scythie ; les Scythes sont attaqués. Il tourne son ambition du côté d'Érétrie et d'Athènes ; soudain ses flottes voguent ; Érétrie est assiégée, et l'on débarque à Marathon. L'épouse de Xerxès veut avoir dans son palais des Lacédémoniennes, des Athéniennes, des Argiennes, attachées à son service. Pour satisfaire le goût d'une femme, on équipe encore des flottes, on part de l'Asie, et l'Europe est toute en alarmes.

Les Athéniens veulent s'emparer de la Sicile, les Lacédémoniens de l'Ionie, les Thébains de la suprématie. Que de maux n'en coûte-t-il pas à la Grèce (20) !

VII. Où irons-nous, d'ailleurs, pour nous livrer avec sécurité à l'agriculture ? Où trouverons-nous les charmes de la paix (21) ? Quel est le coin de terre qui ne tente l'ambition de personne ? « A Ascra, on » y est aussi mal l'été, que l'hiver (22) ». Allons donc à Ascra. Mais la Béotie est féconde en peupliers (23). La Lybie est éloignée, mais elle est renommée pour ses pâturages. Les Indes sont à l'extrémité du monde. Eh bien ! ne s'est-il pas trouvé un Macédonien ambitieux, qui a livré diverses batailles, à divers peuples, pour s'en frayer les chemins ? De quel côté donc nous tournerons-nous ? Où rencontrerons-nous cette tranquillité nécessaire à la vie agricole ? Le fracas de la guerre, le bruit des armes, retentissent de toutes parts. « Que chacun donc aiguise sa » lance, prépare son bouclier, et donne à manger à » ses rapides chevaux de bataille (24) ». C'est une belle chose que l'agriculture ! Oui, c'est une belle chose, lorsqu'elle peut aller son train, vaquer à ses travaux à son aise, et qu'elle a une force publique pour la protéger. Mais je crains bien qu'elle ne soit pas une si belle chose, celle qui provoque la guerre, et qui excite les peuples à se transplanter (25). Un ancien disoit, « Qu'en fait de contrée, la meilleure » étoit celle qui avoit été un théâtre continuel de » transmigration ; au lieu que l'Attique, qui n'avoit » qu'un terrein léger, n'avoit jamais éprouvé aucune » invasion, ni été habitée que par le même peu- » ple (26) «. Tu viens d'entendre comment s'allume la guerre. Homme, laisse donc la terre sans la cultiver. Si tu l'embellis, si tu la fécondes, tu appèles la conquête ; tu fais marcher les ennemis contre toi.

NOTES.

(1) C'est en ce sens que J. B. Rousseau a dit dans sa belle Ode à la Fortune, en parlant de la même classe d'hommes dont il s'agit ici,

» Images des Dieux sur la terre,
» Est-ce par des coups de tonnerre
» Que leur grandeur doit éclater ?

(2) *Pasteurs de Peuples, conducteurs de Peuples, défenseurs de Peuples*, ont été les premières dénominations des chefs de Gouvernement. Ces dénominations, qui remontent à la plus haute antiquité, sont, pour le genre-humain, la première charte de sa liberté politique. Elles démontrent, sans nul appareil de raisonnement, la vérité de cette maxime fondamentale du droit des Nations, laquelle probablement ne se laissera pas plus oblitérer désormais par la rouille de l'ignorance, que par l'audace des tyrans, que *les chefs de Gouvernement sont faits pour les peuples, et non point les peuples pour les chefs de Gouvernement.*

(3) Maxime de Tyr désigne, ici, le vieux Laërte, dont il est question au chant onzième de l'*Odyssée*. Dans ce passage, les mots du texte, ἐν γυνῷ οἰνοπέδου ἀλωῆς (l'*Odyss.* porte κατὰ γουνὸν ἀλωῆς οἰνοπέδοιο) m'ont donné d'autant plus de tablature, que les traducteurs d'Homère paroissent s'être peu mis en peine de les rendre en françois. Je ne sais si je me trompe, mais, à force d'y rêver, j'ai imaginé que ἐν γυνῷ dans Maxime de Tyr, et κατὰ γουνὸν dans Homère, qui signifient littéralement, *dans le giron, dans le genou*, étoit une expression figurée, correspondante à notre locution, *dans le sein*, ou *dans les bras*, dont nous nous servons très-fréquemment en poésie.

(4) Le vers d'Homère mérite d'être cité en original; *Iliade*, chant 3, vers 179 :

Ἀμφότερον, βασιλεύς τ'ἀγαθὸς, κρατερὸς τ'αἰχμητής.

(5) *Voyez* l'*Histoire Naturelle* de Pline, liv. XXI, n°. 50.

(6) *Odyssée*, chant premier, vers 27.

(7) Si je n'ai point rendu le σοφὸς du grec par *sage*, les gens de goût en sentiront probablement la raison.

(8) *Voyez* Hérodote, liv. I, n°. 65 : Eusèbe, *Préparat. évangélique*, liv. V, n°. 27 et 28 : Théodoret, dans ses *Thérapeutiques*, liv. IX, pag. 124 : Thémistius, *Oraison* XIX, p. 225; *Oraison*, VII, pag. 99; *Oraison* XV, p. 193 : Xénophon, *Apologie de Socrate*, §. XV; et Philostrate, *Vie d'Apollonius*, liv. VIII, chap. VII.

(9) Je prends ce mot d'*artisans* dans le sens le plus étendu. J'y embrasse tous les membres de la société, qui, moyennant certain salaire, s'emploient à des services, moitié mécaniques, moitié libéraux, et qui, dans notre langue, sont distingués par diverses dénominations.

(10) Au travers des erreurs de copiste dont ce long passage est infecté, Markland a judicieusement remarqué qu'il falloit l'entendre dans le sens interrogatif, comme étant l'argumentation de Maxime de Tyr contre ses adversaires; et non pas comme le langage de Lycurgue à Apollon. Cette tournure est, d'ailleurs, non-seulement dans le style ordinaire à notre Auteur, mais encore dans celui des dialogues de Platon, son maître, qui interpelle toujours, dans ce même sens, les divers interlocuteurs qu'il y met en scène.

(11) Tyrée étoit une ville du Péloponnèse, sur les frontières de Lacédémone et d'Argos, et qui fut long-temps un sujet de guerre entre les deux États.

(12) Voici comment on raconte que Pisistrate s'y prit pour désarmer les Athéniens : « Il les invita à se rendre tous aux entours du » temple de Castor et Pollux, avec leurs armes. Ils s'y rendirent, en » effet. Pisistrate se présenta pour les haranguer, et il feignit de n'a» voir que très-peu de voix. Personne ne pouvoit l'entendre. Il se fit » inviter à entrer dans le temple, où il seroit aisément entendu de » tout le monde. Pendant qu'il parloit assez bas, et que les Athéniens » lui prêtoient une oreille attentive, ses satellites survinrent, s'em» parèrent des armes, et les transportèrent dans le temple de Minerve. » Les Athéniens, ainsi désarmés, sentirent que la foiblesse de la voix » de Pisistrate n'étoit qu'une ruse dont ils avoient été les dupes ». *Voyez* Polyœnus, *Stratagem.* lib. I, cap. XXI, II.

(13) Maxime de Tyr prend ici, et un peu plus bas, les Mèdes pour les Perses.

(14) Le texte porte à la lettre, *tout un peuple du continent*, expression par laquelle Maxime de Tyr veut distinguer les Athéniens des peuples qui habitoient des îles, comme les Éginètes, les Crétois, les Siciliens, et autres.

(15) Ovide, dans le troisième livre de ses *Métamorphoses*, fab. 7 et suivantes, parle de ce Penthée assez au long; mais il ne paroit pas le présenter comme un agriculteur.

(16) Premier Roi d'Athènes.

(17) L'Achéloüs fut le plus célèbre des fleuves de l'ancienne Grèce. Voyez *Macrob.* lib. V, cap. XVIII. Le Méandre étoit un grand fleuve en Phrygie. Ses nombreuses sinuosités ont fait proverbe chez les Latins. *Hinc obliquitates omnes Meandros appellarunt.* Voyez Calepin, *verbo Mœander.*

(18) *Odyssée*, chant IX, vers 109.

(19) Markland remarque avec raison qu'il y a, ici, une faute de ponctuation; que le sens finit après le mot ἰδονῆς; que cette phrase appartient aux détails qui la précèdent, et n'opère point transition. Elle semble, en effet, n'être que le second membre du parallèle entre la simplicité de la vie, dans l'état de nature, et le raffinement, la recherche qui sont les fruits de l'invention des arts.

(20) Cet épiphonème, si je ne me trompe, doit appartenir à cette section et la terminer, au lieu d'être le début de la suivante. Cette exclamation s'échappe, pour ainsi dire, d'elle-même, à l'aspect de la téméraire et funeste ambition des trois Républiques qui tinrent le premier rang dans la Grèce; et je m'étonne que le judicieux Markland n'ait point été frappé de la disparate que forme cette exclamation avec ce qui la suit, en la plaçant au commencement de la septième section.

(21) A la lettre, « Où trouverons-nous le visage d'or de la paix » ? Il paroit que l'or jouoit un grand rôle dans les tropes des écrivains de l'antiquité. Maxime de Tyr donne à la paix un visage d'or. Tous les poëtes donnent à Vénus la brillante épithète de πολυχρύσου, qui veut dire, *couverte de beaucoup d'or.* Tout le monde connoît l'*auream mediocritatem* de l'Ode d'Horace.

(22) Ces paroles sont empruntées du poëme d'Hésiode, intitulé, *les Œuvres et les Jours*, vers 640.

(23) « Et par conséquent nous n'y serons point tranquilles. L'emploi que l'on fait du peuplier à divers usages, nous suscitera des ennemis qui viendront nous troubler ». C'est évidemment le sens de Maxime de Tyr; et, à ce propos, Davies relève avec beaucoup de sagacité, l'erreur d'Heinsius, qui avoit cru devoir transposer les deux membres de cette phrase, et qui, en conséquence, avoit traduit, *At populis abundat Beotia, eatur ergo Ascram* : vrai contre-sens. Nous profiterons de l'occasion pour relever, de notre côté, une erreur bien plus étonnante de Formey, et qui porte jusqu'à la démonstration ce

que nous avons dit de lui, dans la Préface, qu'il n'a traduit que sur le latin d'Heinsius, sans s'embarrasser le moins du monde du texte grec; c'est qu'il n'a pas fait attention que le mot *populus* signifie *peuplier* aussi bien que *peuple;* et qu'il a rendu *populis abundat Beotia* par, *il y a trop d'habitans dans la Béotie*, au lieu de, *il y a trop de peupliers*.

(24) *Iliade*, chant second, vers 382.

(25) L'histoire ancienne, jusqu'au temps où vivoit Maxime de Tyr et au delà, est pleine de ces transmigrations de peuples. Entrainés, ou par le besoin, ou par l'ambition, quittant les lieux qui les avoient vus naitre, le fer et la flamme à la main, ils cherchoient une nouvelle patrie. Le quatrième et le cinquième siècle de l'ère chrétienne sont l'époque la plus mémorable de ce phénomène historique. C'étoit, à la la lettre, une sorte d'épidémie. Toutes les Nations septentrionales sembloient s'être donné le mot pour abandonner leurs froides régions, et se répandre dans les belles contrées du midi. Mais, depuis cette grande époque, à mesure que l'agriculture, la navigation, le commerce, ont pénétré chez les différens peuples, et s'y sont perfectionnés, le système de la propriété et le droit des gens se sont consolidés; et l'on a cessé de voirdes exemples de ces invasions féroces qui étoient un véritable fléau pour l'espèce humaine. Au reste, ce qui s'est passé dans les diverses régions du Nouveau-Monde, depuis qu'il a été découvert, n'a rien de commun avec les évènemens qui font le sujet de cette note. Des poignées d'aventuriers et de brigands qui se jetèrent sur les peuples de l'Amérique, comme les lions et les tigres de l'Éthiopie et du Sénégal se jèteroient sur les troupeaux de nos campagnes, sont hors de toute comparaison.

(26) Ce sont, à peu près, les propres termes de Thucydide, au commencement de son premier livre. *Voyez* Isocrate, dans son Oraison intitulée *Panégyrique*. Gronovius, dans ses notes sur l'*Hippolyte* de Sénèque le tragique, vers 13, donne des détails curieux sur la médiocrité du sol de l'Attique.

Paris, le 2 fructidor an VIII. (20 août 1800.)

DISSERTATION XXX.

Les Agriculteurs sont plus utiles à la République que les Militaires.

HATONS-NOUS d'aller au secours des agriculteurs, puisque, dans cette question, c'est à la raison, et non point aux armes, à décider. Dans le cas même où les armes seroient nécessaires, peut-être trouverions-nous des agriculteurs qui les manieroient avec autant de force et de courage que des guerriers de profession. Mais nous reviendrons là-dessus. Quant à présent, mettons les armes de côté, et que la raison prononce. D'ailleurs, ne nous en laissons point imposer par le témoignage d'Homère, ni de tout autre écrivain plus éloquent que lui. S'il le falloit, nous irions nous-mêmes chercher sur l'Hélicon un autre poëte, qui n'a pas moins de réputation qu'Homère, et qui accuse ceux des hommes de l'antiquité, « Qui les premiers fabriquèrent le funeste glaive pour brigander » sur les chemins ; qui les premiers se nourrirent du » bœuf qui labouroit leurs sillons (1) ». Car il n'y a qu'un homme plus ennemi de la vie de ses semblables que la guerre même, qui puisse louer de telles actions. Lorsque, d'ailleurs, la guerre n'est point injuste, on ne peut que gémir de ce qu'elle est nécessaire (2).

II. Voici le point-de-vue sous lequel nous allons envisager cette nécessité. Les hommes sont les uns bons, les autres méchans. Or, les bons se font-ils la guerre entr'eux ? Nullement. Ayant les mêmes principes et les mêmes intentions, où seroit pour eux le besoin de se faire la guerre? Mais les méchans font la guerre, et aux gens-de-bien, et aux méchans qui leur ressemblent. Car ils n'ont ni les principes, ni les intentions des gens-de-bien; et, entr'eux-mêmes, ils ne s'accordent pas sur ce point. Les plus foibles d'entr'eux se mettent en état de guerre, pour s'élever au niveau des autres, et les plus forts, dans la vue de prédominer. C'est fort bien. Voilà donc trois classes d'individus bien distinctes, dont l'une, celle des gens-de-bien, est toujours en bonne intelligence, en paix avec elle-même. Les deux autres sont en état de guerre, tantôt l'une contre l'autre, tantôt contre la classe des gens-de-bien. D'où il paroît que la guerre est une affaire de nécessité pour les gens-de-bien, et de spontanéité pour les méchans. Mais pourquoi nous occuper des méchans? Nous n'avons pas à craindre que personne leur fasse l'honneur de les louer. Puis donc que les gens-de-bien ne se mettent point en état de guerre, de leur gré, mais parce que la nécessité les y force; et que, semblables à Hercule, ils contraignent tous les méchans à respecter les règles de la justice, ou qu'ils les traitent, s'ils en sont attaqués, comme les Grecs traitèrent les Mèdes; que préféreroient-ils, ou d'être délivrés de cette nécessité de combattre, et de perdre en même temps le talent de faire usage de leurs armes, ou bien de rester dans la nécessité de s'en servir sans en avoir l'intention? Quant à moi, je pense que de ces deux choses, ils préféreroient la première. Car les médecins, s'ils avoient de la probité et de la philantropie, feroient des vœux pour l'abolition de leur art, si cette abolition devoit entraîner celle de toutes les maladies.

III. Nous examinerons, à présent, s'il en est de l'agriculture, à l'égard de ces trois classes d'individus, comme du métier de la guerre. Les hommes travaillent la terre, les uns à bonne fin, les autres à mauvaise fin ; les premiers n'envisagent que le besoin qu'ils ont des fruits qu'elle donne, les autres que l'avantage d'amasser du bien. Sur ce pied-là donc, l'agriculture n'a pas pour but, des deux côtés, de produire les choses nécessaires à la vie. Mais, si, de ce qu'elle est commune aux gens-de-bien et aux méchans, il s'ensuivoit que l'état de guerre fût également commun aux uns et aux autres, nous aurions à craindre de nous être trompés, sans nous en apercevoir, dans l'objet de ce discours, et d'avoir comparé, non pas la guerre à l'agriculture, mais la probité à la méchanceté. Supposons-les donc l'un et l'autre gens-de-bien, et celui qui se livre au métier de la guerre, et celui qui s'adonne à l'agriculture ; le premier, par la nécessité où il est de se défendre ; le second, par le besoin qu'il a des fruits de la terre : considérons-les l'un et l'autre sous ce point-de-vue. Mais que disons-nous ? S'ils sont l'un et l'autre également gens-de-bien, également amis du *Beau* moral, ils méritent les mêmes éloges, ils ont les mêmes droits à ce que nous leur décernions la palme. Voulez-vous donc que, mettant de côté la qualité de gens-de-bien de l'un et de l'autre, et les supposant tous les deux méchans, nous les considérions sous ce nouveau rapport ? Mais, sur ce pied-là encore, la méchanceté étant égale des deux côtés, ils ne méritent, ni l'un ni l'autre, d'être loués. Voulez-vous donc que je vous indique le moyen de vous tirer d'affaire, dans cette question ? Le voici : j'apprends par l'inspiration de l'âme, pour parler le langage de Platon, qu'il est une classe d'hommes qui n'ont, ni fait de très-grands progrès dans la vertu, ni pris l'habitude de porter la méchanceté à son dernier terme; qui professent, d'ailleurs, des opinions droites et saines; et qui, avec une éducation libérale, tiennent une conduite conforme aux lois. Divisons donc en deux cette classe d'hommes; livrons les uns à l'agriculture, les autres à l'art militaire, comme une espèce amphibie, placée dans le lieu intermédiaire qui sépare la vertu et la méchanceté; nous les examinerons les uns et les autres, et selon la nature des choses, pour lesquelles ils ont le plus d'inclination et de goût, nous verrons vers lesquelles de ces choses ils ont plus de disposition à se porter. Voici notre marche.

IV. Le plus grand des maux pour l'homme, c'est d'avoir des désirs déréglés. Quelle est celle des deux, de la guerre, ou de l'agriculture, qui est la plus propre à exciter ce genre de désirs? Or, l'une est, de sa nature, d'une prodigalité de consommation qui n'a point de bornes; l'autre est naturellement frugale. La première est la guerre, la seconde l'agriculture: l'une, la guerre, est susceptible de beaucoup de modifications: l'autre, l'agriculture, a pour apanage la simplicité. L'une est toujours accompagnée d'incertitude et de chances obscures; au lieu que chacun sait à quoi s'en tenir sur le compte de l'autre. Car, qu'y a-t-il de moins facile à prévoir que les événemens de la guerre? Le travail agricole, au contraire, a des résultats d'une solide probabilité. La guerre ne fait que devenir plus audacieuse et plus téméraire par ses succès. L'agriculture s'améliore et se perfectionne par les siens. D'ailleurs, si la fougue, l'emportement, naturels à l'homme, sont pour lui un mal qui a un grand besoin du frein de l'éducation, est-il rien qui soit plus propre à les exciter que la guerre et le métier des armes ? Qu'y a-t-il, au contraire, qui donne plus de sang-froid et moins d'irascibilité que l'agriculture ? Le même contraste existe entre l'une et l'autre, à l'égard des autres qualités morales. Et d'abord, pour ce qui concerne la tempérance : si le militaire est vigoureusement constitué, il en est plus impétueux pour les *voluptés* ; s'il est lâche, il se laissera vaincre par elles plus facilement ; s'il est de foible complexion, il s'y abandonnera avec plus de gaîté de cœur ; et s'il a du goût pour les jouissances, il ne saura point s'en rassasier. L'agriculteur, au contraire, s'il est robuste, s'occupera plus du produit de ses terres, qu'il ne s'occupera de ses *voluptés* ; s'il est foible de tempérament, il se ménagera davantage, pour l'intérêt de sa santé ; s'il est pusillanime, les amorces de la *volupté* auront moins de facilité à le séduire ; et s'il se sent du penchant pour elle, il se tiendra d'autant plus sévèrement sur ses gardes (3). Considérons-les sous le rapport de la justice. La guerre enseigne à braver toutes les lois : l'agriculture à les respecter toutes. Dans le métier de la guerre, on est avide ; on ne désire que de s'emparer du bien d'autrui ; et l'on n'a jamais plus haute opinion de soi-même, que lorsqu'on a fait le plus de mal, et qu'on est le mieux parvenu à son but. Dans l'agriculture, au contraire, on reçoit en proportion de ce que l'on donne : tout s'y passe sous les auspices de l'équité. Vous soignez une plante ; vos soins vous sont payés par ses fruits. Vous soignez vos champs ; la moisson en est abondante. Vous soignez vos vignes ; vous faites

beaucoup

beaucoup de vin. Vous soignez vos oliviers, vous récoltez beaucoup d'huile. L'agriculteur n'inspire de la terreur à personne. Il n'est l'ennemi de personne; il est l'ami de tout le monde. Étranger au sang et au meurtre, il est plein de respect et de religion pour Jupiter (4), pour Bacchus (5), et pour la Déesse à laquelle on offre des sacrifices avant les semailles, et avant de battre le froment dans l'aire (6). Elle aime l'égalité démocratique. Elle a en horreur l'olygarchie, et sur-tout la tyrannie. Ni Denis de Syracuse, ni Phalaris ne sont ses enfans. Ce sont les armes qui en ont fait des tyrans.

V. D'un autre côté, lesquels sont les plus propres des agriculteurs ou des militaires, à figurer dans la célébration des fêtes, des mystères, des solennités? Les militaires n'y jouent-ils point un rôle grossier, et les agriculteurs n'y jouent-ils point le leur à merveille (7)? Les militaires ne paroissent-ils pas étrangers aux mystères, tandis que les agriculteurs semblent très-familiers avec eux? Dans les solennités, les premiers ne se font-ils pas redouter par leur turbulence, et les autres n'y sont-ils pas singulièrement paisibles? Il me paroît même qu'il n'y a que les agriculteurs qui aient pu, dans le principe, avoir l'idée d'établir des fêtes en l'honneur des Dieux. Ils sont, en effet, les premiers qui ayent imaginé de danser, autour du pressoir, en l'honneur de Bacchus; de célébrer, dans l'aire, des réjouissances en l'honneur de Cérès (8); de rendre à Minerve de solennelles actions de grâces pour leur avoir donné l'olive; et d'offrir les prémices des fruits de la terre aux Dieux dont ils étoient le bienfait. Il est probable que les immortels accueilloient plus favorablement ces offrandes, que la dixième portion que leur présentoient Pausanias et Lysandre des dépouilles de leurs ennemis (9). Ces oblations des guerriers, ces actes de religion ont leur source dans les malheurs de l'espèce humaine. Les agriculteurs, au contraire, n'adressent aux Dieux que des vœux philantropiques; ils ne leur présentent que des sacrifices louables (10), les fruits de leurs propres labeurs, qui ne coûtent ni désastres, ni calamités.

VI. S'il faut, à présent, les considérer sous le rapport de l'objet spécial de leurs travaux et de leur talent, examinons-les l'un et l'autre sous ce nouveau point-de-vue. En quoi consiste celui du militaire? A surveiller la bonne tenue des chevaux et des hommes, la chose du monde la moins agréable et la plus maussade (11). Celui de l'agriculteur consiste, au contraire, à être à l'affût des Pleïades filles d'Atlas, à épier l'époque de leur lever, pour commencer la moisson, et celle de leur coucher, pour commencer les semailles. Il s'occupe de la marche des saisons, du cours de la lune, du lever des astres, de la mesure de la pluie et de la périodicité des vents. S'il faut les considérer sous le rapport des forces physiques, et de la vigueur dans les travaux, nous verrons que les militaires ont peu d'occasions de se livrer à des travaux pénibles (12), au lieu que ces travaux sont continuels pour l'agriculteur. Il est toujours en plein air. Il supporte les ardeurs du soleil. Il est accoutumé à la neige, à la gelée. Il va nu-pieds; il fait lui-même sa besogne. Il dort peu. Il est aussi leste à la course que robuste sous les fardeaux; et s'il arrive qu'il faille en venir aux mains avec quelque ennemi, vous verrez un soldat exercé aux plus rudes fatigues, comme l'éprouva Darius dans la plaine de Marathon.

Les forces des Athéniens n'étoient alors composées ni d'infanterie (13), ni d'archers, ni de cavalerie, ni de vaisseaux. Les Athéniens n'étoient distingués, sous les armes, que par tribus (14). Au bruit de l'arrivée de la flotte des Barbares, et de l'invasion de la campagne de Marathon, les cultivateurs accoururent de leurs champs, dans le même attirail avec lequel ils avoient accoutumé de s'y rendre (15), armés l'un d'une bèche, l'autre d'un soc, un troisième d'une faux. O la belle armée, qui combattoit pour conserver le fruit de ses labeurs, et qui ne respiroit que l'amour de la liberté! O courageux, ô intrépides enfans de la terre et de l'agriculture, quels éloges ne dois-je pas donner à cette énergie et à ces armes, avec lesquelles vous avez combattu pour ces champs qui vous appartenoient, pour ces vignes que vous aviez travaillées, pour ces oliviers que vous aviez plantés! Du champ de bataille vous êtes retournés à vos labours; de soldats vous êtes redevenus agriculteurs, comme d'agriculteurs vous êtes devenus des héros! O l'admirable métamorphose!

VII. Quoi! les Perses se font accompagner aux combats par leurs concubines (16), afin que le péril de ce qui leur est le plus cher, leur inspire plus de bravoure; et un cultivateur ne se battroit pas avec intrépidité, pour ce qu'il a de plus précieux, pour ses vignes qui seroient arrachées, pour ses oliviers qui seroient détruits, pour ses moissons qui seroient incendiées! Comparez avec cette milice d'Athéniens les autres armées du même Peuple. Vous y verrez plus de soldats, mais moins de vainqueurs : des soldats, mais des mercenaires : des soldats, mais formés à couvert de l'intempérie des saisons : des soldats, mais abandonnés à toute sorte de débauche; qui se laissent et battre en Sicile, et faire prisonniers sur l'Hellespont. Lisez l'*Histoire des Perses*; et vous me direz que ce fut à l'agriculture qu'ils dûrent leur supériorité dans le métier des armes. A quelle époque de l'antiquité, les Mèdes furent-ils subjugués par les Perses? Lorsque les Perses étoient encore cultivateurs, et que les Mèdes étoient guerriers, Cyrus marcha contre ces derniers à la tète d'une armée exercée aux fatigues dans l'âpre contrée de *Pasargade*, et composée de soldats accoutumés à tout faire de leurs propres mains. Mais, du moment que les Perses cessèrent d'être cultivateurs, du moment qu'ils abandonnèrent les travaux rustiques, la charrue, et la faucille; leur vertu guerrière disparut en même-temps.

NOTES.

(1) Ce passage est emprunté du poëme d'Aratus, intitulé les *Phénomènes*, vers 181, et suivans. Maxime de Tyr n'est pas le seul des anciens qui ait eu une haute idée de ce poëte. Cicéron fit tant de cas de son ouvrage, qu'il le traduisit en vers, dans sa propre langue. Hommage bien rare chez les anciens. Au sujet de ce passage, Heinsius parle d'une ancienne Reine de l'île de Cypre, dont on cite trois lois remarquables; la première, qui condamnoit à avoir les cheveux coupés, et à être abandonnée au métier de courtisane, la femme convaincue d'adultère; la seconde, qui condamnoit les suicides à être jetés à la voirie; la troisième, qui défendoit, sous une peine qu'on ne dit pas, de tuer le bœuf qui avoit servi au labourage. On rapporte que cette Reine eut une fille et deux fils, qui subirent tour-à-tour les peines portées par les lois de leur mère; et que les Cypriens, touchés de son malheur, lui consacrèrent ce vers:

Σοφὴ μὲν ἤμην, ἀλλὰ πάντα οὐκ εὐτυχής.

(2) Les Romains, qui devinrent, par la guerre, le premier peuple de l'univers, tenoient pour maxime fondamentale, que *la guerre est juste, lorsqu'elle est nécessaire*. A-la-bonne-heure; mais cette nécessité, de quels élémens se composera-t-elle, et où sera l'oracle chargé d'en

déterminer les cas ? En effet, si vous laissez chacun juge en sa propre cause, la maxime, toute belle qu'elle est, ne produira rien. Elle n'empêchera pas qu'à la longue tous les peuples de la terre ne deviennent la proie d'un seul. En général, ce n'est pas par le défaut de sains et de vrais principes, que pèchent les peuples, non plus que les individus. C'est par le défaut de justesse et de bonne-foi dans les applications. Tout est-là ; et tant qu'on ne trouvera pas un moyen coërcitif, moral ou physique, supérieur à l'effort des passions humaines, capable, par lui-même, d'assurer l'application des principes de la sagesse et de la justice, on aura beau étaler les plus pures théories ; la condition de l'espèce humaine n'en deviendra pas meilleure.

(3) Davies et Markland ont judicieusement remarqué que ce passage est rempli d'incorrections ; et je les ai suivis dans leurs conjectures sur la restauration matérielle du texte. Quant au sens, je me suis permis d'avoir aussi ma conjecture particulière ; et, si j'ai réussi à faire disparoître les incongruités reprochées, ici, à Maxime de Tyr, à-la-bonne-heure. Notre philosophe avoit l'intention de comparer le militaire et l'agriculteur sous le rapport de la tempérance, c'est-à-dire, des jouissances physiques. C'étoit donc sur ces jouissances physiques, comme sur un point fixe, que devoient rouler tous les traits dont il forme son tableau de comparaison. C'est ce que j'ai pensé ; et, en traduisant dans ce sens, j'ai vu s'évanouir toutes les inconvenances que présente le passage, dans tout autre sens. Au demeurant, qu'on prenne la peine de conférer ma version avec celle de Formey, ou avec celle d'Heinsius, et l'on jugera.

(4) Si j'ai rendu le θέος ἐπικάρπιος du texte par *Jupiter*, c'est que j'ai trouvé dans Hésychius, sous le mot ἐπικάρπιος, que Jupiter portoit ce nom dans l'Eubée : Ζεὺς ἐν Εὐβοίᾳ.

(5) C'est également sur la foi du même Lexicographe que j'ai rendu ἐπιληναίων par *Bacchus*. Sous le mot Ληναῖος j'ai trouvé Διόνυσος pour synonyme ; et sous le mot ἐπὶ Ληναίῳ, j'ai appris qu'il existoit à Athènes un lieu de ce nom, Λήναιον, ayant une grande enceinte, dans laquelle étoit bâti le temple de Bacchus, et où l'on célébroit les jeux qui lui étoient consacrés, à l'époque où le théâtre qui y servit dans la suite, n'étoit pas encore construit. La XXVIe. des Idylles de Théocrite est intitulée Ληναὶ ἢ Βάκχαι, parce que le poëte y décrit la mort tragique de Penthée, Roi de Thèbes, déchiré par des Bacchantes, pour avoir eu l'indiscrète curiosité d'assister clandestinement à leurs orgies. Parmi les divers noms de Bacchus qu'Ovide a recueillis dans les premiers vers du quatrième livre des *Métamorphoses*, se trouve celui de *Lenæus*, en ces termes :

Et cum Lenæo genialis consitor uvæ.

Aristophane fait mention de ce même nom de Bacchus, dans le 503e. vers de ses *Acarnaniennes;* et son *Scholiaste* nous apprend, au sujet des mots ἐπὶ Ληναίῳ τ᾽ἀγών, que les jeux en l'honneur de Bacchus étoient célébrés deux fois l'année, la première fois, au printemps, et dans la ville, à l'époque où l'on apportoit les contributions à Athènes; la seconde fois, dans les champs.

(6) Cérès est, je pense, assez clairement désignée par les circonstances des sacrifices dont il est ici question, et auxquels j'ai conservé, autant que je l'ai pu, la physionomie de l'Onomatopée.

(7) Maxime de Tyr, lorsqu'il écrivoit ceci, devoit avoir sous les yeux l'inverse de ce qui existe aujourd'hui, du moins chez le peuple François. Les militaires, en général, y sont plus ou moins familiarisés avec les idées libérales, tandis que, dans la plupart de nos campagnes, on trouveroit ceux qui les cultivent, bien moins avancés de ce côté-là. Faisons remarquer, en passant, que Formey a rendu le *miles inelegans*, d'Heinsius, par ces mots : « Le soldat est un vrai trouble-» fête »; ce qui me paroît aussi éloigné de la version latine que du texte grec ὁπλίτης ἄμουσος.

(8) Quoique Servius, dans ses *Scholies* sur Virgile, ait observé que le mot *orgie* étoit une expression générique, propre à toutes les espèces de fête en usage chez les Anciens, en l'honneur des Dieux, quels qu'ils fussent; néanmoins ce mot a reçu dans notre langue une telle teinte de défaveur, que je n'ai pas osé l'appliquer aux fêtes de Cérès.

(9) C'étoit un usage très-ancien d'offrir aux Dieux la dîme du butin, fait à la guerre, contre les ennemis. Témoin Harpocration et Suidas sur le verbe Δεκατεύειν. Pausanias et Lysandre s'acquittèrent de ce devoir sacré, après avoir vaincu, le premier, Mardonius, le second, les Athéniens. Voyez *Hérodote*, liv. IX, n°. 80; Plutarque, *Vie de Lysandre;* et Jean Selden, *de Decimis*, cap. 3.

(10) Heinsius a traduit εὔφημοι αἱ θυσίαι par *religiosissimæ victimæ.* Il m'a paru que *religiosissimæ* n'étoit pas le mot dans le sens de Maxime de Tyr. J'ai consulté Hésychius, et sous le mot εὔφημα, j'ai trouvé καλά, ἱκανά: d'où j'ai conclu qu'en opposant les offrandes des guerriers à celle des agriculteurs, notre philosophe a voulu dire que celles de ces derniers se composoient d'objets d'une nature appropriée à leur emploi.

(11) J'en demande pardon à Maxime de Tyr, mais son raisonnement me paroît pécher, ici, par le vice, qu'on appèle, en termes de l'école, *le dénombrement imparfait.* Les fonctions militaires ont un cercle plus étendu que celui dans lequel notre philosophe les restreint, ici. Au surplus, notre Auteur se permet trop souvent, sans doute, cette espèce de sophisme; et ce défaut lui est commun avec presque tous les Rhéteurs de l'antiquité.

(12) En temps de paix, à-la-bonne-heure. Mais en temps de guerre? Voilà encore le vice du *dénombrement imparfait*.

(13) J'ai rendu le mot ὁπλιτικὸν par *infanterie*; d'abord, parce qu'*infanterie* m'a paru convenir, ici; et d'un autre côté, parce que dans le *Pollux* de Lederlin et d'Hemsterhuis, lib. I, cap. X, n°. 130, j'ai trouvé une note du docte Kühnius, en ces termes, ὁπλῖται *pedites dicuntur*.

(14) On sait que dans les anciennes Républiques, les Citoyens, c'est-à-dire, ceux qui avoient le droit de Cité, étoient distribués en certain nombre de classes, dont la dénomination varioit. A Athènes, les Citoyens furent distribués, par Solon, si je ne me trompe, en *onze tribus*.

(15) Cette phrase renferme un participe, qui est devenu un sujet de controverse entre deux critiques. Heinsius a lu ὀργιζόμενοι, et a traduit, en conséquence, (*milites*) *qui iras alerent non contemnendas*. Markland a pensé que c'étoit retrancher une des finesses de l'idée de Maxime de Tyr, et qu'il falloit lire, ἐργαζόμενοι. A son avis, notre Auteur a voulu dire que, dans cette circonstance critique, les cultivateurs Athéniens n'avoient pas eu le temps de s'armer comme des soldats, et qu'ils étoient accourus, en hâte, s'opposer aux progrès des Perses déjà débarqués, avec le même attirail que lorsqu'ils partoient pour aller aux champs, faire leur journée. Ce qui m'a décidé pour cette opinion, déjà plausible par elle-même, c'est le détail des instrumens d'agriculture avec lesquels Maxime de Tyr fait accourir les Athéniens.

(16) *Vide Brissonium, Regn. Pers.* lib. III, cap. XLIII, p. 692.

Paris, le 7 fructidor an VIII. (25 août 1800.)

DISSERTATION XXXI.

Les meilleures occupations libérales sont celles dont les principes concordent avec les principes des bonnes mœurs (1).

Un Barbare de la Scythie vint de ce pays-là en Grèce. C'étoit un sage, non de cette sagesse féconde en paroles et en bavardage. La sienne consistoit principalement dans des mœurs régulières, et des opinions saines. Dans son langage, il étoit concis; il alloit droit à son but; semblable, non à cette soldatesque mercenaire, qui va son train étourdîment et sans précaution, mais à ces troupes qui ne s'avancent qu'avec lenteur, et ne se meuvent qu'après avoir calculé leur marche. Ce sage vint à Athènes. Il n'y rencontra personne de ce dernier caractère. Mais Anacharsis vit beaucoup d'étourdis, et ne trouva que sujets de blâme dans leur conduite et dans le défaut d'assiette de leur esprit (2). Il se mit à faire le tour de la Grèce, cherchant une sagesse stable et solide. La trouva-t-il ailleurs? Je n'en sais rien. Mais, dans une très-petite ville nommée Chènes, il rencontra un homme de bien appelé Myson. Or, ce Myson (3) avoit toutes les qualités nécessaires pour bien administrer sa maison, pour cultiver ses champs avec intelligence, pour faire régner les bonnes mœurs dans son ménage, et pour donner une éducation libérale à ses enfans. Le Scythe, on hôte, n'en demanda pas davantage. Il ne chercha plus cette sagesse qui n'abonde qu'en vains discours, satisfait du tableau qu'il avoit alors sous les yeux, et qu'il contemploit à son aise. Lorsqu'il en eut assez joui, Myson de Chènes lui dit : « Anacharsis, ce sont » ces choses-là qui me donnent, auprès des hommes, » je ne sais pourquoi, une réputation de sagesse. Mais, » si j'obtiens le titre de sage pour me conduire ainsi, » quelle sera donc la conduite de ceux auxquels ce » titre sera refusé » ? Anacharsis ne se lassoit point d'admirer, chez son hôte Grec, l'activité domestique, et la sobriété de discours.

II. Le langage des disciples de Pythagore étoit semblable à celui des lois, court et succinct. D'ailleurs, leur activité se soutenoit long-tems, presque sans relâche. Nuit et jour, ils tenoient leur âme en haleine, sans lui permettre un seul instant de paresse ou d'oisiveté. De même que dans une pièce de musique, la plus légère omission en fait disparoître la beauté, et en détruit l'harmonie; de même, dans le cours de la vie, qui doit avoir son harmonie et son ensemble, si l'on ne veut point que cet ensemble et cette harmonie soient rompus, si l'on ne veut point avoir parcouru une carrière inutile, il doit exister de l'accord entre les actions et les discours. Il ne faut ni condamner ses actions à une obscurité complète, ni que les discours débordent au-dessus des actions, comme un fluide au-dessus des bords d'un vase trop étroit pour le contenir (4). Mais les uns et les autres doivent être subordonnés à une égalité de mesure et de proportion. Celui donc qui aime un semblable accord, et qui désire faire du bruit par le récit de ses actions, sera-t-il jamais honorablement considéré pour son bien dire (5)? Tant s'en faut, à mon avis. Car personne ne s'avisera de faire consister le bonheur du paon, (celui des oiseaux le plus agréable à voir) dans la beauté de son plumage, qui ne contribue point à lui donner ce qui fait le mérite des oiseaux (6), un vol agile. Nous admirons aussi le chant du rossignol, sous le rapport de l'oreille. Mais ce ramage, qui fait notre charme, ne lui est d'aucune ressource dans le danger.

III. Lorsqu'on entend le cri de l'aigle, ou le rugissement du lion, on distingue, par l'impression de l'ouïe, la force de l'animal qui l'a produit. Mais, si les discours des hommes ne sont pas moins propres à faire apprécier celui qui les tient, que ne le sont le cri de l'aigle et le rugissement du lion, à l'égard de ces animaux, n'est-ce pas la peine de rechercher, à l'aide de l'ouïe, si ce qui la frappe, émane ou du rossignol, au gosier foible et éphémère (7), ou de l'aigle, ou de tout autre animal robuste et plein de vigueur? Cependant ce Zopire, dont on parle (8), avoit le talent de connoître la moralité des individus, en jetant seulement les yeux sur les empreintes extérieures du corps (9); et il tiroit, d'après ce qu'il voyoit, l'horoscope de l'âme, d'ailleurs incertain. Car, qu'y a-t-il de commun entre le corps et l'âme, sous le rapport d'une pareille identité (10)? Mais, s'il est possible de fonder des pronostics, à cet égard, sur des signes solides et exempts d'obscurité, il faut abandonner aux yeux tout ce qui regarde les rapports des couleurs, des formes, des plaisirs ou des déplaisirs qui en proviennent; et chercher, dans ce qui est du ressort des oreilles, les élémens de la connoissance du cœur humain; bien entendu que ce ne sera point d'après les principes vulgaires, qui n'exigent dans celui qui parle, pour en faire l'éloge, qu'une langue bien pendue, de la volubilité, l'accent attique (11), des périodes bien arrondies, et une harmonie constante; toutes choses qui, selon un poëte, dans une de ses pièces en l'honneur des fêtes de Bacchus, ne sont que *du grapillon, du babil, du gazouillis d'hirondelle, la honte de l'art* (12).

IV. En quoi consiste donc le *Beau*, dans le discours? Quelqu'un me répondra-t-il : « Ne me le de-
» mande point encore. Tu le verras, quand tu pour-
» ras. Car le moyen de donner au Cimmérien (13) une
» idée de la beauté du soleil; à celui qui ne s'est jamais
» embarqué, l'idée d'une tempête sur mer; à Épicure,
» l'idée de Dieu? La science de semblables choses,
» tu ne l'acquerras point par une simple narration de
» la bouche d'un autre. Il faut pouvoir y mettre du
» tien. Tant que cette ressource te manquera, ton ju-
» gement errera, nécessairement, dans l'incertitude
» et le vague ». Tandis que le voyageur contemple sous divers rapports les productions de la Nature, l'agriculteur les apprécie sous leur véritable point-de-vue. Le premier loue tantôt la fleur des plantes, tantôt leur taille, tantôt leur ombrage, tantôt leur couleur; l'agriculteur en loue l'utilité et le fruit qu'on en retire. Si donc quelqu'un ne donne à un discours qu'il entend que la même mesure et le même genre d'attention que donne un voyageur aux plantes qu'il rencontre sur son chemin, à Dieu ne plaise que je trouve mauvais le plaisir qu'il éprouve à en faire l'éloge. Mais, s'il se conduit en pareille matière, comme l'agriculteur envers les plantes, je n'admettrai ses éloges que lorsqu'il m'aura montré et développé l'usage que l'on peut faire de ce qu'il loue.

V. Répondez; quels fruits avez-vous distingués dans les choses qui sont du ressort du discours? Quels fruits en avez-vous recueillis? En quoi consistent-ils?

Les avez-vous mis à l'épreuve ? Avez-vous recherché s'ils ont la maturité nécessaire, s'ils sont capables de produire d'autres fruits ? Votre âme y a-t-elle gagné quelque chose d'utile et de profitable ? Quoi donc (14) ! La poire mûrira, à côté de la poire qui fleurit, la pomme atteindra sa maturité, à côté de la pomme en fleur ; il en sera de même du raisin, à côté du raisin, de la figue, à còté de la figue (15) ; et les choses qui sont du ressort du discours, n'auront qu'une existence éphémère ; leurs fruits n'auront ni germe, ni substance nourricière ; ils ne seront point appropriés à l'âme, « mais ils glisseront par-dessus comme de » l'huile (16) » ! Parlez-moi de ce genre d'agriculture, et laissez-là vos éloges. Car il n'y a nulle utilité dans ce qui en fait la matière ; la cause m'en devient suspecte ; celui qui les donne m'inspire de la commisération ; et je les condamne comme répréhensibles. De pareils éloges sont le langage ordinaire de ces parties de l'âme (17), livrées à l'intempérance ; incapables d'un jugement sain ; jouet naturel des illusions : « Il » est dans l'ordre que les Troyens et les Grecs éprou- » vent de longs malheurs pour une semblable fem- » me (18) ». Vous voyez par où pèche un pareil éloge, qui met en balance une femme adultère (19) seule, et la volupté qu'on peut trouver auprès d'elle, avec les malheurs des Grecs et des Troyens. C'est également par-là que pèchent les éloges de ceux qui, entendant des choses contraires aux bonnes mœurs, n'aperçoivent point ce qu'elles ont de fallacieux (20), se passionnent pour ce qu'elles ont d'agréable, et se laissent bientôt entraîner, sans qu'ils s'en doutent, par des impressions quotidiennes : semblables à des navigateurs, qui, n'ayant point un vent favorable, pour les conduire à leur véritable destination, abandonnés aux tranquilles courans d'une mer calme, sont jetés sur des plages désertes, ou contre des rochers dangereux. De là, ils sont insensiblement amenés par l'ignorance, et ultérieurement par l'amour de la volupté (choses bien plus désertes que toutes les plages, et bien plus dangereuses que tous les rochers) à aimer leur erreur, et à se complaire dans les séductions dont leur âme est la dupe; à l'exemple des fébricitans, qui mangent et boivent, contre les règles de la médecine; et qui, quoiqu'ils aggravent ainsi leurs souffrances et leur maladie, aiment mieux rester malades sans rien refuser à leur appétit, que recouvrer leur santé par les privations et par l'abstinence (21). Il est néanmoins d'adroits médecins, qui savent ménager à leurs malades quelques courtes jouissances, au milieu même de l'âpreté des médicamens. Mais ce ne seront ni Esculape, ni ses disciples, qui dispenseront les voluptés de la table, et toutes celles du même genre. C'est l'affaire des cuisiniers. Or, en matière de discours, les principes contraires aux bonnes mœurs ne sont pas plus recommandables, que ne le sont les saveurs les plus propres à flatter le palais et le goût (22). Car, si l'on retranche ce qui est utile en cette matière, et qu'on ne s'attache qu'à l'agrément, c'est tomber dans le grave inconvénient de donner une égale liberté, d'assurer une égale considération, aux principes du désordre et de la licence, qui, transmis par la *volupté*, pénètrent dans l'âme par les *sens* (23).

VI. Mais abandonnons aux jouissances de la table et de la sensualité, ces serviteurs perfides des plus grossiers appétits (24). Il nous faut, à nous, un genre de discours élevé, mâle, énergique, qui transporte avec lui l'âme dans les régions supérieures, au-dessus de la terre, et de toutes les impressions qu'elle y reçoit de *volupté*, de désir, d'ambition, d'amour, de colère, de douleur et d'ignorance (25); toutes choses, auxquelles doit se rendre inaccessible le véritable orateur, qui ne professe que le langage de la philosophie, qui est ennemi de l'inertie, de la pusillanimité (26), de l'enluminure oratoire, et qui ne se borne point à défendre devant les tribunaux des causes douteuses; mais qui, mis à contribution dans toutes les circonstances, se montre plein de prudence, dans les délibérations politiques; se constitue l'avocat du bon droit, devant les cours de justice; s'entoure de décence et de dignité dans les assemblées solennelles (27); se fait juger habile maître, en présence de ses disciples. Il ne parle, ni de Thémistocle qui n'est plus, ni des Athéniens d'autrefois, ni d'un grand capitaine qui n'exista jamais. Adultère, il ne déclame point contre les adultères. Impudique, il n'invective point contre l'impudicité. Il s'affranchit de ces passions, afin d'accuser le vice avec le langage de la vérité. Tel est l'athlète, formé dans l'arène de la vertu. L'adulation n'infecte point ses discours. Ils sont basés sur des principes sains, et capables d'entraîner, par la force de la persuasion, tous ceux dont ils frappent les oreilles.

VII. Si, d'ailleurs, pour obtenir de semblables résultats, nous avons besoin de la *volupté* pour auxiliaire; que ce soit une *volupté* à la Tyrtée (28), telle que celle d'une trompette qui fait retentir les accords de l'harmonie au milieu des bataillons, et qui excite les courages. Nous avons besoin d'une *volupté*, qui soit de nature à se concilier avec la majesté du discours, et qui ne le dégrade point; d'une *volupté*, dont la vertu ne dédaigne point de faire sa compagne-d'armes. Tout ce qui est *beau* de sa nature, doit avoir toujours pour cortège les Grâces, les charmes, les agrémens, l'hilarité, et tous les attributs de ce genre. C'est ainsi que le firmament n'est pas seulement *beau*, mais qu'il est encore le plus *beau* des spectacles, de même qu'une mer couverte de vaisseaux, de même que des champs couverts de moissons, de même que des montagnes couvertes de bois, de même que des prés remplis de fleurs, et des ruisseaux qui roulent leur crystal. Achille aussi étoit une des plus *belles* choses à voir, (et comment en eût-il été autrement?) non à cause du blond de sa chevelure; car le jeune Euphorbe étoit aussi blond que lui. Mais ce qui donnoit un si grand éclat à la *beauté* d'Achille, c'étoit l'éclat de ses talens guerriers. Le Nil aussi est un des fleuves les plus *beaux* à voir. Mais ce n'est point à cause de son volume d'eau, car il y en a un pareil dans le Danube. C'est que le Danube n'offre point, comme le Nil, l'image de la fécondité. Le Nil est une des plus *belles* choses.... Mais comment oser ne pas faire attention qu'il est un Dieu (29), et oser mêler à sa renommée des rapports de *volupté*? Sans doute, à l'aspect des statues de Phidias, j'éprouve une sensation de *volupté*; et je loue l'artiste. J'en éprouve une aussi, à la lecture des ouvrages d'Homère, mais je ne loue le statuaire et le poëte que sous les rapports de recommandation qui leur appartiennent. Je ne pense pas qu'Hercule même ait vécu sans jouir, sans goûter de quelque *volupté*; et je n'en crois pas Prodicus (30) en tout point. Car il est pour l'homme des *voluptés* faites pour le délasser des travaux que lui coûte la vertu; non des *voluptés* qui tiennent au *corps* et aux *sens*, mais des *voluptés* dont le germe naît avec nous, dont le siége est au-dedans de nous; celles qu'éprouve l'âme lorsqu'elle est accoutumée à savourer le *Beau*, dans les actions, dans les occupations libérales, dans les discours. Tel Hercule marchoit au bucher. Tel Socrate restoit dans sa prison, décidé à subir son jugement (31), *et à boire la ciguë* (32). Comparons cette coupe de Socrate à celle d'Alcibiade (33). Lequel des deux but avec plus de gaîté de cœur, ou Alcibiade son vin, ou Socrate son poison?

NOTES.

(1) Aucun des interprètes latins n'a rendu le vrai sens du titre de cette Dissertation. Pacci a traduit, *Sermones optimos esse qui operibus consonent*. Heinsius n'a fait que copier Pacci, *Solos sermones qui operibus respondent, esse optimos*. La matière, que Maxime de Tyr a spécialement traitée dans cette Dissertation, auroit dû leur faire sentir que le mot λόγοι, ne pouvoit pas être rendu, ici, par *sermones*; qu'il falloit donner à ce terme une autre acception, celle que j'ai préférée, et qu'indiquent tous les lexiques: *Studia litterarum, et disciplinæ liberales*: témoin Saint-Grégoire, οἱ ἀμφὶ τοὺς λόγους, *litterati homines*; témoin Hérodote, οἱ ἐπὶ λόγοις ἐνδόκιμοι, *homines insigni doctrinâ prœditi*.

(2) Un des Annotateurs Anglois relève, ici, une erreur de Maxime de Tyr. Auroit-il, en effet, ignoré qu'Anacharsis vit Solon à Athènes, qu'il passa quelque temps, qu'il eut quelques conversations avec lui? Témoin cette particularité connue de tout le monde, qu'étant un jour entré chez Solon, et l'ayant trouvé occupé à rédiger une de ses lois, Anacharsis lui demanda, en riant, s'il croyoit sérieusement pouvoir, avec quelques lignes de son écriture, mettre un frein aux passions de ses Concitoyens. Il est étonnant que notre auteur n'ait point eu connoissance de ce trait précieux qui nous a été transmis par Diogène-Laërce dans son premier livre chapitre VIII, et par Lucien, dans son *Anacharsis*, ou *Traité des Gymnases*, qui n'est qu'un Dialogue entre Anacharsis et Solon.

Je remarquerai, en passant, qu'Heinsius a rendu τὸν δρόμον, et τὴν πτοίαν, par, *discursus tumultusque*, ce qui ne m'a point paru exact. Le mot

mot grec δρόμος signifie proprement *course*, et dans le sens figuré où il est employé, ici, par Maxime de Tyr, il m'a semblé que *conduite* le rendoit mieux, que le mot latin. Quant au substantif πτοία, le lexicographe Hésychius lui donne bien un sens synonyme à celui du mot latin *tumultus*. Mais, dans un autre sens, il signifie *crainte, peur, défiance*; et il m'a également semblé que pour donner de la concordance à son trope, notre philosophe avoit voulu opposer les *principes* à la *conduite*, et peindre cette disposition d'esprit, qui n'a ni point-de-vue déterminé, ni base fixe. La phrase suivante du texte justifiera ce commentaire.

(3) Heinsius a soupçonné dans le mot στενῶ une erreur qu'il a cru faire disparoître, par une correction, dont Markland relève fort judicieusement l'incongruité. De son côté, Markland pense que le texte est corrompu, et qu'il devoit y être question *de deux vases, l'un plus grand, l'autre plus étroit*. Je pense, moi, que le texte n'a souffert nulle altération; que l'épithète στενῶ s'explique d'elle-même, d'après les mots avec lesquels elle se trouve construite; et qu'il s'en va sans dire, lorsqu'on verse un fluide dans un vase, que le fluide versé sort d'un autre vase, ou récipient, dans lequel il est contenu.

(4) J'ai traduit ici autrement qu'Heinsius et Formey. La version de Pacci m'a paru plus correcte que celle de l'Helléniste Batave. *Hicne in eloquentiâ gloriabitur*, est plus près du texte que, *admodum de verborum ornatu futurum anxium?*

(5) Le grec porte littéralement, *la force*.

(6) Heinsius a rendu l'épithète Εφήμερος, comme si elle étoit formée du radical ἥμερος, qui signifie, *doux, plaisant, agréable*. Aucun des Lexiques que j'ai consultés ne lui donne ce sens-là. J'ai donc dû la traduire dans le sens qu'elle emprunte du radical ἡμέρα, *jour*, qui convient assez au Rossignol, puisque tout le monde sait qu'il ne chante pas, durant tout le cours de l'année; et que, sous ce rapport, Maxime de Tyr, en parlant de son chant, a pu le qualifier d'*éphémère*.

(7) Cicéron en fait mention dans le chapitre 5 de son Traité *de Fato*, n°. 5. Alexandre Aphrodise en parle aussi dans son ouvrage, intitulé comme celui de Cicéron, *du Destin*, p. 164.

(8) Heinsius a traduit, *interioribus corporis notis*, quoique *interioribus* n'ait rien dans le grec qui lui corresponde. Certes, l'art de la métoposcopie, déjà si merveilleux par lui-même, (si, d'ailleurs, il n'est pas un pur charlatanisme), seroit bien plus admirable, s'il pénétroit *dans l'intérieur des corps*, pour y chercher les indices et les élémens de ses oracles. De plus, les mots suivans que ce traducteur a lui-même rendus par *ex eo quod oculi vident*, excluent péremptoirement l'épithète *interioribus*, qu'il a ajoutée de son cru.

(9) Les deux mots du texte πρὸς ἡμιόνητα ont été laissés de côté par Heinsius et Formey.

(10) Les Anciens en faisoient très-grand cas ; et tous ceux qui se piquoient d'être de beaux diseurs s'efforçoient de l'imiter, comme dans nos départemens on tâche de se donner l'accent d'un Parisien. Mais, probablement il n'étoit pas plus aisé aux étrangers, qui venoient s'établir à Athènes, d'attraper l'accent attique, qu'à nos gascons de prendre le son de voix de Paris. On sait, à cet égard, l'aventure de Théophraste, le célèbre Auteur des *Caractères*, qui avoit vieilli à Athènes, d'où il n'étoit pas, et qui fut persiflé sur son accent par une marchande d'herbes.

(11) Ce passage est emprunté de la comédie d'Aristophane, intitulée, *les Grenouilles*, vers 92 et 98, où ce poëte tourne en ridicule les jeunes Auteurs tragiques qui pulluloient de son temps. Les mots en italique sont la version littérale du texte et du passage d'Aristophane.

(12) Plusieurs Peuples, chez les Anciens, ont porté ce nom. Mais il est évident que Maxime de Tyr désigne, ici, les Cimmériens, qui habitoient la partie la plus septentrionale de l'Europe alors connue. Comme les voyageurs n'avoient point été au-delà des Palus-Méotides qui communiquoient avec le Pont-Euxin, par un détroit appelé le *Bosphore Cimmérien*, du nom du peuple qui en habitoit les rivages, ils parlèrent de ce dernier comme d'une Nation qui étoit aux extrémités de la terre ; et il n'en fallut pas davantage, dans ce temps d'ignorance, pour faire naitre, pour répandre, et accréditer l'opinion que cette Nation ne voyoit jamais le soleil.

(13) Cette exclamation n'est point dans le grec, mais la syntaxe de notre langue m'a paru la commander.

(14) Maxime de Tyr a emprunté cette analogie d'un des traits de la belle description des jardins d'Alcinoüs, Roi des Phéaciens, dans le chant septième de l'*Odyssée*, vers 120 et 121.

(15) C'est le sens du 751e. vers du second chant de l'*Iliade*, et non du 754e, comme le marquent Davies et Formey. Homère l'applique à un ruisseau ou petite rivière, qu'il appèle le *joli Titaresse*, et qui, en se jetant dans le Penée, ne mêloit point ses eaux avec celles de ce dernier, et glissoit par-dessus, comme une nappe d'huile.

(16) Markland a très-judicieusement corrigé le texte en cet endroit, en proposant le mot μέρη, *parties*, à la place de μέλη, qui n'est pas, à beaucoup près, aussi heureux.

(17) C'est ainsi que s'expriment dans le troisième chant de l'*Iliade*, vers 156 et 157, de vieux Troyens assis sur le haut d'une tour, en contemplant la belle Hélène.

(18) Le mot grec γύναιον est un terme de mépris fort bien appliqué à

cette trop fameuse Reine de Sparte, qui se laissa enlever par un étourdi. Je n'ai pas cru devoir chercher, dans notre langue, un terme correspondant. Boileau dit, dans l'*Art poétique*, (et ce qu'il dit du latin, doit s'étendre au grec) :

« Le latin dans les mots brave l'honnêteté ;
» Mais le lecteur François veut être respecté.
» Du moindre sens impur la liberté l'outrage ».

Heinsius a traduit *mulierculam*, et Formey, comme de raison, *une femmelette*.

(19) Dira-t-on que j'emploie ici une expression du vieux langage ? Le grand Corneille, qui n'est pas assurément un écrivain suranné, a dit, avec autant de grâce que d'énergie dans *Rodogune* :

« Serment fallacieux, salutaire contrainte,
» Que me dicta la force, et qu'accepta la crainte ».

Et les puristes me permettront de remarquer que *perfide* n'est pas synonyme de *fallacieux*.

(20) Heinsius et Formey ont coupé cette longue phrase. Je pense qu'ils ont eu tort, et qu'en la laissant dans son intégrité, j'ai plus fidèlement suivi le texte. Elle est un peu longue, sans doute ; mais je n'ai pas cru possible de la morceller, sans en altérer le véritable sens.

(21) Si j'avois traduit mot à mot, et que j'eusse dit, *à flatter le ventre*, j'aurois été plus littéral. Aurois-je été aussi élégant ?

(22) Heinsius et Formey ont laissé de côté les mots du texte qui terminent cette phrase, ὑφ' ἡδονῆς παραπεμπόμενα.

(23) Le grec porte littéralement, *le ventre et les oreilles.*

(24) Le texte parle d'*ivresse*, au lieu d'*ignorance*, mais Markland remarque, sur ce mot, que l'*ivresse* ou *l'ivrognerie* ne doit point être comptée parmi les affections de l'âme d'une nature homogène à celle *de la colère* et *de la douleur.* Il soupçonne qu'au lieu de μέθης, il faut lire ἀμαθίας, d'autant, dit-il, « que Socrate avoit coutume de dire que » l'ignorance étoit le mal unique de l'espèce humaine ». J'ai cru devoir adopter la correction de ce docte annotateur.

(25) Heinsius a rendu ἐκλελυμένον, mot-à-mot, par *dissolutum.* J'ai mieux aimé supposer une ellipse, et entendre ἐκλελυμένον τὴν ψυχὴν, qui m'a paru plus analogue au sens de la phrase.

(26) Outre leurs assemblées politiques, les Grecs, et notamment les Athéniens, avoient des époques périodiques, auxquelles un grand concours de monde se rassembloit pour assister à des fêtes ou à des jeux publics. Ces rassemblemens étoient nommés en grec πανήγυρις, comme pour signifier que toutes les classes de la société en faisoient

partie. S'il faut s'en rapporter au *Scholiaste* de Thucydide, les jeux Olympiques et les autres jeux de cette nature furent compris dans cette dénomination. Hérodote nous apprend que ces sortes de solennités avoient lieu, à Athènes, tous les cinq ans; et l'*Oraison* d'Isocrate, intitulée πανηγύρικος, *panégyrique*, fait foi que les Orateurs de profession s'honoroient d'y offrir l'hommage de leurs talens.

(27) Le texte est évidemment altéré en cet endroit; et les mots καὶ τυράννε, qu'il est impossible d'adapter aux autres, en sont la preuve. Pacci a résolu la difficulté, en la franchissant. Heinsius a imaginé, qu'au lieu de τυράννε, il falloit lire τυρρηνε, d'autant que, selon Servius, le docte commentateur de l'*Énéide*, et selon l'Orateur Tatien, les Tyrrhéniens ou Étrusques, passèrent, dans l'Antiquité, pour les inventeurs de la trompette. Quelque ingénieuse que soit cette correction, j'ai préféré celle de Markland, qui lit τυρταίε, au lieu de τυράννε; soit parce que Maxime de Tyr fait mention de Tyrtée dans sa *Dissertation XXXV*, sect. 5, soit parce que le beau vers d'Horace, *Arte poéticâ*,

Tyrtæusque mares animos in martia bella,

donne lieu de croire que le nom de ce célèbre poëte lyrique, venoit toujours se placer naturellement sous la plume des écrivains dans une métaphore de cette nature.

(28) Il m'a paru que Maxime de Tyr avoit employé, ici, la figure de rhétorique, qu'on appelle *la Réticence*. Après avoir loué le Nil, sous le rapport de la fécondité qu'il répand, il alloit le louer sous un rapport de *volupté*, lorsqu'il se rappèle que le Nil est un Dieu, et qu'il songe que ce seroit le dégrader, que de le louer sous un pareil point-de-vue. Ni le traducteur Florentin, ni Heinsius, ni Formey, n'ont envisagé cette phrase de cette manière : je laisse aux critiques à juger. Au surplus, les témoignages de plusieurs Auteurs de l'antiquité, entr'autres celui d'Élien, *Histoires diverses*, liv. X, chap. 46; celui d'Héliodore, liv. IX, p. 423, 424, attestent l'apothéose du Nil. On peut consulter là-dessus le savant ouvrage de Jean Selden, *de Diis Syris, lib. I. cap.* 4, *p.* 147; et Henry de Valois sur Eusèbe, dans la *Vie de Constantin, lib. IV, cap.* 25.

(29) Notre Auteur fait allusion, ici, à une allégorie de Prodicus, singulièrement ingénieuse. Il suppose qu'Hercule, à l'âge où les jeunes gens délibèrent sur l'état qu'ils doivent embrasser, va rêver là-dessus dans une solitude, où deux routes s'offrent à ses yeux, celle de la *Volupté*, et celle de la *Vertu* : qu'à l'entrée de ces deux routes sont la *Volupté* et la *Vertu* en personne, qui déploient, chacune de

son côté, tous leurs efforts pour obtenir la préférence. L'ouvrage de Prodicus n'est point parvenu jusqu'à nous. Mais Xénophon nous en a conservé la substance, dans le premier livre de ses *Mémoires*.

(30) On sait que, lorsque Socrate eut été condamné à mort, ses amis, sûrs de corrompre ses gardiens, lui proposèrent de s'évader. Il s'y refusa, en leur demandant, avec ce sang-froid et cette sérénité d'âme à laquelle notre auteur fait allusion en cet endroit : « Connois-» sez-vous quelque lieu sur la terre, où la mort ne vienne pas un jour » me trouver » ?

(31) Les derniers mots de cette phrase manquent, ici, dans le texte. Markland pense qu'ils ont échappé aux copistes, parce qu'il les a trouvés dans un passage analogue de la *Dissertation XXXVI*, *sect.* 6, de notre Auteur.

(32) Maxime de Tyr fait allusion à un passage du *Banquet* de Platon, où il est question d'Alcibiade déja ivre, buvant encore plus de huit *cotyles* de vin.

Paris, le 23 vendémiaire an IX. (22 octobre 1801).

DISSERTATION XXXII.

Homère admet-il un système de principes fixes et déterminés (1)?

A l'instar d'Homère, je veux invoquer dans ce discours quelqu'un des Dieux, ou cette Calliope qu'il invoque lui-même : « Muse, parle-moi de cet homme » plein de sagesse qui parcourut beaucoup de ré- » gions (2)». Non pas d'un homme qui ait abordé à une terre inhospitalière, qui ait navigué sur une mer orageuse, qui ait été jeté chez des peuples barbares, (car telles sont les fables que l'on trouve dans ses poëmes); mais de cet homme dont l'âme, substance agile, et qui voyage bien plus facilement que le corps, se soit portée de toutes parts, ait tout contemplé, les mouvemens du ciel, les événemens de la terre, les résolutions des Dieux, les affections naturelles des hommes, la lumière du soleil, le concert des astres, les générations des animaux, le reflux de la mer, les fleuves à leur embouchure, les vicissitudes de l'atmosphère, la politique, l'économie domestique, la guerre, la paix, le mariage, l'agriculture, l'équitation, la marine, les arts divers, les divers langages, les formes de tout genre, les hommes dans leurs situations variées, de douleur, de volupté, de deuil, d'allégresse, de querelle, de colère, de festins, et de navigation. Empruntons ici les propres termes d'Homère, faute d'avoir des expressions de mon chef, pour le louer comme il le mérite; ayons recours à quelqu'un de ses vers, afin de ne point dégrader son éloge : « O Homère, j'ai pour toi plus de » vénération que pour nul autre des mortels ! Certes, » c'est, ou une Muse, fille de Jupiter, ou Apollon » lui-même, qui t'ont formé à leur école (3) » ! Or, les leçons des Muses et d'Apollon, il n'est pas le moins du monde permis de penser qu'elles consistent dans des choses autres que celles qui sont l'ornement de l'âme. Eh ! que seroient ces choses-là, sinon la philosophie ? Eh ! la philosophie elle-même, que penserons-nous qu'elle soit, sinon la pleine science des choses divines et humaines (4), laquelle nous conduit à la vertu, à la justesse du raisonnement, à une vie bien réglée, et aux bonnes mœurs ?

II. L'objet principal de cette science, pendant tout le temps qu'il fut enveloppé sous divers emblèmes, nourrissoit l'âme de ceux qui s'en occupoient d'une doctrine dont toute difficulté étoit écartée. Les uns la rendirent recommandable, en la présentant sous un appareil religieux et sacerdotal (5) ; les autres, en la présentant sous les allégories de la fable (6) ; ceux-ci, en la présentant sous le voile de la musique (7), et ceux-là, en la présentant sous celui de la divination (8). Tous avoient, sans doute, un objet utile, mais chacun (9) avoit son emblème particulier. A la longue, les hommes s'émancipèrent (10) à l'école de la sagesse. Ils dépouillèrent la philosophie des voiles sous lesquels la fiction l'avoit enveloppée. Ils la montrèrent à nu, étrangère à toute pudeur, s'abandonnant à tout le monde, et se prostituant, en quelque sorte, au premier venu. Son nom seul conserva quelque dignité, encore devint-il le jouet de misérables sophismes. Les poëmes d'Homère et d'Hésiode, les ouvrages des anciens poëtes, tout divins qu'ils étoient, ne furent regardés que comme des fables. On ne les estima que sous le rapport de la narration des faits, de la douceur de la versification, des fleurs et de l'harmonie du style; il en fut comme des sons de la flûte ou de la cithare. Ce qu'ils renfermoient de beau fut dédaigné, et dépouillé du caractère de la vertu. Homère lui-même, le premier des philosophes, ne fut plus regardé comme tel. Depuis que les sophismes nés dans la Thrace et dans la Cilicie (11), eurent paru dans la Grèce, ainsi que les atômes d'Epicure, le feu d'Héraclite, l'eau de Thalès, l'air d'Anaximène (12), le conflit d'Empédocle, le tonneau de Diogène, au milieu de ces légions de philosophes, qui s'attaquoient et se combattoient réciproquement, on n'entendit plus de toutes parts que les bruyantes déclamations, que le vain fracas des sophistes, qui se persifloient à l'envi. L'objet fondamental de la philosophie fut tristement relégué, comme dans un désert; et ce *souverain bien*, dont on avoit fait tant de bruit, pour lequel toute la Grèce s'étoit passionnée, et qui avoit produit tant de sectes, ne fixa plus l'attention de personne.

III. Et cependant ces antiques principes, à l'égard desquels les ouvrages d'Homère tiennent encore le premier rang, ont formé et développé les nourrissons de la philosophie, les plus distingués, les plus vrais, et dont elle doit le plus s'honorer. Platon est de ce nombre. Il auroit beau refuser de reconnoître Homère pour maître. Je vois des indices qui en font foi. Je reconnois moi-même les impressions qu'il en a reçues (13). *Ce sont ses pieds, ses mains, les traits de ses yeux, sa tête, sa chevelure* (14). J'oserois même dire que Platon tient plus d'Homère que de Socrate;

quoiqu'il ait l'air de s'éloigner du premier, et de suivre l'autre. Non que je veuille dire que Platon se sert du même langage qu'Homère, des mêmes noms, des mêmes verbes (15), quoique ceux qu'il emploie ne soient qu'une dérivation, une émanation de l'harmonieuse diction du poëte, ainsi que les Palus-Méotides émanent de l'Océan (16), ainsi que le Pont-Euxin émane des Palus-Méotides, l'Hellespont du Pont-Euxin, et la mer qui nous environne de l'Hellespont. Je ne mets en parallèle que les opinions, et je n'envisage que leur *syngénésie* (17). Ailleurs, je parlerai de Platon et d'Homère sous l'autre rapport. Bornons-nous, ici, à la doctrine de ce poëte qui fait le sujet de ce discours, et considérons-la sous le point-de-vue qui lui convient.

IV. Je regarde Homère comme un homme d'un génie divin, d'une profonde sagesse, d'une expérience consommée, qui entreprit de mettre la philosophie à la portée du vulgaire, parmi les Grecs, à l'aide de la passion qu'ils avoient, alors, pour le plaisir musical de la poésie. Il n'adopta précisément, ni le genre ionique, ni le genre dorique, ni le genre attique (18). Il prit le genre commun à toute la Grèce. Comme il devoit s'adresser à tous les peuples qui la composoient, il amalgama leurs langages divers, et les entremêla, en forme de poëme, dans ses ouvrages. Il donna à ces derniers les charmes du style; il les rendit intelligibles à tout le monde, et conformes au goût de chacun. Considérant, d'ailleurs, que, parmi les hommes, le cercle des gens éclairés est circonscrit, et que le vulgaire aime qu'on excite ses passions, il ne voulut point paroître, dans ses poëmes, avoir exclusivement travaillé, ni pour l'un, ni pour l'autre. Il ne fit point comme Hésiode, qui, dans des ouvrages séparés, traite tantôt de l'origine des héros (19), de leur généalogie, en commençant par les femmes dont chacun d'eux tire son extraction; tantôt de la religion, et en même temps de la théogonie (20); tantôt de ce qui intéresse la vie privée (21), des travaux que l'on doit faire, des jours où l'on doit y vaquer. Tel ne fut point le plan d'Homère. Les matières ne sont ni traitées séparément, ni confondues pêle-mêle dans ses ouvrages. Mais il paroît avoir eu pour but de s'envelopper du voile de la Mythologie. Autre est le sujet de l'Iliade, autre est le sujet de l'Odyssée (22). Mais, dans l'une et dans l'autre, sont entremêlées les notions de la théologie, la morale politique (23), les vertus, les vices, les passions, le malheur et le bonheur des hommes; et quoique chacune de ces choses ait son cadre particulier, on diroit d'un instrument qui réunit tous les genres d'harmonie, qui produit tous les sons, mais avec un ensemble et un accord réciproque. Ou plutôt, qu'on se représente une réunion de plusieurs instrumens, la flûte, la lyre, la trompette, le chalumeau, et tous les autres instrumens de musique, en concert avec le chant d'un chœur. Chacun de ces instrumens a bien son caractère musical à soi; mais il a aussi ses points de contact, à l'aide desquels il entre en accord commun avec les autres.

V. Pour abréger, il en est de la poésie d'Homère, comme des tableaux d'un peintre, tel que Polygnotte, ou Zeuxis, que nous supposerons philosophe. Il ne travaillera point au hasard. Il aura un double objet en vue; l'un, sous le rapport de son art; l'autre, sous le rapport de la vertu. Sous le premier rapport, il s'efforcera de donner aux formes et aux costumes de ses personnages la ressemblance de la vérité : sous le second, il tâchera de saisir le caractère (24) de décence et de dignité propre à exprimer la beauté morale. Envisagez donc Homère sous le rapport de ce double point-de-vue. Sous le rapport politique, il s'embellit des fictions de la Mythologie : sous le rapport de la philosophie, il se montre zélateur de la vertu, et profond dans la connoissance de la vérité. En effet, il introduit, dans un de ses poëmes, un jeune-homme de Thessalie, et un homme revêtu d'une autorité suprême (25), Achille et Agamemnon : l'un, Agamemnon, poussé par la colère à l'insulte; l'autre, Achille, poussé par l'insulte à la colère; emblèmes des passions de la jeunesse, et de l'orgueil du pouvoir. Opposez à l'un et à l'autre Nestor, recommandable par son grand âge, par la sagesse de ses conseils, par les charmes de son éloquence. D'un autre côté, il a introduit Thersite, horrible à voir, vilipendant tout le monde, et dénué de jugement, pour être l'emblème d'une populace effrenée. Mais opposez-lui un homme de mérite, qui arrive, et qui « accueille avec des manières affables et un ton poli, le premier Prince, » ou le premier personnage de considération qu'il » rencontre, et qui écarte avec son sceptre l'homme » obscur qu'il aperçoit et qui vocifère (26) ». Ne diriez-vous point que c'est Socrate, honorant d'un accueil distingué des hommes du premier mérite, et de la plus haute recommandation, tels que Timon, Parménide, ou tout autre auditeur de cette importance; et repoussant les hommes obscurs qu'il voit venir à lui, et lui adresser la parole, tels que Thrasymaque, Polus, Calliclès (27), ou tout autre mauvais sujet, ou tout autre détracteur de ce genre.

VI. Retournons à Homère; et voyons chez les Barbares dont il fait mention dans ses ouvrages, le même contraste, la même correspondance de vices et de vertus : Pâris impudique, Hector modèle des bonnes mœurs : Pâris plein de lâcheté, Hector rempli de courage. Considérez-les dans leurs amours (28). L'un inspire la pitié, l'autre l'émulation. L'un mérite l'exécration, l'autre est digne d'éloges. L'un est adultère, et l'autre respecte les lois de l'hymen. Voyez comme les autres vertus sont individuellement distribuées; le courage à Ajax, la présence d'esprit à Ulysse, l'audace à Diomède, la sagesse dans les conseils à Nestor. Ailleurs, il nous a présenté, dans la personne (29) d'Ulysse, un modèle de la vie d'un homme-de-bien et d'une vertu parfaite. Il a consacré à ce tableau la moitié de ses ouvrages. Tel est l'abrégé succinct de deux longs poëmes.

VII. Faut-il d'ailleurs apporter quelques courts exemples de l'opinion d'Homère touchant les Dieux? Nous nous contenterons d'un seul, dans lequel nous le comparerons à Platon, comme à un modèle, en rapprochant, ainsi que de raison (30), les plus anciennes notions des plus récentes. Car c'est de cette manière que nous devons diriger notre jugement. Platon dit quelque part, « Le grand Jupiter qui est dans le ciel ». Il le fait voyager dans un char ailé, et il le reconnoît pour le chef des Dieux (31). Chez Homère, le chef des Dieux, Jupiter, s'exprime ainsi : « Et qu'aucun des » Dieux, qu'aucune des Déesses, ne tente de me contrarier dans ce que je vais dire; mais montrez-moi » tous, à l'envi, le plus profond respect, afin que je » puisse exécuter mon projet au plus vite (32) ». Bientôt après il attèle son char; il fait marcher ses coursiers « rapides, brillans de leurs crinières do-» rées (33) ». Il donne aussi un char à Neptune, sur les flots de la mer, « Il se hâte de s'élancer sur les » ondes : les baleines, au-dessus desquelles il passe, » tressaillent de joie (34) ». Il assigne à Pluton le troisième empire : car, selon Homère, l'univers est partagé en trois parties. Neptune a obtenu « l'empire des » mers blanchissantes ; Pluton a obtenu l'empire des » enfers ténébreux, et Jupiter celui du ciel (35) ». O l'admirable, la philosophique distribution !

VIII. On peut trouver dans Homère l'origine et l'empire de beaucoup d'autres puissances (36) que l'homme vulgaire regarde comme des fictions de la Mythologie, et le philosophe comme des réalités. On y trouve, par exemple, celui de la Vertu. Mais c'est sous le nom de Minerve, « assistant l'homme-de-bien » dans toutes ses entreprises (37) ». On y trouve celui de l'Amour, mais le sceptre est entre les mains de Vénus. C'est elle qui tient la ceinture, et qui allume le désir. On y trouve celui des Arts ; et c'est Vulcain qui le possède. Il est le Dieu du feu, et par conséquent le père de tous les arts. Apollon y a l'empire du chant ; les Muses y ont l'empire de la poésie ; Mars y a l'empire de la guerre ; Eole celui des vents ; l'Océan celui des fleuves ; Cérès celui des fruits de la terre. Chez Homère, il n'est rien qui n'ait son Dieu, rien qui n'appartienne à quelque puissance, qui ne soit subordonné à quelque empire. Tout y est plein de discours de Dieux, de noms de Dieux, d'ouvrages de Dieux ; et si vous remontez jusqu'aux élémens, et à la guerre qu'ils se firent, vous verrez des batailles dans les champs Troyens, non celles des Troyens et des Grecs, qui s'égorgent les uns les autres, et couvrent la terre de torrens de sang; mais le combat du feu et d'un fleuve (38): celui-ci grossi, enflé, et roulant avec toute l'impétuosité de ses ondes; l'autre se jetant avec une non moindre impétuosité dans le torrent de son ennemi, brûlant tout ce qui orne et embellit ses rivages, les ormeaux, les saules, les bruyères, les loto, les joncs, brûlant même les êtres animés qui naissent et se nourrissent dans son sein: « Le feu dévoroit les anguilles » et les autres poissons qui plongeoient, à tort et à » travers, dans les ondes tourbillonnantes, et dans le » limpide courant (39) ». Ce combat n'auroit point cessé, si Junon n'avoit point négocié avec le fleuve, et fait la paix entre les deux athlètes (40). Mais laissons ces énigmes, et considérons ce qui nous intéresse, ce qui touche l'homme.

IX. Je veux dire cette forme de corps politique, qui n'a point été conçue dans le Pirée (41), qui n'est point l'œuvre d'un Législateur Crétois, mais dont un génie philosophe a voulu nous présenter le modèle, sous une allégorie de personnages et d'évènemens héroïques. Ce sont des Magistrats qui gouvernent par eux-mêmes, qui délibèrent avant que d'agir. Ce sont des chefs intrépides qui combattent dans les premières lignes. C'est une femme pleine de chasteté mise en contraste avec de jeunes libertins. C'est un Roi juste qui donne l'hospitalité à un étranger sans asyle. C'est un homme plein de prudence qui échappe à des malheurs de tout genre. Vous y verrez d'autres polities en regard l'une de l'autre. Homère les a décrites dans son poëme: Vulcain les a empreintes sur de l'or (42). Dans l'une, sont des mariages, des chants, des danses, des Rois qui rendent la justice, des Citoyens qui accourent en foule. Autour de l'autre (43) Cité, campent deux armées : si vous n'attachez pas une grande importance à ces fictions (44), vous ne manquerez point de détails plus voisins de la vérité. Telles sont les Cités des îles des Phéaciens et d'Ithaque. Dans les unes vous trouverez du respect pour les mœurs, dans les autres, de la licence. Dans les unes, des Rois amis des lois et de la justice; dans les autres, les galans d'une femme qui se livrent à tous les excès. Les uns qui accueillent comme un Dieu leur Roi qui arrive (45), les autres qui méditent de souiller le lit conjugal de leur Roi. Aussi, chez les uns, voit-on une allégresse continuelle, une vie exempte de maux, l'hospitalité en honneur, des flottes sur mer, des campagnes fécondes; et chez les autres, la ruine et la destruction, au milieu même des *voluptés*. Telle est la fin de la perversité et de la dépravation. Tel est le résultat d'une licence effrénée. Ne voyez-vous point comment Ulysse, assailli par des malheurs de tout genre, se sauve, à l'aide de la vertu et de la confiance qu'elle inspire? Elle est pour lui le moly (46) dans le palais de Circé. Elle est le ruban de tête de Leucothoë qui l'amène au rivage. C'est elle qui le dérobe des mains de Polyphème (47), qui le ramène des Enfers (48) : c'est elle qui lui construit un vaisseau : c'est elle qui persuade Alcinoüs : c'est elle qui lui fait supporter les agressions des libertins attachés à séduire sa femme; c'est elle qui lui fait vaincre Irus, repousser les outrages de Melanthius : c'est elle qui chasse de son palais les séducteurs de Pénélope : c'est elle qui venge son honneur conjugal : c'est elle qui en fait un enfant des Dieux, qui le rend semblable aux Dieux, ou à l'homme heureux dont Platon a tracé l'image.

NOTES.

(1) Suidas, en faisant allusion à cette Dissertation, la désigne comme si elle avoit pour titre, « En quoi consiste, chez Homère, » l'ancienne philosophie ». Notre Auteur n'est pas le seul qui ait agité cette question. Porphyre fit un traité, *sur la philosophie d'Homère*. Longin composa un ouvrage, où il rechercha, *si Homère pouvoit être considéré comme philosophe*. Si nous en croyons Suidas, deux autres écrivains de l'antiquité, Favorin et Œnomaüs, ont travaillé sur le même sujet. Voyez *Lucæ Holstenii, de vita et scriptis Porphyrii, cap.* 8, ainsi que la 88e. épître de Sénèque. Ajoutons que Strabon, dans son premier livre, dit que les poésies d'Homère étoient universellement regardées comme des ouvrages philosophiques, τὴν Ὁμήρου ποίησιν φιλοσόφημα πάντας νομίζειν.

(2) C'est le premier vers du premier chant de l'*Odyssée* que Maxime de Tyr emprunte ici.

(3) Ces paroles sont la parodie de celles, que dans le huitième chant de l'*Odyssée*, Homère met dans la bouche d'Ulysse, au sujet de Démodocus, vers 487.

(4) Telle est la définition que les anciens philosophes donnoient de la philosophie. Témoin, Cicéron, au second livre de ses *Offices*; Quintilien, dans ses *Institutions oratoires*, liv. I, chap. 10. Il paroit néanmoins que cette définition avoit ses variantes. Sénèque nous dit, en effet, dans la 89e. de ses épîtres, *Quidam sapientiam ita finierunt, ut dicerent eam divinorum et humanorum scientiam. Quidam ita, sapientia est nosse divina et humana et horum caussas. Supervacua mihi videtur hæc adjectio, quia caussæ divinorum et humanorum partes sunt. Philosophiam quoque fuerunt qui aliter atque aliter definirent, alii studium illam virtutis esse dixerunt: alii studium corrigendæ mentis; à quibusdam dicta est appetitio rectæ rationis.*

(5) Notre auteur fait allusion, ici, aux anciennes initiations, et Davies place en cet endroit un passage analogue, du *Protagoras* de Platon. « Quant à moi, je pense que l'art des Sophistes remonte assez » haut, et que les Anciens qui s'en sont occupés, craignant de » le présenter sous son austérité naturelle, imaginèrent de le couvrir, » de l'envelopper, les uns, du voile de la poésie : tels furent Homère, Hésiode, et Simonide; les autres, d'emblèmes mystiques » et religieux : tels furent Orphée et Musée. Notre Agathocle la présenta sous les formes extérieures de la musique, etc. »

(6)

(6) Les poëtes de l'antiquité passent pour avoir été les créateurs de la Mythologie.

(7) Allusion au systême de Pythagore.

(8) On sait le grand rôle que joua dans l'antiquité la science de la divination.

(9) Reiske a pensé que le mot ἑκάστοις devoit être regardé comme essentiel à la pureté du texte, et j'ai adopté cette conjecture.

(10) *S'émancipèrent* n'est peut-être pas la traduction littérale du participe παιπαλώμενα; mais ce dernier est employé, ici, figurément: et peut-être les Hellénistes le jugeront-ils assez heureusement rendu.

(11) Allusion à Démocrite l'Abdéritain, et à Chrysippe de Soles. Voyez *Diogène-Laërce*, liv. VII et IX, ainsi que Suidas.

(12) Voyez les *Académiques* de Cicéron, liv. II, §. 37; son Traité *de la Nature des Dieux*, liv. I, §. 10; et *Minucius-Félix*, chap. 9.

(13) Le grec porte littéralement, *les semences*.

(14) C'est en ces termes que, dans le 4e. chant de l'*Odyssée*, s'exprime Ménélas, sur le compte de Télémaque, qu'Hélène, sa femme, reconnoît.

(15) Maxime de Tyr ne mentionne, ici, ces deux parties du Discours, à l'exclusion de toutes les autres, que par allusion à ce que dit Platon, dans son *Cratylus*, et plus au long dans son *Sophiste*, que le Discours se réduit à ces deux élémens, *le nom et le verbe*. Voyez la *note d'Heinsius* sur ce passage.

(16) J'avoue que je ne conçois pas dans quel sens de l'analogie qu'il emploie, notre Auteur a pu dire que les Palus-Méotides sont une émanation de l'Océan, à moins qu'il ne prenne ici l'Océan, comme un peu plus bas, sect. VIII, pour le Dieu et le Père des fleuves. Au surplus, ce passage attestera passablement le peu d'étendue des lumières cosmologiques des philosophes contemporains de Maxime de Tyr.

(17) Ce mot grec signifie, *identité d'origine*, soit sous le rapport du temps, soit sous le rapport de la cause génératrice. On sentira pourquoi j'ai mieux aimé le répéter, ici, que périphraser. *Voyez* ci-dessus *Dissert. XVII*, note 31.

(18) Témoin le langage de Dion-Chrysostôme, dans sa douzième *Oraison*. « Homère, dit-il, ne se borna pas à un seul genre de diction;
» mais il entremêla tous les idiômes de la langue grecque, qui avoient
» été séparés jusqu'alors, le Dorien, l'Ionien, l'Attique; il en fit une
» amalgame dans ses ouvrages, avec plus d'art que les peintres ne
» marient les couleurs dans leurs tableaux ».

(19) Pour ce qui concerne les ouvrages d'Hésiode, qui ne sont point venus jusqu'à nous, consultez la savante *Bibliothèque grecque* de

Fabricius, liv. II, chap. 8. Je soupçonne de la corruption dans ce passage.

(20) Ce mot grec signifie, *Origine des Dieux*. C'est le titre d'un des ouvrages d'Hésiode, que nous avons conservé.

(21) Heinsius a traduit, ici, *Ut omittam quæ ad vitam moresque formandos conscripsit*. Pacci a traduit, *Separatim iterum composuit quæ ad vitam hominum conducibilia putavit*. Cette dernière version me paroît plus correcte que la première; car je ne vois rien dans le texte grec à quoi l'*ut omittam* d'Heinsius puisse correspondre, à moins que l'adverbe χωρὶς, qui est employé trois fois de suite, ici, ne l'ait induit en erreur. *Vid. Vigeri Idiotism.* cap. IX, sect. IX, n°. 9.

(22) Ce texte a des variantes. La leçon la plus correcte, de l'avis des annotateurs Anglois, est celle d'Henri Étienne, καὶ ἄλλα μὲν ἔχουσιν οἱ τρωικοὶ λόγοι, ἄλλα δὲ τὰ τοῦ Ὀδυσσέως παθήματα.

(23) πολιτείας ἦθος, dit le texte grec.

(24) Scaliger et Heinsius avoient imaginé qu'il falloit lire, dans ce passage, γραμμῶν, au lieu de γραμμάτων. Ils auroient eu quelque raison de supposer cette altération dans le texte, si le mot γράμμα ne pouvoit point signifier *tableau*. Mais le docte Markland démontre, par des passages de Théocrite, d'Euripide, d'Élien, et par l'autorité du célèbre grammairien d'Alexandrie, Hésychius, ainsi que par celle de l'Étymologiste, que le mot γράμμα a cette acception. Nous saisirons cette occasion pour faire remarquer, que souvent, faute de connoître ou de scruter avec l'attention nécessaire les sens divers des mots grecs, on suppose dans le texte des altérations qui n'existent point.

(25) καὶ ἀνὴρ βασιλικὸς. On sentira pourquoi Maxime de Tyr n'a pas dit, ici, βασιλεὺς tout court.

(26) C'est ainsi que, dans les 188e., 189e., 198e. et 199e. vers du second chant de l'*Iliade*, s'exprime Homère sur le compte d'Ulysse. Xénophon, dans le premier livre de ses *Mémoires*, rapporte que Socrate se faisoit un plaisir de répéter l'éloge de ces quatre vers.

(27) Les éditions vulgaires de Maxime de Tyr ne parlent ni de Polus, ni de Callicles. Pacci avoit néanmoins lu ces deux noms dans son manuscrit, et Davies les a également lus dans les deux manuscrits, à l'aide desquels il a si considérablement amélioré le texte de notre Auteur. Voyez les *notes de Gataker*, sur le chap. 66 du septième livre de Marc-Antonin.

(28) *Quin et conjugium eorum si consideres*, dit Heinsius. J'aurois dû, peut-être, employer le mot de *mariage*, car, à la fin du dernier chant de l'*Iliade*, Hélène donne à Hector mourant, le titre de beau-frère, parce qu'elle est, depuis vingt ans, femme de Pâris.

(29) Les interprètes et les annotateurs ne sont pas d'accord sur la

correction du texte, évidemment altéré en cet endroit. Cette phrase ne peut s'entendre que d'Ulysse, et sa construction semble décider que le mot Ὀδυσσεία doit terminer la phrase précédente, comme il le fait dans quelques manuscrits. Mais ce même mot Ὀδυσσεία, qui se trouve dans le milieu de cette phrase antérieure, peut-on penser que Maxime de Tyr l'ait employé deux fois, tandis que le tour de sa pensée ne l'appèle qu'une ? J'ai suivi la correction de Markland, qui commence cette phrase, par Ὀδυσσεία αὐτὸν ἔτος ἄρα, etc.

(30) J'ai rendu κατὰ τὸ ἦθος τοῦ λόγου, par *ainsi que de raison*. Heinsius, Pacci et Formey, ont donné un autre sens à ces paroles. C'est aux critiques à juger.

(31) Allusion à un passage du *Phèdre* de Platon, en ces termes : « Jupiter est dans le ciel le chef suprême ; il conduit un char ailé ; il » marche à la tête, ordonnant tout, et disposant tout avec soin. Il a » pour cortège l'armée des Dieux et des Demi-Dieux distribuée en » onze phalanges ». Pourquoi *onze*, plutôt que tout autre nombre ? Platon auroit-il donné la préférence à ce nombre-là, par la raison que les Athéniens étoient distribués en onze tribus, de même que Saint-Jean, dans le chapitre 7 de l'*Apocalypse*, a distribué ses cent quarante-quatre mille serviteurs de Dieu en douze phalanges, parce que les Hébreux étoient aussi distribués en douze tribus ? Au reste, Maxime de Tyr n'a presque fait que copier ce passage du Phèdre, dans la *Dissertation X*, sect. 4 ci-dessus.

(32) Ces paroles de Jupiter sont au commencement du chant huitième de l'*Iliade*.

(33) *Iliade*, 8e. chant, vers 42.

(34). *Iliade*, 13e. chant, depuis le 23e. jusqu'au 27e. vers.

(35) *Voyez* le discours de Neptune au 184e. vers et suivans du 15e. chant de l'*Iliade*. *Voyez* aussi ce que dit là-dessus, Héraclide le Pontique, dans son traité des *Allégories d'Homère*.

(36) Le grec porte littéralement, *de toute espèce de noms*.

(37) *Odyssée*, 13e. chant, vers 301.

(38) Markland pense, ici, que Maxime de Tyr auroit dû dire ὕδατος, au lieu de ποταμοῦ. Je ne suis pas de son avis. Notre Auteur fait allusion au combat de Vulcain et du Scamandre, dont Homère fait une si brillante description au 21e. chant de l'*Iliade*; et le second de ces deux mots, *du fleuve*, est bien plus propre à mettre son lecteur sur la voie que le premier, *de l'eau*.

(39) Ce sont les derniers traits du combat mentionné dans la précédente note.

(40) Le grec porte littéralement, *les deux élémens*.

(41) Il est évident que Maxime de Tyr, en parlant, ici, du Pirée

fait allusion à la République de Platon. Mais il ne paroît pas, que par ces mots, ἤδη ἐν Κρήτῃ νομοθετούμενος, il ait supposé, comme le pense Davies, que le Traité *des Lois* du même philosophe ait été écrit dans la Crète. Je pense qu'il a tout bonnement voulu mettre à côté de Platon, Minos, Roi de Crète, un des Législateurs les plus renommés de l'antiquité.

(42) Allusion au bouclier d'Achille fait par Vulcain. La description de ce bouclier termine le 18e. chant de l'*Iliade*.

(43) Tous ces détails sont empruntés de la description du Bouclier d'Achille.

(44) J'ai lu πλάσματι, avec Markland, au lieu de πράγματι. Le sens de l'original justifie assez la justesse de cette correction.

(45) *Odyssée*, huitième chant, vers 173.

(46) En arrivant chez Circé, les compagnons d'Ulysse avoient été métamorphosés en cochons. De peur qu'il n'éprouvât lui-même un semblable sort, Mercure lui apporta un préservatif contre les ingrédiens magiques de l'Enchanteresse ; et *Moly* est le nom qu'Homère donne à cette espèce d'antidote. Voyez l'*Odyssée*, 8e. chant, vers 282 et suivans.

(47) *Odyssée*, chant neuvième, à la fin.

(48) *Odyssée*, douzième chant, au commencement.

Paris, le 10 brumaire an IX. (1 novembre 1801.)

DISSERTATION XXXIII.

Si la vertu est un art (1)?

EST-IL quelqu'un qui pût supporter d'entendre dire à un philosophe que la vertu est toute autre chose qu'un art? Car, à peine il existeroit un art au monde, si la vertu n'en étoit point un. A moins qu'on ne veuille entendre, qu'une charrue, un bouclier, un vaisseau, une muraille, sont l'ouvrage d'un art; et que ce qui fait usage de ces choses-là, ce qui les dirige, ce qui les approprie chacune à des besoins particuliers, et ce qui retire de chacune d'elles des services subordonnés à une fin commune, nous ne le regardions comme n'étant point un art. Ce seroit, sans doute, une merveille, et plus qu'une merveille, si ce que le potier, ce que le forgeron, ce que le charpentier, apprennent, étoit un art; et que la chose qu'apprend le philosophe, laquelle a la vertu pour objet, ne fût point un art, mais une instruction acquise sans aucun art (2).

II. Bon; c'est cela : il n'y a là ni absurdité, ni ineptie. Cet art, je le loue; mais voyons en quoi vous en faites consister l'objet capital. Le potier qui apprend à faire des pots, dites-vous, apprend un art; de même que le forgeron qui apprend à forger des boucliers; et de même que le charpentier qui apprend la charpente. A-la-bonne-heure; je vous accorde que chacun de ces ouvriers apprend ce qu'il apprend à faire, mais non que la fin de l'art soit pour eux d'apprendre cet art, l'un par les leçons de l'autre. Car l'action d'enseigner ne produit que la succession, la transmission du savoir. Mais l'emploi des arts n'est pas de produire un art par un autre. C'est de produire un pot, par le potier, le son de la flûte par celui qui joue de cet instrument, la victoire par le Général. Or, chacune de ces choses est autre chose que l'art, elle est la fin de l'art, mais non point l'art. Ce n'est pas que, dans ce qui n'est point art, existe, par cela même, l'abstraction de l'art. Car l'abstraction de l'art n'est que l'action d'ôter l'art des choses où l'art est nécessaire. Or, ce qui est produit par l'art, n'est point l'art lui-même; c'est autre chose que l'art (3).

III. Pensez-vous m'entendre assez clairement, ou faut-il que je vous parle avec plus d'évidence encore? Il est un art que vous appelez la médecine; il en est un autre que vous appelez la sculpture. Or, la fin de chacun de ces arts n'est point, de celui de la médecine, la médecine, de celui de la sculpture, la sculpture. Mais une statue est la fin de la sculpture, et la santé est la fin de la médecine. Quoi donc! Pensez-vous que la *vertu* soit autre chose que la *santé et la bonne complexion de l'âme?* Examinons la chose sous ce point-de-vue. Eu égard à ces trois objets, l'âme, le corps, et la pierre, supposons trois arts qui leur soient appropriés. Ces objets ne sont d'abord qu'une matière brute et sans ornement. Mais chacun des arts qui donne à chacun de ces objets la forme qui lui est propre, environne la pierre de modifications et de contours qui produisent la ressemblance d'une figure; établit dans le corps une combinaison, un équilibre d'humeurs, d'où résulte la santé; et dans l'âme une symétrie, un accord d'affections bien ordonnées, en quoi consiste la beauté de la vertu : et, si vous donniez à quelqu'une de ces choses le nom d'art, attribuant la dénomination d'agent à ce qui n'est tout bonnement (4) que le sujet de l'action, ce seroit tout comme si vous donniez le nom de soleil à la masse de lumière qui sort de cet astre, laquelle est autre chose que le soleil ; qui est produite, à la vérité, par le soleil (5), mais qui n'est pas le soleil lui-même.

IV. D'ailleurs, examinons le sujet de cette Dissertation sous son double point-de-vue. Recherchons ce que c'est que l'art, ce que c'est que la vertu. Penserons-nous que l'art soit autre chose que la raison qu tend à son but, tantôt en produisant, par le travail des mains, un corps que nous appelons *ouvrage ;* c'est ainsi qu'une maison est l'*ouvrage* d'un architecte, qu'un navire est l'*ouvrage* d'un constructeur de vaisseau, un tableau l'*ouvrage* d'un peintre. Tantôt en produisant une action, non sans l'intermédiaire des corps, comme la victoire de la part d'une armée, la santé de la part de la médecine, et la justice de la part de la politique : tantôt, et c'est la troisième espèce d'art (6), en exerçant, sans l'intervention des corps, l'empire qu'elle a sur elle-même ; agissant sur elle-même, comme dans l'art de la géométrie, dans celui de l'arithmétique , dans tous ceux qui n'ont qu'un objet intellectuel, et qui ne sont d'aucune des deux précédentes espèces ? Soit : mais, ces trois espèces d'art étant posées, dans laquelle classerons-nous la vertu, si elle est un art ? Dans celle des arts mécaniques ? Vous ne le direz point. Balancerez-vous entre la classe des arts pratiques et celle des arts théoriques (7) ? Quant à moi, je n'exclus la vertu ni de l'une ni de l'autre. Mais, les entremêlant toutes les deux, et y ajoutant quelque chose, je dis que ce qui est composé de diverses choses est autre chose que chacune des choses dont il est composé. De même que si quelqu'un disoit que le corps de l'homme est ou feu, ou terre, ou air, ou eau; certes, je dirois, moi, qu'il n'est ni feu, ni terre, ni air, ni eau; car ce qui est le résultat du mélange de plusieurs élémens, n'est point chacun des élémens qui le constituent.

V. Dans quel sens est-il donc vrai que la vertu, qui participe à la pratique et à la théorie, n'est point un art? Suivez la démonstration que j'en vais donner. Ce n'est pas, d'ailleurs, de mon chef que je vais parler. C'est l'opinion de l'Académie que je vais énoncer, opinion émanée de l'École, des Pénates de Platon; et qu'Aristote même a admise. Je remonterai même plus haut; car je crois qu'elle est venue d'Italie à Athènes; et que quelques Pythagoriciens ont transporté cette précieuse doctrine (8) dans l'ancienne Grèce. Voici donc comment je m'explique. L'âme humaine a été, de tout temps, divisée en deux parties; l'une la *raison*, et l'autre les *passions*. Lorsque chacune de ces parties est mal constituée (9), et que ses mouvemens ne sont pas bien ordonnés, cette manière d'être est désignée par un mot seul, collectif, et très-déshonorant, savoir, *la méchanceté*. L'origine et la source de ce déshonneur, de cette turpitude, est dans l'action de ces deux parties, lorsqu'elles refluent l'une contre l'autre; lorsqu'elles surnagent l'une sur l'autre; lorsque les affections en incandescence inondent l'âme (10), et qu'elles troublent la fécondation et le développement des germes de la *raison*: de même qu'en hyver les fleuves franchissent les limites qui leur ont été assignées, se répandent dans les champs labourés ou plantés par les agriculteurs, et les dégradent par leurs irruptions, ou par le gravois qu'ils déposent. C'est ainsi que les excès des *passions* jètent l'âme hors des bornes de la *raison*, et suscitent en elle les opinions fausses, vicieuses et contraires à sa nature. Il en est comme des ivrognes (11). L'excès du boire excite les humeurs internes, comme des reptiles que l'on chasse de leur trou; l'entendement en est suffoqué, et réduit à ne faire plus entendre que les sons inarticulés de ces brutes.

VI. Voulez-vous une image encore plus sensible? Nous comparerons cet état de désordre de l'âme à une ochlocratie (12). Lorsque tout ce qu'il y a de gens de mérite dans un corps social, est courbé sous le joug de la force et de la servitude; lorsque tout ce qu'il y a, au contraire, de forcené, s'empare de l'autorité publique, avec une audace et une confiance qui ne doutent de rien, il faut, de toute nécessité, que, dans un tel corps social, règnent une grande diversité d'opinions, un grand conflit de vues, une étonnante variété d'affections, un contraste prodigieux d'intérêts, beaucoup d'intempérance dans les jouissances physiques, une violence sans frein dans les inimitiés, une frénésie sans mesure dans l'ambition, beaucoup d'imprévoyance dans les succès, et une fureur inexorable dans les revers (13). Lorsque Périclès se retire des affaires, lorsque Aristide est envoyé en exil, lorsque Socrate est condamné à la mort, lorsque Nicias est obligé de prendre le commandement, lorsque Cléon veut envahir Sphactérie, Thrasylle l'Ionie, Alcibiade la Sicile, lorsque tout autre chef veut entreprendre toute autre expédition, sur terre ou sur mer, et qu'il est appuyé par une populace oisive, factieuse, mercenaire, qui se jète dans tous les partis, il est impossible qu'un pareil ordre de choses n'amène pas la servitude, les calamités, la tyrannie, et toutes les horreurs de cette nature. L'âme aussi a ses séditieux, ses démagogues, sa populace effrenée, ses Alcibiades, ses Cléons, qui ne lui permettent point de surmonter sa timidité, de demeurer ferme, et de ne céder qu'à la voix intérieure de la *raison*, et de la loi naturelle. Tel est le tableau du désordre politique, au-dedans de l'homme.

VII. Il en est de la vertu, au sujet de laquelle on a tant écrit, comme de la politie de Lacédémone, où tout ce qui est populace obéit, et où le petit nombre des gens de mérite commande. Car ceux-ci conservent; le reste est conservé. Ceux-ci ordonnent; et le reste exécute. Le résultat de ce double rôle est la liberté. Chacun a besoin de l'autre : ceux qui commandent, de ceux qui sont commandés (14); et ceux qui sont commandés, de ceux qui commandent. Telle est la condition d'une âme bien organisée. La *raison* conserve, et les *passions* laissent conserver. La *raison* règle la mesure; et les *passions* la laissent régler. Le résultat de ce double rôle est le bonheur (15). Mettons, à présent, toute la classe des arts théoriques en rapport avec la *raison*, et qu'elle les coordonne avec les *passions*. Appelons ensuite *sagesse* ce qui est *science*, et *vertu* ce qui est le produit de la *science*. Si, après cela, nous transposons les noms, et que nous appelions la *science*, *vertu*, je demanderai, et cette dernière, d'où vient-elle? Car la *science* ne peut point être ce qui tire d'elle son origine. Appelerez-vous la *science*, *l'art des arts*? Ce n'est qu'un mot. L'appelerez-vous la *science des sciences*? Je vous entends;

et j'adopte votre expression, pourvu que vous m'accordiez une seule chose de bien légère importance, savoir, que vous appelerez simplement *art* ce qui est vraiment *art*, et simplement *science* ce qui est vraiment *science* (16). Séparez bien ces deux choses; et je suis de votre avis. Mais, si vous conservez le mot de *science*, et qu'après avoir fait abstraction des *passions* dans les élémens de ce mot, vous fassiez repasser les attributs de ces dernières dans la dénomination de la *science*, c'est tout comme si quelqu'un conservoit le nom d'*art* à l'art de Phidias, et qu'ensuite ayant fait abstraction de la matière, il donnât à l'*art* le nom de cette même matière. Voulez-vous que la *science* ait l'empire des bonnes mœurs? Non (17). Que cet empire appartienne à la raison. Voulez-vous qu'il appartienne à la raison (18)? A-la-bonne-heure: « que » celui-là seul règne, à qui le fils du vieux Saturne » a donné le sceptre (19)? » Mais sur qui régnera-t-il? Quels sujets lui assignerez-vous, pour exécuter ses ordres? Où sont les agens que vous voulez qu'il mette en œuvre? Le corps? Prenez garde à ce que vous faites. Vous franchissez l'ordre des grades, entre celui qui commande, et celui qui obéit, depuis le Général en chef jusqu'aux goujats de l'armée. Ne la voyez-vous point cette gradation? D'abord le Général en chef; ensuite les chefs de corps; ensuite les officiers subalternes; ensuite les soldats pésamment armés; ensuite les troupes légères; ensuite les archers. Les fonctions du service passent insensiblement du tout à chacune des parties, des plus braves aux plus lâches.

VIII. Mais je vois que vous êtes prêt à (20) me répondre que DIEU régit l'univers avec une perfection qui tient, à la fois, de l'*art* et de la *science*. A-la-bonne-heure.

En conclurez-vous que la *science* n'est autre chose que la *vertu* ? Car, si vous appelez la *science* de DIEU, *vertu*, je ne chicanerai point sur le mot. Il n'en est point de DIEU, comme de l'homme; son âme n'a point deux parties, dont l'une commande et l'autre obéisse. L'âme de DIEU est simple dans son essence, comme l'*entendement*, comme la *science*, comme la *raison*. Mais, si dans le mélange de deux choses, dont l'une vaut mieux que l'autre, vous appliquez à celle à qui le premier rang appartient, la dénomination de sa subalterne; je vous le passe, eu égard au *mot*, mais non pas en ce qui concerne la *chose*. Appelez la *science*, *vertu*, tant qu'il vous plaira, mais n'appelez point la *vertu*, *science*. Ce seroit, par Jupiter, mentir aux hommes, et les induire en erreur (21), que de leur faire croire que les objets de l'instruction théorique, que les connoissances spécialement appropriées à l'âme, les conduisent à la vertu. Certes, ils seroient dignes d'une bien haute recommandation, les sophistes, ces hommes qui savent beaucoup, qui parlent beaucoup, qui peuvent enseigner beaucoup, qui tiennent boutique de savoir, et le vendent au premier venu. La vertu auroit donc aussi son marché, et l'on en feroit trafic, (comme d'une marchandise).

IX. Mais, si, d'un côté, les préceptes sont évidens, et à la portée de tout le monde, si les maîtres et les écoles abondent de toutes parts; et que, de l'autre, les leçons de la morale trouvent les chemins intérieurs, qui les conduisent à l'âme, encombrés de *passions* revêches et brutales, de penchans pervers, d'habitudes iniques, de monstrueux désirs, et de pernicieux principes, il faut considérer que l'âme a besoin, avant tout, d'un bon naturel, comme un mur, qu'on veut élever, a besoin d'un fondement. Il faut ensuite que ce naturel soit entretenu par une éducation, par des habitudes, qui donnent à l'âme, pour tous les genres de bien, un goût qui s'accommode à toutes les circonstances, à toutes les périodes de la vie. A cela il faut encore ajouter l'*art* de maintenir invariablement les *passions* dans les bornes de la modération. C'est ainsi que l'âme devient heureuse, que les mœurs deviennent saines, que les opinions deviennent droites, et que de cette combinaison résulte l'harmonie morale. Ce qui accomplit la loi de DIEU, ce qui fait l'homme de bien, c'est que les *passions* se laissent conduire par la *raison*, qu'elles cèdent volontiers l'empire à la *science*. Car le vice n'a point une origine spontanée (22). Il la doit aux illusions (23) de la *volupté*.

NOTES.

(1) Plusieurs philosophes prétendoient que les vertus étoient des *arts*, ou des *sciences*. *Voyez* Aristote dans ses *Ethiques*, liv. VI, chap. 13. Le sixième des traités des *Œuvres morales de Plutarque* roule sur cette question, « Que la vertu se peut enseigner », et ce philosophe n'étoit pas moins décidé en faveur de l'affirmative de cette question que Maxime de Tyr. Bien plus, il pensoit que la vertu dépendoit tellement de l'éducation, que l'abstraction de celle-ci emportoit l'exclusion de l'autre. « O bonnes gens », dit-il, au commencement de son traité, « pourquoi est-ce qu'en niant que la bonté se » puisse enseigner, nous nions quand et quand qu'elle puisse être? » Car s'il est vrai que son apprentissage soit sa génération, en niant » qu'elle se puisse apprendre, nous afermons aussi qu'elle ne peut » donc estre ». (Je me suis servi de la version d'Amyot). Helvétius auroit-il emprunté, de cette opinion de Plutarque, son principe, « Que la bonté ou la méchanceté est dans l'homme *un accident* : le » produit de ses lois bonnes ou mauvaises »? (*De l'Esprit*, sect. V, chap. 3). Quant à moi, j'aimerois mieux le *sens moral* de Shaftsbury. Quoi qu'il en soit, n'est-il pas singulier que, la morale étant la

chose du monde la plus importante pour l'homme, il n'y ait jamais eu dans aucun établissement d'instruction publique, chez nous, une école où cette science ait été *spécialement* enseignée? Me dira-t-on qu'on auroit craint en cela d'empiéter sur l'apanage des prêtres? Quel dommage, en effet; ils ont rendu nos mœurs si pures, et ils ont tant multiplié le nombre des gens-de-bien!

(2) Dans le traité de *Plutarque*, que nous venons de citer, est une comparaison dans le même genre. Mais elle paroît plus frappante, parce que les termes sont plus rapprochés les uns des autres. « Ainsi » on ne pourra mettre la main au plat honnêtement, ni prendre la » coupe de bonne grâce, qui ne l'aura appris de jeunesse, ni se garder

» *D'estre goulu, ou friand, ou gourmand,*
» *Ni l'esclater de rire véhément,*
» *Ni mettre un pied, en croix, par dessus l'autre,*

» comme dit Aristophanes, dans la comédie des *Nuées*; et cependant » il sera bien possible qu'une personne sache comment il se faut gou- » verner en mariage, au maniement de la chose publique, vivre parmi » les hommes, exercer un Magistrat, sans avoir premièrement appris » comme il s'y faut comporter les uns avec les autres »? Version d'Amyot.

(3) Ce passage de Maxime de Tyr est assez difficile à comprendre. Il exige toute la contention d'esprit dont on peut être capable. Encore est-il aisé de se perdre au milieu de ces *abstractions*. Au demeurant, on voit qu'il sent, ici, lui-même la difficulté qu'on a de l'entendre, puisque dans la section suivante, il tâche de s'expliquer plus clairement.

(4) Scaliger a très-heureusement substitué, ici, à ὑπὸ φιλίας, tout-à-fait insignifiant, ὑπ' ἀφελείας, qui s'adapte bien avec la pensée de notre auteur.

(5) Cette incise n'est point dans le texte d'Heinsius, par une raison toute naturelle, c'est qu'il n'a point lu dans son original ποίημα ἡλίου, deux mots que les annotateurs Anglois ont rétablis dans le texte grec, sur la foi des manuscrits. L'Archevêque de Florence dut les trouver dans son manuscrit, puisqu'il traduisit, *quœ quidem* (lux) *diversa à sole est, opus solis, minimè tamen ipse sol.*

(6) Telle étoit la distribution et la classification des Arts, selon les idées de Platon. *Voyez* la note suivante.

(7) Les Anciens distribuoient en trois classes les Arts et les Sciences, en *mécaniques*, en *pratiques*, et en *théoriques*; l'Architecture, l'Art de construire les vaisseaux, et tous les autres Arts dont les ouvrages frappoient la vue, étoient de la première classe; l'Art de jouer des

divers instrumens de musique, de la flûte, de la cithare, et autres Arts analogues, dont le résultat ne tomboit point sous le sens des yeux, étoient de la seconde classe; la Géométrie, la science de l'Harmonie, l'Astronomie, et autres sciences du domaine de l'entendement, composoient la troisième classe. Telle est la distribution consignée dans un passage de *Diogène-Laërce*, liv. III. 84.

(8) Le texte porte littéralement, *cette belle marchandise*. J'avoue que je n'ai point osé admettre cette métaphore, qui, dans notre langue, n'auroit pas eu la grâce qu'elle a dans le texte grec.

(9) « Voici en quoi consiste le bon état de l'âme. Une de ses parties » est la *raison*, l'autre, l'*appétit irascible*, et la troisième, l'*appétit* » *concupiscible* La *raison* a l'empire de l'intelligence, l'*appétit irascible*, » celui des aversions, et l'*appétit concupiscible*, celui des désirs. Lors- » que ces trois parties n'ont qu'un même but, et qu'il y a de la con- » cordance entr'elles, alors l'unanimité, la vertu, existent dans l'âme, » mais lorsqu'elles sont en état de discorde et de guerre, c'est alors » la méchanceté qui existe ». Tel est le langage du Pythagoricien Théagès, dans le premier *Discours* de Stobée.

(10) Heinsius a suivi la leçon vulgaire, et a lu ἐπικαύσῃ. J'ai mieux aimé, avec Markland, lire ἐπικλύσῃ, et par les mêmes raisons que lui. Il est évident que le dernier mot s'adapte mieux à la marche du trope de notre Auteur. Et, à propos de cette correction, ce docte critique l'applique, en même temps, à un passage du dernier chapitre du Traité *du Sublime* de Longin, dont voici, à-peu-près, le sens : « Au » surplus, constitués (sous le rapport moral) comme nous le sommes, » ne nous vaut-il pas mieux avoir des maîtres que d'être libres? Car, » si l'on ôtoit toute entrave à nos passions; semblables à ces forcenés, » qui, délivrés de leurs chaînes, se jètent sur tout ce qui se présente, » elles *rempliroient* l'univers d'*un deluge* de calamités ». Pensée remarquable, et bien propre à fixer la méditation de ces songe-creux politiques, qui croient possible chez des Nations corrompues par tous les vices de la civilisation, ce qui ne seroit praticable qu'avec des hommes faits pour la *République* de Platon, ou pour l'*Utopie* de Morus!

(11) *Voyez* ci-dessus *Dissert. XVI*, sect. 9, où notre Auteur emploie la même comparaison.

(12) C'est la pensée de Sophocle, dans son *Ajax*, vers 158 et suiv.

Καί τοι σμικροί μεγάλων χωρὶς
Σφαλερὸν πύργου ῥῦμα πέλονται.
Μετά γάρ μεγάλων βαιὸς ἄριστ' ἂν
Καὶ μέγας ὀρθοῖθ' ὑπὸ μικρῶν.

(13) Il paroît que tous les manuscrits s'accordent à répéter ici le mot *liberté*, que Maxime de Tyr a placé plus haut. « A-la-bonne-heure », dit Markland, « dans une analogie fondée sur des données » prises dans l'ordre politique. Mais, ici, où l'analogie semble se ren- » fermer dans la sphère philosophique, il est naturel de penser que » Maxime de Tyr se sera servi du mot de la chose, qui est l'objet fon- » damental dans cette sphère; savoir, le *bonheur*; comme il a em- » ployé celui qui joue le même rôle dans l'ordre politique; savoir, *la* » *liberté*. D'ailleurs, en terminant cette Dissertation, et en résumant » tous ses développemens, il parle *du bonheur de l'âme*, et non pas » *de sa liberté* ». Ces considérations m'ont décidé pour la conjecture de Markland.

(14) Reiske a judicieusement aperçu que le texte étoit corrompu en cet endroit; et il l'a très-heureusement corrigé. Il est étonnant que, ni Davies, ni Markland, n'aient point été arrêtés par le galimatias de ce passage.

(15) Reiske pense, ici, que la particule négative est échappée aux copistes. Cela m'a paru évident, et j'ai traduit en conséquence.

(16) Markland conjecture, ici, quelque corruption. Cette idée peut paroître hasardée, puisqu'on tire du texte, tel qu'il est, le sens qu'il imagine, avec raison, être celui de Maxime de Tyr. En ôtant à la *science* l'empire des bonnes mœurs, pour ne l'attribuer qu'à la *raison*, notre Auteur se montre assez fidèle à la doctrine de Platon, son maître qui nioit que la vertu pût être enseignée.

L'annotateur Anglois remarque, d'ailleurs, qu'il y a beaucoup de subtilité dans ce qui précède; et il doute d'avoir bien saisi Maxime de Tyr. Il faut, en effet, une prodigieuse contention d'esprit, et une grande habitude des méditations métaphysiques, pour suivre les philosophes de l'antiquité, dans les espaces imaginaires de l'entendement où ils se jètent quelquefois.

(17) *Iliade*, chant second, vers 205.

(18) Lisez ci-dessous la note.

(19) Les manuscrits ne sont pas d'accord sur la véritable leçon de ce passage. J'ai cru devoir lire, en corrigeant la leçon de ceux que Davies a consultés, τὶ οὖν ἐκ ἄλλο ἡ ἐπιστήμη ἢ ἀρετή.

(20) L'original porte à la lettre, *je vois que vous avez à la main de quoi me répondre*, etc.

(21) Maxime de Tyr a raison de prendre, ici, le nom de Jupiter à témoin. Les Platoniciens avoient une si haute opinion de la vérité, ils en regardoient la science comme si étroitement liée avec le bonheur de l'homme, « qu'à leurs yeux, c'étoit un moindre crime de tuer » quelqu'un, sans le vouloir, que de le tromper sur le sujet du *Beau*, » du

» du *Bon*, du *Juste* et de l'*Honnête* ». Aussi Socrate, près de traiter une matière importante, et sur laquelle il est de la dernière conséquence de ne pas se tromper, invoque-t-il Adrastée, (la Divinité chargée de punir les crimes involontaires) et la conjure-t-il de ne pas lui imputer l'erreur où il n'est pas impossible qu'il tombe, quelque bonne foi qu'il mette à découvrir la vérité. Voyez *la République de Platon*, liv. V, au commencement.

(22) Cette doctrine, comme on voit, n'est pas celle du péché originel.

(23) Selon les philosophes, les hommes ne sont vicieux, que parce qu'ils sont ignorans; et ils en concluent que l'ignorance détruit la spontanéité, dans l'origine du vice. « Si quelqu'un », dit Alcinoüs, dans le chap. III, de son *Introduction à la philosophie de Platon*, « Si quelqu'un » se laisse aller à la méchanceté, ce ne sera pas vers le mal, qu'il croira » se porter, mais vers le bien; et, si quelqu'un tombe dans le mal, à » bon escient, c'est une erreur, c'est-à-dire, que d'un petit mal, il » croyoit en retirer un grand bien. Or, c'est en cela qu'il agit invo» lontairement. Car il est impossible de désirer le mal, en tant que » mal, sans en espérer du bien, ou sans avoir pour but d'éviter un » plus grand mal ». Voyez les *grandes Morales d'Aristote*, liv. III, chap. I; Arrien sur *Epictète*, liv. I. chap. 26; Sénèque, *de la Colère*, liv. I, n°. 14; et *de la Constance du Sage*, chap. 9.

Paris, le 16 brumaire an IX. (7 novembre 1801.)

DISSERTATION XXXIV.

Sur le moyen d'être exempt de toute douleur.

COMMENT rendre l'âme inaccessible à la douleur? A-t-on besoin pour cela d'un médecin, comme dans les douleurs du corps; et, outre le médecin, a-t-on besoin de médicamens, et d'un régime bien conditionné, pour produire la santé? Quel sera donc notre médecin pour l'âme? Quels seront nos médicamens? Quelles seront les règles de notre régime? Quant à moi, en conséquence de l'affection que je porte à toute l'Antiquité, je ne séparerai point les deux branches de l'art, l'une de l'autre. Je m'en rapporterai aux poëtes, qui nous disent, qu'il y avoit, sur le mont Pélion, un médecin qu'ils appèlent Chiron (1), dont l'art embrassoit les deux parties. Car il exerçoit le corps de ceux qui venoient à lui, et leur procuroit la plus brillante santé, en les faisant chasser dans les plaines et sur les montagnes, s'exercer à la course, coucher sur la dure, en leur faisant manger les bêtes prises à la chasse, et boire l'eau des fontaines. Mais, d'un autre côté, il avoit grand soin que l'âme ne le cédât point au corps, et qu'elle se distinguât, sous le rapport de la justesse du raisonnement, et de l'empire des passions. Il se montroit, tout à la fois, aussi profond dans la morale que dans la médecine (2); et les poëtes n'ont célébré son talent, à ce double égard, que sous une dénomination unique. Si, de nos jours, cet art, jadis individuel, a été démembré, n'en soyez point étonné; à moins que vous ne me montriez auparavant, que l'art de la médecine est resté dans son intégralité; qu'il n'a point éprouvé lui-même de démembrement, eu égard aux parties du corps; que l'on n'a point fait un art particulier pour les yeux, un autre pour les reins, un troisième pour telle autre partie du corps, et qu'au milieu de cette multitude de minutieuses divisions, l'art lui-même n'a point couru le risque de s'évanouir complètement, semblable à l'empire de Macédoine, qui, après la mort d'Alexandre, fut partagé entre plusieurs chefs, dont aucun ne fut capable de prendre les rênes de l'Empire entier.

II. Mais à quel propos avons nous fait, ici, mention de Chiron? Voyons, examinons ensemble si c'est sans raison. Si vous admettez, avec moi, qu'il est quelque chose qui doit être appelé *douleur du corps;* (et vous êtes forcé de l'admettre) si vous supposez ensuite que cette douleur s'introduit tout d'un coup dans le corps, qu'elle se répand également dans toutes ses parties, et qu'elle en altère la manière d'être naturelle, ainsi que le feu altère le fer, vous admettez ce que nous appelons du *feu* (3). Mais les médecins ont changé cette dénomination; et, afin que le mal nous parût moins considérable, ils se sont servis d'un diminutif du mot *feu*, et l'ont appelé *fièvre*, et non pas *feu*. Il est un autre genre de douleur, lors, par exemple, que la cause, l'origine du mal, est dans une seule des parties du corps, et que, de là, elle gagne et attaque toutes les autres parties. Or, rien n'est plus rapide que ce passage de la douleur de la partie malade à celle qui ne l'est point, comme il est aisé d'en faire l'épreuve, en effleurant seulement la pointe du pied. Car on dit, en proverbe, que la douleur vole en un instant de l'ongle de l'orteil à la tête. Croiriez-vous donc possible un semblable effet, si l'âme n'étoit pas répandue dans toutes les parties du corps, si elle n'étoit pas combinée avec lui comme la lumière l'est avec l'air ? Ou bien, faisons cette analogie : de même que, dans les sacrifices, le parfum de ce qui brûle sur les autels, en se combinant avec l'air intermédiaire, va frapper l'odorat des assistans éloignés ; de même que les couleurs viennent se peindre de loin dans les yeux, en imprégnant de leur teinte l'air au travers duquel elles passent ; de même il faut penser que l'âme est étendue dans toutes les parties du corps, de manière qu'il n'y ait aucune de ses parties qu'elle n'occupe, à l'exception des cheveux et des ongles, qui, semblables aux feuilles des arbres, sont les parties les moins susceptibles de sensibilité (4). D'après cette combinaison de l'âme avec le corps, elle partage ses douleurs et ses plaisirs ; et, si le siége de la douleur est dans le corps, le siége de l'impression qu'elle produit, est dans l'âme (5). Telle est la première voie par où l'homme est accessible à la douleur. Voici la seconde, qui se dirige en sens contraire de la première : car elle commence par l'âme, et finit par le corps. Lorsque l'âme est malade de quelque chagrin, le corps participe à sa maladie : il maigrit. Telle est la cause qui fait couler les larmes des yeux, qui rend le corps maigre et pâle, effets ordinairement produits par les chagrins de l'amour, par les privations dans la pauvreté, et par l'abandon dans le deuil. Le corps a encore une autre source de douleur, dans le ressentiment, la colère, l'envie, et tous les mouvemens déréglés de l'âme (6).

III. Mais à quoi bon tous ces détails ? Ils servent à montrer que, soit que la douleur arrive au corps par l'entremise de l'âme, soit qu'elle arrive à l'âme par l'entremise du corps, on ne doit avoir besoin contre elle que d'un seul et unique médecin; comme pour traverser l'Euripe avec succès, on n'a besoin que d'un seul pilote. Tenons cela pour démontré. Mais ce médecin, capable d'écarter la douleur, de quelque côté qu'elle vienne, qui nous l'indiquera? Car je doute, quant à moi, si je trouverai le pareil de ce Chiron, dont je viens de parler, pour me procurer le double genre de bien que je cherche. D'ailleurs, je n'ai pas une pleine foi à sa recette. Car c'est une grande affaire; il y a plus qu'à gravir le mont Ossa et le mont Olympe. Mais je n'ai pas non plus une entière défiance. Car à quoi l'âme qui ose tout, ne réussit-elle point, lorsqu'elle le veut (7)?

IV. Au milieu de cette alternative de foi et de défiance, d'ignorance et de savoir, voici comment je crois pouvoir me tirer d'affaire. Je pense bien qu'il n'y a qu'un art unique pour l'âme et le corps, et qu'il n'y en a point deux. Mais je pense qu'en opérant la guérison de celle de ces deux choses qui est la plus excellente, cet art opère celle de l'autre. A ce propos, je me rappèle ce que dit Socrate à Charmide (8): Ce n'est point ce qu'on trouve dans les vers magiques et dans l'enchantement du Thrace, c'est tout le contraire. Socrate dit donc que la guérison du tout emporte la guérison de la partie; et qu'il est impossible que la partie soit guérie avant le tout. Il a raison; je suis de son avis, pour ce qui concerne le corps. Mais dans la correspondance de l'âme et du corps, je pense tout le contraire. Car, lorsqu'une de ces deux parties est en bon état, il en doit nécessairement être de même de l'autre. Non que cela soit vrai de ces deux parties sans distinction (9);

mais seulement de l'une des deux (10). Car, dans l'aggrégation de la partie la moins importante avec celle qui l'est le plus, du maintien en bon état de celle-ci résulte celui de l'autre. Pensez-vous que l'homme qui est en pleine santé du côté de l'âme, tienne aucun compte d'une douleur qui lui survient, d'une blessure qu'il reçoit, ou de tout autre mal corporel? Non, par Jupiter! voilà la médecine à laquelle il faut s'attacher, et qu'il faut mettre à l'épreuve. Voilà le genre de santé qu'il faut se donner, et dont on doit être avide. Il ne tardera pas à rendre le corps inaccessible à toute douleur; ou du moins il lui fera mépriser celle dont il subira l'atteinte.

NOTES.

(1) Voici ce que les mythologues racontent de son origine: « Saturne cherchoit, dans la Thrace, son fils Jupiter. Il rencontra sur » son chemin Philyre, fille de l'Océan. Il devint amoureux de cette » Nymphe; et, métamorphosé en cheval, il la rendit mère du Cen» taure Chiron, qui inventa la médecine ». *Hygin. Fab. CXXXVIII.* Quoique Hyginus semble faire honneur à Chiron de l'invention de la médecine proprement dite; il paroît que ce Centaure ne fit autre chose qu'appliquer la Botanique à la Chirurgie, d'après ce qu'en dit Pline l'ancien, au septième livre de son *Histoire naturelle*, §. LVII: *Herbariam et medicamentariam à Chirone Saturni et Philyræ filio.* Hyginus lui-même restreint l'invention de Chiron à cette partie de l'art médical; témoin ce qu'il dit du même personnage, *Fab. CCLXXIV*: *Chiron Centaurus Saturni filius artem medicinam chirurgicam ex herbis primus instituit.* D'ailleurs, si l'on s'en rapporte à Homère, c'est par-là que la médecine a commencé: on voit, en effet, que c'est à cela que se bornent chez lui les fonctions de ses médecins.

Les *panacées* ont été, dans l'art de guérir, ce qu'a été la pierre philosophale dans l'Alchimie, une manie dont l'origine remonte assez haut, puisqu'on voit dans le XXVe. livre de l'*Histoire naturelle* de Pline, §. XIII et XIV, que, dans le nombre des *panacées* connues de son temps, on en attribuoit deux à Chiron. Au surplus, le nom de ce célèbre Centaure a fait proverbe chez les Anciens, en matière médicale; car on appelle *Ulcus Chironium*, ἕλκος Χειρώνειον, un ulcère très-difficile à guérir. S'il faut en croire Zénobius, dans sa collection des proverbes grecs, centurie VI, n°. 46, le mot *ulcère Chironien* veut dire, non pas un ulcère difficile à guérir, mais un ulcère incurable; et il fonde son interprétation sur un fait historique. Il raconte que, dans le combat d'Hercule contre les Centaures, Chiron fut blessé au pied par une des flèches de ce héros, et que cette blessure produisit un ulcère qui causa la mort de Chiron. De-là le proverbe.

(2) Ce n'est pas seulement sous le rapport des maux du corps, comme on voit, que Maxime de Tyr honore Chiron. C'est encore sous le rapport des maux de l'âme; et il paroit, en effet, que sa réputation, du côté de la morale, ne l'a pas rendu moins recommandable que son habileté dans l'art de guérir. En le présentant comme l'instituteur du premier de ses Héros, Homère joint à son nom la plus honorable des épithètes sous le rapport moral :

Ὃν Χείρων ἐδίδαξε δικαιότατος Κενταύρων,

et lorsque, par parenthèse, le *Scholiaste* d'Apollonius, sur le 558e. vers du premier chant du poëme des *Argonautes*, a nié qu'Homère ait dit qu'*Achille avoit été élevé par Chiron*, il ne s'est pas rappelé d'avoir lu, dans le onzième chant de l'*Iliade*, le 831e. vers. Cette épithète δικαιότατος a fixé l'attention d'Eustathe, le *Scholiaste* d'Homère, et il a remarqué qu'il falloit l'entendre dans un sens propre et personnel à Chiron, à l'exclusion des autres Centaures. Pindare, dans la quatrième de ses *Pythiques*, n'a pas rendu un moindre hommage à Chiron. Pélias invite Jason à lui dire qui il est, et d'où il vient, *en évitant de se souiller par d'odieux mensonges*. Jason lui répond : « Je me » conformerai aux principes d'éducation que j'ai reçus de Chiron. Car » j'ai été élevé chez lui, auprès de sa mère et de son épouse; ce sont » ses chastes filles qui m'ont nourri, et pendant les vingt années » qu'a duré mon éducation, je n'ai rien dit, je n'ai rien fait de con- » traire aux règles de la morale ». C'est dans ce sens que le *Scholiaste* de ce poëte lyrique a entendu ce passage, et surtout le mot διδασκαλίαν.

(3) C'est dans ce sens que l'on dit d'un fébricitant, qu'*il a le feu dans le corps*. Davies renvoie, ici, son lecteur à un très-beau passage de St.-Jean Chrysostôme, à la fin de son premier discours sur *le sacerdoce*, où ce célèbre orateur, en parlant d'un fébricitant, a employé le mot technique sans diminutif, καὶ τὰ μὲν δυνάμενα σβέσαι τὸ πῦρ, ἀποστρέφεται ὁ νοσῶν. Le fonds de ce passage vient d'ailleurs à l'appui de ce

qu'enseigne Platon, à la fin du second livre de son traité de *la République*, que l'on peut mentir et tromper, à bonne fin.

(4) Bien différent de Descartes, Platon pensoit que les plantes étoient animées. Nous l'avons déjà remarqué. *Voyez* ci-dessus *Dissertation XVII.*

(5) Heinsius a traduit, *Dolor tormentum est corporis, affectio animæ.* Ce sens paroît pouvoir se concilier avec celui que j'ai cru devoir donner à cette phrase, qui n'est pas d'ailleurs sans obscurité. Formey a traduit : « La douleur est tout à la fois un tourment du corps, et une » affection de l'âme ». Je doute que ce soit le sens de l'original. Lorsque Pacci a traduit, *Fitque propterea ut, in corpore, causa morbi sit, at ægritudinis, in animo*, il est possible qu'il ne se soit pas entendu lui-même.

(6) Davies remarque avec raison, qu'Heinsius, d'ailleurs si fidèle, s'est ici totalement mépris sur le sens du texte : *Quandoque Bonus dormitat Homerus.* Le traducteur Florentin ne s'y est pas trompé; et il est étonnant qu'Heinsius, à qui la version de Pacci n'a point été inconnue, n'ait pas pris la peine de la consulter, à l'aspect de la disparate qui résultoit du rapprochement de cette dernière période de sa phrase avec ce qui la précédoit.

(7) Maxime de Tyr auroit pu faire ici une noble application d'une belle pensée dont Théocrite a fait un usage burlesque dans la quinzième de ses *Idylles*, vers 61ᵉ. Il est question d'entrer dans le palais de Ptolémée, Roi d'Égypte, pour y voir les préparatifs magnifiques de la fête d'Adonis. Une femme, effrayée de l'aspect de la foule qui se presse aux portes, demande à une autre femme, « S'il est possible de » pénétrer ». Celle-ci chausse le cothurne, et lui répond : « Les Grecs » osèrent entreprendre de marcher contre les Troyens, et ils arri- » vèrent à Troye.

. . . . Ἐς Τροίαν πειρώμενοι ἦλθον Ἀχαιοί.

(8) Dans le traité de Platon, intitulé *Charmide.*

(9) Maxime de Tyr veut dire, ici, qu'il pense bien, comme Socrate, que dans la santé de l'âme, les maladies du corps sont comptées pour rien; mais qu'il ne pense pas (et c'est sur quoi tombe la contradiction dont il vient de parler) que quelle que puisse être la santé du corps, cette santé produise la santé de l'âme, lorsque, d'ailleurs, elle est malade. C'est cette réciprocité de la santé du corps, à la santé de l'âme, qu'il n'admet pas : explication qui nous a paru nécessaire pour la clarté et l'intelligence du texte.

(10) Socrate explique ce que c'est que ces vers magiques, cet enchan-

tement, auxquels Maxime de Tyr fait allusion, ici. « Voici, Charmide » en quoi consiste cet enchantement. Je l'ai appris à l'armée, d'un » Thrace, qui étoit un de ces médecins de Zamolxis, qui passent pour » avoir le don de rendre les hommes immortels. Ce Thrace disoit que » les médecins Grecs parloient très-pertinemment, comme je viens » de le faire, des moyens de guérir les maladies; mais que Zamolxis, » leur Roi et leur Dieu, l'entendoit autrement, et que, selon lui, de » même qu'il ne falloit point entreprendre de guérir les yeux sans » guérir la tête, ni de guérir la tête sans guérir le corps; de même il » ne falloit point entreprendre de guérir le corps sans guérir l'âme, » et que c'étoit la raison pourquoi les médecins Grecs manquoient » plusieurs maladies; parce qu'ils ignoroient l'art d'embrasser l'en- » semble, chose qui devoit être le premier objet de leur attention ». Et, un peu plus bas, Socrate dit en propres termes, que par ces enchantemens il faut entendre les discours sur la morale, τάς δ'ἐπῳδὰς ταύτας τοὺς λόγους εἶναι τοὺς καλούς.

Cette doctrine de Zamolxis et de Socrate, sur l'étroite correspondance, sur l'intime liaison des maladies du corps et des maladies de l'âme, n'est pas aussi suspecte de paradoxe qu'elle peut le paroitre au premier coup-d'œil. Rien ne seroit, sans doute, plus ridicule que de la travestir en logomachie; et d'ériger en principe rigoureux, que, lorsque l'âme n'est atteinte d'aucune maladie morale, les maladies du corps ne sont rien, quelles qu'elles soient d'ailleurs. On se moque, non sans raison, de Possidonius, qui, discourant sur le mépris de la douleur, en présence du grand Pompée, et pressé par les poignantes étreintes de la goutte, s'interrompt par intervalles, apostrophe sa maladie, au milieu de ses souffrances, et s'écrie, dans ses stoïques rodomontades : « Douleur, tu as beau faire; je n'avouerai jamais que tu » sois un mal ». Ce n'est point dans ce sens-là que Socrate l'entendoit. Sa pensée étoit qu'à l'exception du petit nombre de maux physiques, résultat nécessaire de notre organisation, la plupart de nos maladies sont l'effet plus ou moins prochain de nos passions et de nos vices; et que nos meilleures règles d'hygiène sont dans les préceptes de la sagesse et dans l'habitude de la tempérance. Aperçu philosophique aussi juste que profond; mais duquel on ne doit pas s'attendre que le commun des hommes sente jamais le mérite et le prix!

DISSERTATION XXXV.

Quelle est la fin de la philosophie?

LE Crotoniate aime l'olivier d'Olympie (1) : l'Athénien aime la palme navale : le Lacédémonien aime le service militaire dans l'infanterie : le Crétois aime la chasse : le Sybarite aime le luxe : le Thébain aime la flûte : et l'Ionien aime le chant et la danse. D'un autre côté, le marchand aime l'or : le buveur aime la taverne : ceux qui cultivent les Muses aiment la galanterie (2) : le chanteur aime les vers : et le Rhéteur aime les sujets d'éloquence. Et cet original (3), à qui les hommes donnent le nom de *philosophe*, n'aime-t-il absolument rien? Il seroit donc une pierre, et non pas un être capable de voir, de respirer, de se mouvoir, de penser, d'éprouver des désirs, des sensations, des appétits. A-la-bonne-heure; il aime bien quelque chose, mais il ne pourra pas vous dire, en un seul mot, ce qu'il aime. Qu'est-ce donc à dire, le bonheur? Vous êtes bien bon de penser qu'aucun de ceux dont nous venons de parler, se croie moins sage que vous, dans l'objet de sa prédilection, et que chacun ne vous répondra pas que c'est dans la vue *du bonheur* qu'il se livre à la gymnastique, à la boisson, au trafic, à la chasse, à la danse (4), à la guerre, à l'amour, au chant, à l'éloquence. Pensez-vous que Sardanapale, en se plongeant dans la mollesse, en amortissant ses livides yeux, en se peignant avec tant d'élégance, en s'enfonçant dans la pourpre, en se claquemurant dans ses palais au milieu de ses courtisanes, ait cherché autre chose que *le bonheur*? Certes, il n'avoit pas l'intention d'être malheureux. Quoi donc! Ce Perse qui réduisit en cendres les temples des Egyptiens (5); celui qui couvrit leur fleuve d'outrages, qui fit immoler leur bœuf Apis, ne tendoit-il pas au même but, par de semblables prouesses? Et Xerxès, ne diroit-on point qu'il a pu le disputer *en bonheur* à Jupiter, (tant il se persuada à lui-même qu'il possédoit le bonheur dans toute sa réalité) lorsqu'à l'aide de ses vaisseaux de transport disposés en guise de pont, il eut formé un point de contact éphémère entre l'Europe et l'Asie (6)? Lorsque, tandis que chez Homère, Neptune est égal en puissance à Jupiter, il s'imaginoit l'avoir fait fustiger et mettre en prison (7)?

II. Mais pourquoi parler des Princes Barbares? Ne voyez-vous point Pisistrate, un Grec, un Athénien, marchant, sans relâche, vers la citadelle, comme si *le bonheur* y avoit été déposé pour lui avec l'antique olivier (8)? On diroit qu'il n'y a plus pour lui de repos, s'il ne parvient à s'en rendre maître. La prédiction égyptienne (9) ne fut point capable de persuader à Polycrate de ne point s'enorgueillir de sa prospérité, tandis qu'il dominoit sur toute la mer d'Ionie, tandis qu'il avoit à sa disposition de nombreuses flottes; tandis qu'il possédoit une bague du plus grand prix, et qu'il avoit à sa Cour, dans Anacréon un ami, et dans Smerdis un Ganymède. Mais Pisistrate et Polycrate ressembloient à ceux qui se laissent éblouir par les prestiges spécieux et par les funestes illusions du luxe et des jouissances. N'entendez-vous point Homère, louant les Æacides, « de ce qu'ils alloient à la guerre » avec autant de gaîté de cœur qu'à un festin (10) »?

Et néanmoins, quelque peu aimable que soit la guerre, elle a été aimée par des hommes qui n'étoient pas sans mérite. Tel fut autrefois ce Philippe, qui pouvoit fort bien rester tranquille dans la Macédoine, vivre content des trésors d'Amyntas, s'en tenir au *bonheur* de Perdiccas, au lieu de l'aller chercher ailleurs, comme s'il s'étoit envolé de son royaume. Tel fut, à ce qu'il paroît, le motif qui le poussa à combattre contre les Triballes, à faire une irruption en Illyrie, à assiéger Bysance, à renverser de fond en comble Olynthie, à tromper les Athéniens, à se coaliser avec les Thessaliens, à faire alliance avec les Thébains, à s'emparer d'Élatée, à saccager la Phocide, à se rendre parjure, menteur, et à se faire mutiler. Il ne respectoit ni sa parole, ni ses traités. Il n'avoit égard ni à la honte, ni à l'infamie. Demandons à Philippe, en échange de quoi il s'est exposé à tant de fatigues, à tant de dangers, et à se faire crever les yeux (11). Aimois-tu donc le *malheur?* Question ridicule. Sans doute, Philippe ne rencontra point ce qu'il cherchoit, mais ce fut le désir *du bonheur* qui le lança dans la carrière. Ce fut pour la même raison qu'Alexandre, ayant dit adieu à l'Europe, comme dénuée d'élémens de bonheur, passa en Asie, dans l'idée qu'il étoit, à Sardes, au milieu de ses richesses; en Carie, dans le trésor de Mausole; à Babylone, dans ses murailles; en Phénicie, dans ses ports; en Egypte, sur ses rivages, ou dans les sables des Hammoniens. Ce ne fut pas assez pour lui de Darius en fuite, de l'Egypte envahie, de la salutation du grand-prêtre de Jupiter Hammon (12), et de Babylone en sa puissance. Il poussa ses armes jusqu'aux Indes. Demandons-lui la cause de tant d'expéditions. Que desires-tu? Qu'ambitionnes-tu? Quel est l'objet que tu t'obstines à poursuivre? Que répondra-t-il, sinon, *le bonheur?*

III. Mais laissons-là les Rois et les Souverains. Jetons nos regards sur les conditions privées. N'y voyons-nous pas chacun, de tous côtés, courir après *le bonheur*? Et celui qui travaille la terre; et celui qui fait le commerce maritime; et celui qui embrasse la profession des armes; et celui qui consacre ses loisirs à l'étude des Lettres; et celui qui se marie; et celui qui se charge d'élever des enfans; et celui qui fait le métier de voleur; et celui qui se livre à des jouissances infames; et l'intrigant qui, par des bassesses, se ménage des libéralités dans les testamens; et celui qui vit dans l'adultère; et celui qui vend ses services? La plupart s'exposent à des inconvéniens, à des dangers, au milieu des gouffres et des abîmes. Ils seroient dignes de pitié, s'ils n'agissoient point avec connoissance (13). Mais il en est parmi eux qui portent même de l'affection dans ce qu'ils font. Et cette nombreuse classe d'individus qui vit dans l'oisiveté et à l'aventure, a-t-elle renoncé à toute spéculation *de bonheur*? Non, certainement. Car les flatteurs ne se donneroient pas tant de peines pour caresser les passions des riches; ni les farceurs pour exciter le rire et les battemens de mains; ni ceux qui font le métier de jongleurs et de baladins (14) ne se feroient une si grande affaire des tours de force et de souplesse qu'ils font exécuter à leur corps; ni tous autres qui attachent une grande importance à ce qu'ils inventent, quelque futile qu'en soit la matière, n'y mettroient point un aussi vif intérêt.

IV. Un Ionien vint à Babylone se présenter au grand Roi, et lui montrer un tour d'une adresse extraordinaire. Cet Ionien faisoit de petites balles rondes d'une espèce de pâte à gâteau (15). Il plantoit une aiguille, la pointe en haut; et de loin, il jetoit ses balles sur la pointe de l'aiguille avec une telle justesse, qu'il ne la manquoit jamais. Cet homme, avec ses boulettes et son aiguille, se figuroit, sans doute, être un aussi grand personnage qu'Achille avec ses flèches du mont Pélion. Dans la Lybie, un Lybien nommé Psaphon, ambitionna un genre *de bonheur* qui n'étoit, certes, ni médiocre, ni vulgaire. Il voulut passer pour un Dieu. Il ramassa plusieurs oiseaux de l'espèce de ceux qui parlent en chantant (16). Il les instruisit à articuler ces mots, *le grand Dieu Psaphon*. Il les laissa ensuite s'envoler dans les montagnes. Ces oiseaux y répétèrent ce qu'on leur avoit enseigné; et les autres oiseaux de la même espèce l'apprirent et le répétèrent avec eux. Les Lybiens ne doutèrent point que ces oiseaux ne fussent inspirés par les Dieux. Ils offrirent des sacrifices à Psaphon, et ils le proclamèrent leur Dieu, sur la foi de ce prestige (17). Ce Lybien, à mon avis, ne fut pas moins adroit que ce Darius, dont les Perses ne voulurent point pour leur Roi, jusqu'à ce que la couronne lui eût été déférée par le hennissement d'un cheval en rut (18).

V. Il n'y a donc, parmi les choses humaines, rien qui réunisse tous les goûts. Chacun des hommes attache l'opinion de son propre bien à des affections particulières (19). Chacun suit une route différente, chacun se fait son sort et sa condition à part. A la vérité, un désir commun à tous c'est celui *du bonheur*. Mais ils ne le trouvent pas plus les uns que les autres. Semblables à ceux qui chercheroient de l'or et de l'argent dans les ténèbres, sans connoître, d'ailleurs, le son propre et distinctif de ces deux métaux, et qui, n'ayant, pour le juger, que l'infidèle ressemblance du poids et du tact, se jeteroient les uns sur les autres, se pousseroient et se repousseroient tour-à-tour; n'osant lâcher ce qu'ils tiendroient déjà, de peur que ce ne fût ce qu'ils cherchent; n'osant non plus cesser de chercher, de peur de ne rien tenir encore. De là, du tumulte, des querelles, des provocations, des clameurs de la part de ceux qui se tourmenteroient à chercher, à se plaindre, à se poursuivre les uns les autres, à se lamenter, et à se dépouiller réciproquement. Quelquefois ils pousseroient tous des cris d'allégresse, ils chanteroient victoire à l'envi, comme s'ils étoient déjà en possession du vrai bien. Mais aucun d'eux ne le possèderoit encore; et dans leur commune défiance, chacun chercheroit à découvrir ce que son voisin auroit trouvé (20).

VI. Telle est l'espèce de maladie qui travaille la terre et la mer. C'est elle qui appèle les Citoyens à leurs assemblées politiques (21): c'est elle qui institue les tribunaux: c'est elle qui encombre les prisons: c'est elle qui construit des vaisseaux: c'est elle qui fait voguer les galères: c'est elle qui met les armées en campagne: c'est elle qui fait monter la cavalerie sur ses chevaux, les cochers sur leurs chars, les tyrans dans les citadelles (22): c'est pour elle que les Généraux et les troupes mercenaires (23) s'abandonnent au massacre et à l'incendie: c'est pour elle que d'autres font des enfans, et que d'autres se marient (24): ce n'est pour nulle autre chose que pour l'espérance de ce *bonheur* dont ils ignorent les vrais élémens, que les hommes supportent une infinité d'autres maux. DIEU a planté dans le cœur de l'homme le désir du *bonheur* comme un germe de feu; mais il le lui a rendu difficile à trouver. « Sa racine est noire, et sa fleur » blanche comme le lait (25) ». Car Homère ne m'en imposera point avec l'obscurité de son mot. Je connois son *moly*: je pénètre son énigme; et je vois clairement ce qu'est cette chose, « que les mortels ont tant de » peine à trouver, et dont les Dieux possèdent toute » la science (26) ».

VII. Cependant Apollon nous parle dans ses oracles, tantôt d'une misérable marmite qui bout en Lydie (27), tantôt d'un rempart de bois, tantôt d'un isthme extrêmement resserré, tantôt d'un tremblement de terre qui vient, tantôt d'une guerre qui se prépare, tantôt d'une famine prochaine. Mais il ne nous dit rien de cette question bien plus ancienne que toutes les autres, et bien plus digne de devenir la matière d'un oracle, quel est le moyen d'empêcher que les hommes ne se fassent la guerre, qu'ils n'ayent besoin de remparts, qu'ils n'ayent la famine à craindre. Certes, nous n'apprendrons cela ni de l'Apollon de Delphes, ni du Jupiter de Dodone, ni du Dieu de toute autre contrée. Mais la philosophie nous l'enseignera. O le bel oracle ! ô la divination, source des plus salutaires résultats! Je croirai à ce qui sortira de ta bouche, si j'y vois de la concordance. Dis-moi des choses qui ne soient point susceptibles de controverse. J'ai besoin d'une prédiction sur la foi de laquelle je vive en pleine sécurité. Quelle destination assignes-tu à l'espèce humaine ? Quelle route lui traces-tu ? Vers quel but la diriges-tu ? Qu'il soit unique pour tous, et commun à tous. Néanmoins je vois aujourd'hui plusieurs colonies de philosophes, dont les unes vont d'un côté, et les autres de l'autre, ainsi qu'on vit autrefois Cadmus aller en Béotie, Archias à Syracuse (28), Phalanthe à Tarente (29),

Nélée

Nélée à Milet (30), Tlépolème à Rhodes. Sans doute, il est nécessaire que la terre soit morcelée, et que, tandis qu'une partie est habitée par certain peuple, une autre partie soit habitée par un autre peuple. Mais *le bien* est un, indivisible ; rien ne lui manque ; il n'a besoin de rien ; il a tout ce qu'il faut pour suffire à un être raisonnable et intelligent, de même qu'un seul soleil est l'unique *bien* dans la nature visible, qu'une seule musique est l'unique *bien* dans les choses qui sont du ressort de l'ouïe, et qu'une seule santé est l'unique *bien* dans les choses qui appartiennent à la vie. Or, il a été assigné à tous les animaux, à chacun dans son espèce, un *bien* unique pour leur conservation. Tous ceux qui se ressemblent, ont une même manière de vivre, une même fin, les volatiles, les quadrupèdes, les reptiles, les aquatiques, ceux qui se nourrissent de chair, ceux qui vivent de fourrage, ceux qui mangent des fruits, ceux qui se réunissent en troupeau, ceux qui s'apprivoisent, ceux qui ne s'apprivoisent pas, ceux qui ont des cornes, et ceux qui ne sont pas cornus. Les faire changer de genre de vie, ce seroit renverser l'ordre de la Nature. Et l'espèce humaine, la plus sociable, la plus douce de toutes les espèces, celle qui aime le plus ses semblables, et qui a le plus de Raison, court risque d'être poussée à des affections contraires, non-seulement par des désirs grossiers, par des appétits désordonnés, par des passions frivoles, mais encore par la philosophie, la plus stable de sa nature, de toutes les choses du monde, mais qui ne laisse pas d'admettre diversité de sectes, et de chefs, qui sépare, qui disperse le troupeau, et dirige les uns d'un côté et les autres de l'autre : Pythagore vers la musique, Thalès vers l'astronomie, Héraclite vers la solitude, Socrate vers l'amour, Carnéade vers l'ignorance (31), Diogène vers le travail, Épicure vers la volupté. Voyez-vous combien de chefs! Voyez-vous combien de systèmes! Du côté duquel se tourner? Lequel admettre? Auquel croire? Auquel s'attacher (32)?

NOTES.

(1) C'est-à-dire, la couronne des jeux olympiques.

(2) Le grec porte ὁ μουσικός. Pacci a traduit *musicus*. Heinsius a rendu le mot grec par *elegantiores homines;* et Formey a exprimé le mot latin par *les gens-du-bel-air*. Je n'ai aperçu dans aucun lexique, sous le mot μουσικὸς, rien de relatif à l'acception qu'Hensius lui a donnée.

(3) Le texte dit littéralement, *cet animal, cette bête*. J'ai cru devoir modifier le sarcasme.

(4) Le grec porte, *à l'agriculture*. Mais Markland a observé que dans le début de la Dissertation, il n'étoit pas question des *agriculteurs ;* et il a pensé qu'au lieu de γεωργεῖ il falloit lire χορεύει. Je l'ai suivi.

(5) Le texte grec, sur lequel Heinsius a travaillé, ne renferme point ces paroles. Davies les a rétablies, sur la foi de la version de Pacci, et des deux manuscrits qu'il a pris lui-même pour guides. Au reste, le Roi de Perse, dont il s'agit ici, c'est Cambyse, suivant Strabon, liv. XVII; Justin, liv. I, n°. 9; et Hérodote, liv. III. Pancirole s'est trompé, lorsqu'il a mis ce trait sur le compte de Xerxès. Mais, en nous donnant la raison qui fit incendier les temples d'Égypte, il ajoute une réflexion dont la hardiesse mérite d'être remarquée, eu égard à la qualité de l'écrivain; (il étoit professeur en Droit dans une des plus célèbres universités d'Italie, à Padoue); et eu égard au temps où il écrivoit, (c'étoit dans le 16e. siècle, car il mourut en 1599). « *Longè aliter Xerxes, qui, Magis Persarum auctoribus, templa Græciæ inflammavit, quia includi Deos nefas parietibus putarent, quibus* » *omnia essent libera et patentia, et quibus mundus totus domus esset.* » *Quod utinam ii pependerent qui sacrosanctum Christi corpus Eucharis-* » *tico pani, vi et efficaciâ obmurmuratæ consecrationis suæ, quam vo-* » *cant, includi posse, cùm sibi, tum aliis, nugatoriè et impiè persuadent!* » *Ipsum illum Deum, quem ex pane sibi fingunt, nefariè et non absque* » *piaculo deglutientes, et ad saxa atque ligna insuper, saxis atque lignis*

» *stupidiores ipsi procumbentes, quod et mirabile, et maximè ridiculum* ». Ils avoient, en effet, une bien plus haute, une bien plus auguste, une bien plus religieuse opinion de l'Être Suprême, ces Mages qui conseillèrent à leur Roi de brûler les temples des Égyptiens, parce qu'ils regardoient comme un crime, de renfermer dans l'étroite enceinte d'un édifice, celui qui remplit l'univers entier de sa présence, que ceux qui s'imaginent le faire descendre et l'emprisonner dans le pain de l'Eucharistie, par l'efficace de ce qu'ils appèlent la consécration.

Vid. *Guidon. Panciroli, rerum deperditarum*, lib. I. *De argent. Suppellectili, in commentariis, pag.* 236.

(6) Les annotateurs Anglais ne sont point, ici, d'accord. Davies soupçonne une altération que Markland refuse d'admettre. Reiske est de l'avis de Markland. Davies me paroît, néanmoins, avoir quelque raison de douter que Maxime de Tyr ait eu, au sujet de la prétendue réalité du bonheur de Xerxès, une opinion si peu compatible avec les principes philosophiques. Quoi! Maxime de Tyr auroit sérieusement pensé que le Roi de Perse qu'il cite, posséda le vrai bonheur, parce qu'il accompagna une opération gigantesque de puérilités ridicules!

(7) Hérodote rapporte que lorsque Xerxès eut fait jeter son pont de bateaux sur l'Hellespont, il survint une tempête qui brisa tous les cordages, et fit disparoitre le pont; et que le Roi de Perse, instruit de cet événement, ordonna qu'on donnât trois cents coups de fouet à l'Hellespont, et qu'on jetât dedans une paire de chaînes. Au reste, il est permis de douter de tous ces détails historiques d'Hérodote : Juvénal au moins n'y ajoutoit pas une grande foi :

. . . . *Creditur olim*
Velificatus Athos, et quidquid Græcia mendax
Audet in historiâ ; cùm stratum classibus ísdem
Suppositumque rotis solidum mare.

(8) Maxime de Tyr fait allusion à ce que dit Hyginus dans la 164e. de ses fables. « Neptune et Minerve disputoient à qui bâtiroit, le premier, une ville sur le territoire de l'Attique. Jupiter intervient, » et décide en faveur de Minerve, qui avoit pris possession, en plantant un olivier », lequel olivier, s'il faut en croire ce qu'on en disoit du temps de l'auteur, quel qu'il soit, de ces rapsodies attribuées à Hyginus, contemporain de Jules-César, subsistoit encore à cette époque. *Credat judæus apella.*

(9) Polycrate, tyran de Samos, possédoit une bague du plus grand prix. Il la jeta dans la mer. Quelque temps après, des pêcheurs prirent un poisson, dans le ventre duquel on trouva la bague de Poly-

crate. Cet événement fit du bruit. Amasis, qui régnoit alors en Égypte, l'ayant entendu raconter, en tira un pronostic funeste contre Polycrate; et prophétisa que, dans peu, ce Prince feroit un mauvaise fin. Ce qui ne manqua pas d'arriver. Voyez *Straton*, liv. XIV, et *Hérodote*, liv. III. Au reste, ce Polycrate est le même tyran que Pythagore, à son retour d'Égypte, trouva, à Samos, le sceptre à la main. Circonstance qui fit renoncer le philosophe à sa patrie, quelque effort que fit Polycrate pour l'y retenir, et qui l'amena en Italie.

(10) La mémoire de Maxime de Tyr l'a trompé, ici. Ce n'est point Homère, c'est Hésiode qui attribue aux Æacides l'intrépidité belliqueuse dont il s'agit. A la vérité on ne cite pas le poëme d'Hésiode, d'où ce passage est emprunté. Mais on invoque le témoignage de Polybe, au commencement de son livre cinquième. Je l'ai consulté; et en effet il attribue le passage en question à Hésiode.

(11) J'ai admis la correction de Markland, qui lit ὀμμάτων, au lieu de σωμάτων. Il paroit, en effet, que notre Auteur, en ce qui concerne Philippe, fait allusion à ce qui lui arriva, au siége de la ville de Méthon. Justin, dans son liv. VII, chap. 6, rapporte que, pendant que Philippe faisoit le tour des murailles, une flèche partie de la main d'un des assiégés lui creva l'œil droit.

(12) Quinte-Curce raconte, liv. IV, chap. 7, qu'Alexandre pénétra dans la Lybie, et qu'il y vint consulter le célèbre oracle de Jupiter Hammon. On ajoute qu'il fut introduit seul dans le temple; que tous ses Lieutenans restèrent à la porte; et qu'à son approche, le plus ancien des prêtres l'appela *son fils*, en lui disant que Jupiter, son père, lui inspiroit de lui donner ce nom. *Hoc nomen illi parentem Jovem reddere affirmans.*

(13) Le texte est évidemment altéré, ici. J'ai adopté un autre sens que celui d'Heinsius et de Formey. C'est aux critiques et aux gens de goût à juger.

(14) Il m'a paru que Maxime de Tyr désignoit, ici, clairement les bateleurs et les baladins.

(15) Le mot ἁμάξας du texte, qui, dans son sens ordinaire et propre, signifie, *char*, *chariot*, a été la croix des critiques. Le moyen, en effet, de concevoir *des chars*, *des chariots* lancés de loin sur la pointe d'une aiguille. Il a donc fallu avoir recours aux conjectures. Dans la version du traducteur Florentin, on a lu *offulas*, et dès lors on n'a pas douté qu'il n'eût trouvé dans son manuscrit, μάζας, qui veut dire *gâteau*, ou *pâte à gâteau*, à la place de ἁμάξας. Dans le *Lexique* de Scapula, j'ai trouvé sous le radical ἅμαξα le mot ἁμαξὶς, ἁμαξίδες, avec cette explication, *placentæ genus*, *ut annotat Scholiastes Aristophanis*. Ce Scholiaste dit, en effet, sur le 862e. vers *des Nuées*, que le

mot ἀμαξὶς signifie une espèce de *gâteau*. Il est donc évident qu'il faut lire dans le texte, ἀμαξίδας, au lieu de ἀμάξας.

(16) C'étoient des *perruches* ou des *perroquets*. Διὰ τῶν ψιττακῶν, dit, en effet, le *Scholiaste* de Dion-Chrysostôme.

(17) Nous devons ce conte au *Scholiaste* de Dion-Chrysostôme, Oraison première, page 3. Il n'y a de différence que dans le nom du personnage, qu'il nomme *Apsepha*, au lieu de *Psaphon*.

(18) Justin, dans le premier livre de son *Histoire*, chap. 10, rapporte, avec un détail curieux, les circonstances de cette supercherie. Hérodote, qui raconte les mêmes détails dans son *liv. III*, y ajoute une circonstance de plus, c'est qu'au moment où le cheval de Darius venoit de hennir, un éclair brilla, et que le tonnerre se fit entendre, par le plus beau temps du monde.

(19) C'est-là le fameux

. . . . . *Trahit sua quemque voluptas*

du chantre de Mantoue.

(20) Markland conjecture, qu'au lieu de ῥήματα, qui signifie *paroles*, *discours*, et qui semble dans ce sens être, ici, une disparate, il vaut mieux lire, εὑρήματα, qui veut dire, *les choses qu'on a trouvées*, et dont le sens coïncide parfaitement avec l'ensemble de ce qui précède. J'ai trouvé cette conjecture trop judicieuse pour ne pas l'adopter.

(21) Remarquons, ici, que le mot grec ἐκκλήσια, qui, dans le droit public des Anciens, signifioit proprement, *Assemblée politique des Citoyens*, lorsqu'il a été transplanté dans le Droit canonique, a signifié *Assemblée religieuse des Croyans*. Du mot grec, vint le mot latin *Ecclesia*, et de ce dernier, le mot *Église*.

(22) Allusion à Pisistrate, dont il a été question plus haut.

(23) Chez les Anciens, et notamment chez les Grecs, les armées étoient quelquefois composées, partie de Citoyens qui, se battant pour l'intérêt de leur patrie, ne mettoient rien de mercenaire dans le service des armes ; partie d'étrangers qui se vendoient pour le métier de la guerre, comme l'on vendoit, il n'y a pas encore long-temps, les Allemands et les Suisses. C'est à ce dernier genre de milice que les Grecs avoient approprié les mots du texte ξεναγοὶ καὶ μισθοφόροι.

(24) Quoi donc, Maxime, mettriez-vous sérieusement *le mariage et la procréation des enfans*, sur la même ligne que les autres traits de votre passage, lesquels je vous permets de compter parmi les fléaux de l'espèce humaine ! Je vous en demande pardon : mais cela ne seroit ni moral, ni politique.

(25) Telle est l'expression d'Homère, au dixième chant de l'*Odys-*

sée, au sujet du préservatif que Mercure donna à Ulysse, pour le rendre inaccessible aux enchantemens de Circé.

(26) *Odyssée*, chant 10, vers 306.

(27) Crésus, Roi de Lydie, curieux d'interroger les Oracles sur une question qui l'intéressoit beaucoup, s'avisa d'un expédient unique, pour connoitre celui de ces Oracles qui méritoit le plus sa confiance. Il voulut faire consulter tous ceux de son temps qui avoient quelque réputation. Il fit partir à la même époque, les divers messagers qui furent chargés de cette mission. Ils eurent ordre de ne se présenter pour interroger l'Oracle, qu'au jour fixe et déterminé, qui fut le même pour tous, le centième de leur départ, et de faire tous la même question; savoir, *A quoi s'occupoit, en ce moment-là, le Roi Crésus*. Cet ordre fut ponctuellement exécuté; et, de toutes les réponses rapportées au Roi de Lydie, il n'y eut de vraie, que celle de l'Oracle d'Apollon à Delphes, qui répondit, « Qu'il sentoit l'odeur d'un bouil- » lon de tortue, avec de la chair d'agneau, dans une marmite d'airain ». Hérodote, qui rapporte tous ces détails dans son premier livre, nous a transmis la propre réponse de l'Oracle.

(28) Il ne faut pas confondre cet Archias avec le poëte de ce nom, pour lequel Cicéron prononça une de ses plus belles Oraisons.

(29) Eustathe et Henri-Étienne ont eu des doutes sur la vraie dénomination de cet ancien Grec. Mais le savant Lefevre, dans ses notes sur le 3e. livre de Justin, p°. 4, a fait voir que *Phalante* étoit son véritable nom. Un ancien Scholiaste d'Horace, à propos de ces mots de l'*Ode VI* du livre second :

Et regnata petam Laconi
Rura Phalanto :

raconte que ce Phalante fut chassé de Lacédémone, sa patrie, à cause que, pendant que les Lacédémoniens étoient à la guerre, il avoit laissé leurs filles faire des enfans avec des esclaves. A leur retour, ils bannirent tous les enfans nés de ce commerce; et Phalante, banni avec eux, leur procura un asyle dans la ville de Tarente, dont il fut le fondateur. Voyez *Strabon*, liv. VI.

(30) Les Anciens ne sont pas d'accord sur le vrai nom de ce fondateur de Milet. Un manuscrit anglois de Maxime de Tyr lui donne le nom de *Nérée*. *Élien*, liv. VII, chap. 5; Harpocration, *verbo* Ἐρυθραῖοι; le Scholiaste de Callimaque, sur le 77e. vers de l'*Hymne à Jupiter*, l'appèlent *Nélée*; Hérodote, liv. IX; Pausanias, liv. VII; Diogène-Laërce et Suidas, le nomment *Neilée*; et Henry de Valois, sur *Ammien-Marcellin*, liv. XXVIII. 1, pense que cette dernière dénomination est la véritable. On ne s'accorde pas davantage sur son origine.

Car plusieurs le font fils de Codrus ; et *Strabon*, liv. XIV, dit qu'il étoit de Pylos.

(31) Carnéade prétendoit que l'Entendement humain ne pouvoit arriver à la compréhension de rien de ce qui existe dans la Nature : *Nihil ab homine comprehendi, atque omnia cæcis obscuritatibus involuta*, dit Arnobe, lib. II, p. 68, en parlant de ce philosophe. Hermias, dans son ouvrage intitulé, *Irrision. Gentilit. Philosoph.* cap. 15, s'en explique de la même manière. *Voyez* Cicéron, dans ses *Académiques*, liv. II, n°. 31.

(32) A Plutarque, qui, dans son Traité, *Comment il faut élever les enfans*, nous donne de la nature de la philosophie et de sa véritable fin, l'idée la plus juste et la plus précise. « La philosophie », dit-il, « est » la seule médecine des infirmités et des maladies de l'âme. Par elle et » avec elle, nous connoissons ce qui est honnête et déshonnête, ce » qui est juste ou injuste, et généralement ce qui est à fuir ou à élire, » comme il se faut déporter envers les Dieux, envers ses père et » mère, envers les vieillards, envers les lois, envers les étrangers, » envers ses supérieurs, envers ses enfans, envers ses femmes et » envers ses serviteurs ». *Version d'Amyot.*

Paris, le 24 brumaire an IX. (15 novembre 1800.)

DISSERTATION XXXVI.

Si la vie cynique mérite d'être préférée (1).

JE veux conter une fable, à l'instar du Sage de Lydie (2). Mes interlocuteurs ne seront ni le lion, ni l'aigle, encore moins les chênes, bien plus éloignés d'avoir le don de la parole. Voici mon récit. Jupiter existoit, ainsi que le Ciel et la Terre. Les Dieux habitoient le ciel. Mais les enfans de la terre, les hommes, n'avoient point encore reçu le jour. Jupiter appèle Prométhée, et lui ordonne d'envoyer sur la terre, pour la peupler, un être simple, doué d'une intelligence très-voisine de celle des Dieux, ayant un corps leste, droit, symétrique, d'un doux aspect, capable de faire avec facilité plusieurs genres d'ouvrages, et ayant une allure ferme et solide. Prométhée exécute l'ordre de Jupiter. Il fait l'homme, et donne un habitant à la terre. Celui-ci, dès les premiers temps de son origine, ne vécut pas dans le malaise. Car la terre lui fournissoit une nourriture suffisante. Elle lui offrit de riches prairies, des montagnes couvertes de forêts, des fruits en abondance, enfin tout ce qu'elle se plaît à produire sans être fatiguée par l'agriculture. Les Nymphes lui présentèrent dans les fontaines un crystal pur, dans les fleuves une eau limpide; ailleurs des sources fécondes où chacun pouvoit aller puiser. D'un autre côté, la douce chaleur du soleil, qui se répandoit autour de lui, le restauroit régulièrement, en hyver, de même que la fraîcheur, qui émanoit des rivières, le rafraîchissoit, en été. Au milieu de cette abondance de toutes choses que la Nature lui prodiguoit d'elle-même, il devoit vivre sans sujet de querelle avec ses voisins. Les poëtes me paroissent s'être beaucoup rapprochés de ce que je raconte, ici, lorsqu'ils nous ont allégoriquement représenté les hommes qui vécurent sous le règne de Saturne, le Roi des Dieux, sans guerre, sans armes, sans défiance les uns des autres, sans contestation, sans débats, dans un état de santé parfaite, et n'ayant besoin de rien. Tel fut apparemment l'âge qu'Hésiode appèle l'âge d'or, par allusion à celui dont je viens de tracer le tableau (3).

II. Mais voilà ma fable qui s'évanouit, et qui se transforme en une sérieuse réalité. Commençons donc par comparer genre de vie à genre de vie, celui du premier âge à celui du second, soit qu'on lui donne le nom d'âge de fer, ou tout autre quelconque. Les hommes, une fois en possession de la terre, n'en eurent pas plutôt pris, l'un une portion, l'autre une autre, qu'ils s'entourèrent de clôtures et de murs. Ils s'enveloppèrent le corps de vètemens souples, ils mirent des chaussures de peaux autour de leurs pieds, ils firent des bijoux d'or, les uns pour leur col, les autres pour leur tête, les autres pour leurs doigts, et s'imposèrent ainsi de spécieuses et brillantes chaînes. Ils bâtirent des maisons, ils forgèrent des clefs, ils construisirent des portes et des vestibules, ils tourmentèrent le sein de la terre, en le creusant, en le fouillant, pour en extraire les métaux. Ils ne respectèrent pas même les flots de la mer. Ils firent, pour naviguer, des vaisseaux de guerre, des vaisseaux de transport, des vaisseaux marchands (4). Les campagnes de l'air ne furent pas davantage à l'abri de leurs incursions. La glu, les rets, tous les genres de piége furent mis à contribution, pour faire la guerre aux oiseaux de toutes les espèces (5). Parmi les animaux, la foiblesse et la mansuétude des uns, la terrible férocité des autres, furent un vain rempart contre la gloutonnerie des mortels. Ils ne gorgèrent leur ventre que de tuerie, de carnage et de sang. Ils s'efforcèrent de raffiner, chaque jour, sur leurs jouissances; et ils dédaignèrent celles du jour précédent. Ils coururent sans cesse après ce qui devoit leur faire plaisir; et ils ne rencontrèrent jamais que ce qui devoit leur déplaire. Avides des biens de la fortune, ils furent moins riches de ce qu'ils possédoient, que pauvres de ce qu'ils n'avoient pas. Ils redoutèrent la misère; et rien ne fut capable de les assouvir. Ils craignirent la mort; et ils négligèrent les soins nécessaires à la conservation de la vie. Ils eurent peur des maladies; et ils ne prirent point de précautions pour en écarter les causes. Ils eurent de la défiance à l'égard d'autrui; et ils ne laissèrent pas de tendre des embûches à la plupart de leurs semblables. Ils furent intrépides avec ceux qui étoient sans armes; et lâches avec ceux qui étoient armés. Ils détestèrent la tyrannie; et ils désirèrent de devenir eux-mêmes des tyrans. Ils blâmèrent les choses honteuses; et ils se couvrirent de turpitudes. Ils admirèrent la prospérité; et ils n'admirèrent point la vertu. Ils eurent de la commisération pour le malheur; et ils ne s'abstinrent pas du vice qui amène l'infortune. Ils furent confians et audacieux, dans les succès; abattus et consternés, dans les revers. Ils regardèrent comme un bonheur d'être mort; et la vie ne leur parut jamais assez longue. Ils n'aimèrent point à vivre; et ils redoutèrent de mourir (6). Ils eurent de l'aversion pour la guerre; et ils furent incapables de rester en paix. Ils rampèrent, dans la servitude; ils furent insolens, dans la liberté. Sous la démocratie, ils s'abandonnèrent à une licence sans frein; ils ne montrèrent qu'un stupide abattement, sous le despotisme. Ils furent avides d'avoir des enfans, et ils n'en prirent aucun soin, lorsqu'ils furent devenus pères. Ils invoquèrent les Dieux, comme ayant la puissance de leur donner les choses dont ils avoient besoin; et ils les outragèrent comme incapables de se venger et de punir. Ils tremblèrent devant la verge de leur justice; et ils les bravèrent dans leurs parjures, comme s'ils n'existoient pas (7).

III. Si tels sont le contraste et la discordance de ce second genre de vie, que nous venons de comparer au premier, auquel des deux donnerons-nous la palme? Lequel des deux regarderons-nous comme simple, stable, et en possession de la liberté? Et lequel regarderons-nous comme dénué de simplicité, comme subordonné à la contrainte, comme susceptible de commisération, et sujet à toutes sortes de vicissitudes? Voyons; que chacun des deux nous envoie, de son côté, quelqu'un des siens, pour comparoître devant la Raison prise pour arbitre dans cette querelle (8). Que la Raison interroge donc l'un des deux adversaires, et d'abord le premier, celui qui est sans vêtement, sans maison, sans industrie, celui qui est citoyen de tous les lieux de la terre, et commensal de tous ses semblables (9). Qu'elle lui demande, en lui mettant sous les yeux le tableau du genre de vie et des mœurs de son adversaire, s'il aime mieux demeurer dans son actuelle manière d'être, et dans son indépendance, que de les échanger contre les jouissances de ce dernier, avec tous les désagrémens qui les accompagnent. Qu'après le premier, l'autre se présente; que le juge lui montre le genre de vie et l'indépendance de son antagoniste; qu'il lui demande s'il aime mieux conserver ce qu'il a, ou bien s'il aime mieux faire un échange et passer du côté de ce genre de vie tranquille, indépendant, exempt de besoin, et de privation (10). Où est l'homme déserteur, où est l'homme transfuge (11) qui change spontanément son train de vie contre un autre?

IV. Quel est l'homme assez dépourvu de sens, assez aveugle dans ses passions, assez malheureusement né pour que des jouissances aussi futiles qu'éphémères, pour que des biens qui ne sont point universellement avoués pour tels, pour que des espérances incertaines, des avantages douteux, l'empêchent de s'accommoder, le détournent de prendre le parti, d'un bonheur sans controverse? Et cela, lorsqu'il ne peut point se dissimuler qu'il éloigne de lui une infinité de maux, qui, mêlés à tous les élémens d'un autre genre de vie, l'exposent à toute sorte de vicissitudes, de désagrémens, de malheurs, qui en empoisonnent le cours? Je comparerois volontiers ces deux manières d'être; la première, celle que le vulgaire (12) regarde comme si agréable et si variée, à une cruelle prison, où des hommes ont le malheur d'être renfermés dans un cachot obscur, ayant leurs pieds, leurs mains, leur col, chargés de fer, étant couverts d'ordure, respirant à peine, totalement défigurés et abîmés dans la douleur (13); mais auxquels l'habitude et le temps ne laissent pas de ménager des momens de sérénité et de gaîté, durant lesquels ils s'enivrent dans leur prison, ils chantent ensemble, ils font des excès de table, ils voient des femmes, sans néanmoins s'abandonner tout entiers à ces jouissances, au milieu de l'abattement, de la contrainte, de la défiance que leur inspire le sentiment de leurs maux ; de manière qu'on entend, à la fois, autour d'une semblable prison (14), des lamentations et les accens de la volupté, des gémissemens et des chants d'allégresse. La seconde manière d'être, je la compare à celle d'un homme qui vit dans le sein d'une lumière pure, n'ayant ni les pieds, ni les mains liés, tournant la tête, de tous côtés, à son gré, dirigeant ses yeux vers le soleil, contemplant les astres, distinguant le jour de la nuit, témoin de la succession des diverses saisons de l'année, éprouvant l'impression des vents, et respirant un air aussi libre que salubre. A la vérité, il ne partage pas plus les *voluptés* des malheureux, dont nous venons de parler, qu'il ne partage leurs chaînes ; il ne s'enivre point, il ne voit point de femmes, il ne fait point d'excès de table, il ne se lamente point, il n'entonne point des chants d'allégresse, il ne chante point d'autres chansons, il ne pousse point de gémissemens, il ne se gorge point ; mais, sobre et tempérant, il ne mange que ce qu'il lui faut pour vivre (15). Auquel de ces deux objets de comparaison attacherons-nous le *bonheur ?* Pour lequel des deux aurons-nous de la *commisération ?* Auquel des deux donnerons-nous la préférence ? Séduits par les amorces de ces *voluptés* amères, qui ne méritent que la pitié, préférerons-nous cette vie prisonnière, mélangée, équivoque, « où » sont, en même temps, la tristesse et l'hilarité (16) », les lamentations et l'allégresse ? Ame infortunée, éloigne un semblable choix !

V. Mets au rang des fables tous ces emblèmes que

je viens de te présenter; et vas vers un homme qui n'a point vécu sous le règne de Saturne, mais au milieu même de ce siècle de fer, dans un état d'indépendance dont il étoit redevable à Jupiter et à Apollon. Cet homme n'étoit ni Athénien, ni Dorien. Il n'avoit été élevé ni dans les principes de Solon, ni dans les principes de Lycurgue : car la vertu ne tient ni aux localités, ni aux formes de Gouvernement. Il étoit de Sinope, ville du Pont. Fidèle au conseil d'Apollon, il rompit (17) les divers rapports par où il pouvoit être attaché; il se délivra de toute sorte de chaînes; il se mit à voyager avec une pleine indépendance; tel qu'un oiseau qui seroit doué d'intelligence, ne craignant point les tyrans, n'étant obligé d'obéir à aucune loi, ne devant son oisiveté à aucune forme de politie, n'étant point tenu d'employer son temps à élever des enfans, étranger aux devoirs qu'imposent les liens du mariage, n'ayant ni champs à cultiver, ni service militaire à remplir, ni commerce qui lui demandât des déplacemens. Il rioit de tout, des hommes et des choses, comme nous rions des enfans, lorsque nous les voyons jouer avec des osselets, battre, être battus, spolier, être spoliés. C'étoit un Roi exempt de crainte, et maître absolu de lui-même. Il n'avoit pas besoin de passer l'hyver à Babylone, ni de venir, l'été, en imposer à la Médie (18). De l'Attique à l'Isthme de Corinthe, de l'Isthme de Corinthe à l'Attique, c'étoit-là toutes ses promenades, selon les saisons. Il avoit son palais, son temple, ses gymnases, ses bois sacrés. Il possédoit les richesses les plus immenses, les plus solides, les moins exposées aux événemens. Toute la terre, tous les fruits qu'elle produit, toutes les fontaines qui sortent de son sein, et qui sont plus abondantes que les vignobles de Chio ou de Lesbos, étoient à lui. Il étoit l'ami et le camarade de l'air comme le sont les lions. Il ne cherchoit point à se dérober aux intempéries; il ne s'armoit point contr'elles. Il ne se ménageoit point du chaud, en hyver, ni de la fraîcheur, en été. Il s'étoit tellement accoutumé à toutes les températures, sa manière de vivre lui avoit donné tant de santé, et tant de vigueur, qu'il poussa sa carrière jusqu'au terme le plus reculé, sans avoir nul besoin ni de médicamens, ni de fer, ni de feu, ni de Chiron, ni d'Esculape, ni de ses disciples (19), ni de la préscience des devins, ni des cérémonies des prêtres, ni du grimoire des magiciens. Le feu de la guerre embrâsa la Grèce. « Ses peuples, jusqu'alors en possession de se » combattre réciproquement (20) », se déclarèrent et s'armèrent tous contre tous. Il n'y eut de trève que pour lui seul. Il resta sans armes, tandis que tout le monde étoit armé. Il conserva ses relations avec tous, tandis que tous se faisoient la guerre. Les méchans, les tyrans, les sycophantes (21) s'abstinrent de lui faire aucun mal. Ce n'est pas qu'il ne fît la censure de leur conduite, mais ce ne fut point par des argumens et des discours. Il n'eut garde de se compromettre. Ce fut en offrant à tous les regards le tableau de sa vie, genre de répréhension le plus efficace et le moins dangereux. Aussi Diogène ne se mit-il à dos, ni Mélitus, ni Aristophane, ni Anytus, ni Lycon.

VI. Comment donc Diogène n'auroit-il point donné la première importance (22) à ce genre de vie qu'il choisit spontanément, qui lui fut indiqué par Apollon, qui reçut les éloges de Jupiter, et que tous les hommes de bon sens admirent? Ou bien regarderons-nous les choses qui sont pour nous l'œuvre des circonstances, comme étant autre chose que des détails de la vie pratique qui ne sont pas de notre choix (23). Demandez à celui qui se marie, pourquoi il prend une femme. Il vous répondra que c'est pour avoir des enfans. Demandez à celui qui a des enfans à élever, pourquoi il les a mis au monde. Il vous répondra qu'il aime à avoir des successeurs. Demandez au militaire pourquoi il porte les armes. Il vous répondra que c'est pour augmenter sa fortune. Demandez au cultivateur pourquoi il travaille la terre. Il vous répondra que c'est pour avoir de bonnes récoltes. Demandez à celui qui trafique, pourquoi il fait des affaires. Il vous répondra que c'est pour ajouter à son aisance. Demandez à celui qui court la carrière des fonctions publiques, quel est son but. Il vous répondra qu'il a l'amour des honneurs et de l'autorité. Mais le plus grand nombre de ces objets d'affection s'évanouissent. Les résultats ont lieu en sens contraire; et le succès est moins l'œuvre de la prudence, ou de l'industrie, que celle de la fortune (24). Chacun de ceux qui prennent ces diverses conditions, traverse la carrière de la vie, au milieu de telles ou telles circonstances; et, s'il est malheureux, ce n'est pas sans le vouloir (25), ni par ignorance du vrai *bien* auquel il dépendoit de lui de s'attacher. Auquel de ces individus donnera-t-on le nom d'*homme-libre?* Sera-ce au démagogue (26)? C'est nommer l'esclave d'une foule de despotes. Sera-ce au rhéteur? C'est nommer l'esclave des Magistrats austères qui composent les tribunaux. Sera-ce le tyran? C'est nommer l'esclave des voluptés les plus effrénées. Sera-ce le Général d'armée? C'est nommer l'esclave d'un hasard aveugle. Sera-ce le navigateur? C'est nommer l'esclave d'un art qui n'a rien de fixe. Sera-ce le philosophe? Duquel parlez-

parlez-vous? Sans doute je loue Socrate, mais je lui entends dire: « Je me soumets à la loi; j'entre volontiers en prison; je prends volontiers la ciguë». O Socrate! prenez-vous garde à ce que vous dites? Est-ce volontiers, ou bien pour faire bonne contenance dans un malheur involontaire, que vous vous soumettez à la loi? Et à quelle loi? Si c'est à la loi de Jupiter: à-la-bonne-heure, de ce Législateur. Mais si c'est à la loi de Solon, en quoi Solon valoit-il mieux que Socrate (27)? Que Platon lui-même me réponde, touchant sa propre philosophie. N'a-t-elle jamais éprouvé d'atteinte, ni par le bannissement de Dion, ni par les menaces de Denis, ni au milieu des bourrasques de la mer de Sicile, et de la mer Ionienne, lorsque la nécessité l'obligeoit de s'y embarquer? Je m'adresse aussi à Xénophon, dont je vois la vie pleine d'alternatives, de succès, et de revers. Je le vois appelé, malgré lui, à commander une armée, chargé, malgré lui, d'une expédition, et condamné à un exil honorable (28). Combien toutes ces vicissitudes sont éloignées, à mon avis, de ce genre de vie qui plaça Diogène au-dessus de Lycurgue, de Solon, d'Artaxerxès, d'Alexandre (29) : bien mieux, qui le rendit plus vraiment libre que Socrate même! Car il ne fut point traduit devant un tribunal; il ne fut point mis en prison; et ce ne fut point à ses malheurs qu'il fut redevable de sa gloire.

NOTES.

(1) Plusieurs des Stoïciens disoient que le sage vivoit *cyniquement*, κυνιεῖν σοφὸν. Car, selon eux, le *cynisme* étoit le chemin le plus court pour arriver à la vertu. Voyez *Diogène-Laërce*, liv. VII; Juste-Lipse, dans son *Introduction à la philosophie stoïcienne*. Liv. I, p. 13.

(2) Il s'agit d'Ésope, dont on ne connoît pas plus la véritable patrie, qu'on ne connoit celle d'Homère. Le *Scholiaste* d'Aphthonius dit qu'il étoit *Lydien*. Suidas le fait naître ou à *Samos*, ou à *Sardes*, ville de *Lydie*. D'autres, et avec eux Maxime de Tyr, dans ses *Dissertations* III, sect. 1, XXI, sect. 5, le font *Phrygien*. Pourquoi donc l'appèle-t-il, ici, le sage de Lydie?

(3) Cette description de l'âge d'or par Hésiode est dans son poëme intitulé, *Les Œuvres et les Jours*, vers 119 et suivans.

(4) Heinsius traduit, ici, *in ejus quasi pœnam;* et Formey, d'après Heinsius, dit, « Comme pour le fouler ». Je ne vois rien dans le texte qui réponde à cela.

(5) Qu'auriez-vous dit, Maxime de Tyr, si vous aviez vu, comme nous, s'élever et se promener dans les hautes régions de l'atmosphère nos majestueuses montgolfières, et nos ambitieux ballons!

(6) Heinsius et Formey ont omis cette phrase.

(7) Je défie que l'on me montre, dans les ouvrages de l'Antiquité, un morceau d'une éloquence plus mâle, plus pompeuse, plus magnifique que n'est celui-ci dans l'original. Voyez *Manilius*, au commencement du chant quatrième.

(8) Les manuscrits et les annotateurs ne sont pas d'accord sur la véritable leçon de ce passage. Davies a trouvé, dans le manuscrit anglois ἐπὶ διαιτητὴν τὸν λόγον; et j'ai d'autant plus volontiers donné la préférence à cette leçon sur toutes les autres, qu'elle fait un très-bon sens. Elle rentre d'ailleurs dans le style et dans la marche ordinaire de notre Auteur, qui porte toutes ses questions à juger au tribunal de la Raison. L'Archevêque de Florence a traduit: *Veluti judicio sistamus coram judice*. Heinsius a traduit: *Tanquam ad arbitrium veniat*. Mais ni l'un ni l'autre ne se sont aperçus que cet arbitre étoit la *Raison*.

(9) Heinsius a rendu le mot ἐφέστιον par *colonus*, Pacci l'a rendu par *contubernalis*. Cette version m'a paru plus correcte que la première.

(10) J'ai mieux aimé traduire : *Exempt de privation*, qu'*exempt de douleur*. Dans la pensée de Maxime de Tyr, il s'agit bien plus de douleur morale que de douleur physique; or, les privations sont la cause primordiale des douleurs de cette nature.

(11) L'édition de Leipsick, de 1774, sur laquelle je travaille, omet, sans doute par l'inadvertance des imprimeurs, cette courte phrase τὶς μετοικεῖ, qui se trouve dans les autres.

(12) Le mot γεννᾶιον a paru à Markland mériter une correction, sous prétexte, dit-il, que dans la phrase de Maxime de Tyr il n'aperçoit aucun signe d'ironie. J'en demande pardon à ce docte annotateur. Il est le seul de tous ceux qui ont travaillé sur Maxime de Tyr qui ait attaqué cette épithète ; et, s'il lui faut des signes d'ironie pour la faire passer, je pense que la phrase entière de notre Auteur, et la description de la prison à laquelle il compare le genre de vie auquel il donne l'épithète dont il s'agit, ne laissent rien à désirer.

(13) L'expression du texte a donné de la tablature aux critiques. Davies et Heinsius s'en sont rapportés à leurs manuscrits, où ils ont lu ῥ'υπτομένον ; et j'ai suivi cette leçon.

(14) Le texte dit littéralement : *Dans chacune de ces prisons*, et Markland n'admet pas qu'il soit ici question de plusieurs ; tandis qu'au commencement de cette longue phrase, il ne s'agit que d'une seule. Ce critique propose, en conséquence, des corrections que je n'ai pas cru devoir suivre. J'ai trouvé plus simple, s'il faut soupçonner quelque altération dans ce passage, de lire πάρα τουτῳ (δεσμοτηρίῳ) à la place de παρ'ἑκάστῳ

(15) Le grec porte littéralement : *Il tient son ventre léger et libre, comme celui qui ne mange que pour vivre.*

(16) *Iliade*, chant quatrième, vers 450.

(17) Diogène alla consulter l'oracle de Delphes. Il lui demanda *le moyen d'arriver à un genre de gloire où il fût sûr d'occuper le premier rang*: πῶς ἂν πρωτεύσειε ; l'oracle lui répondit que c'étoit *en vivant dans le sens inverse des mœurs reçues* : εἰ τὸ νόμισμα παραχαράξειε. *Voyez* Ménage, sur *Diogène-Laërce*, lib. VI, n°. 20.

(18) Maxime de Tyr fait allusion, ici, à ces Rois de Perse qui, pour se tenir en mesure contre les inquiétudes des peuples conquis, étoient forcés de se montrer à eux tour-à-tour. *Voyez* B. Brisson, dans son ouvrage *de Regno Pers.* liv. I, chap. 69; Dion-Chrysostôme, *Oraison* 6, pag. 86 et 87.

(19) Dans ce passage, notre philosophe paroît avoir parodié Dion-Chrysostôme qui, dans sa sixième *Oraison*, pag. 91, dit, en parlant des méchans, des hommes adonnés aux vices : « La terre entière ne suf- » firoit point aux remèdes dont ils ont besoin. Il leur faut du fer et du

» feu. Ni les Chirons, ni les Esculapes, ni leurs disciples qui entre» prendroient de les guérir, ne seroient capables de les délivrer de » leur méchanceté et de leurs vices, non plus que les magiciens avec » toutes les ressources de leur art, ni les prêtres avec tout l'attirail de » leurs libations ».

(20) *Iliade*, chant troisième, vers 132.

(21) Dracon, Législateur Athénien, mit tant de sévérité dans ses lois, que le vol d'une figue, entr'autres, étoit puni de mort. On appela *Sycophantes* les dénonciateurs des voleurs de figue, et, depuis, ce mot fut consacré pour être appliqué à ceux qui érigent en crime les moindres choses, et qui suscitent des procès criminels pour des bagatelles. A la longue, on en fit un synonyme de calomniateur. *Voyez* Pancirole : *Rerum memorab.* tit. 44, not. 12.

(22) Platon distinguoit, dans certaines choses, quatre rapports différens, τὸ προηγούμενον, ce qui étoit *capital, principal*; τὸ ἀναγκαῖον, ce qui étoit *de nécessité*; τὸ ἑπόμενον, ce qui étoit *de conséquence*; et τὸ περιστατικόν, ce qui étoit de *circonstance*. Ainsi, par exemple, dans la vie pratique du philosophe (pour nous borner à deux points de vue), *Faire des lois, instruire la jeunesse*, constituoient le premier rapport, τὸ προηγούμενον : *Commander une armée, remplir une ambassade, juger dans les tribunaux*, constituoient le quatrième rapport, τὸ περιστατικόν. En général, les Platoniciens classoient sous ce dernier rapport de la vie pratique, tout ce qui exige l'action physique du corps, tout ce qui est susceptible d'obstacle, tout ce dont le philosophe doit s'abstenir, sauf le cas d'une nécessité urgente. Dans sa note sur cet endroit, dont celle-ci n'est que l'interprétation, Heinsius remarque que, faute d'avoir saisi cette *distribution de rapports* dans la doctrine de Platon, la plupart des traducteurs ont mal rendu le substantif περίστασις, et l'adjectif neutre περιστατικόν.

(23) Le vrai sens de cette phrase est assez difficile à saisir. Pacci, Heinsius, Formey même (qui suit assez fidèlement ce dernier), l'ont diversement rendue. *Voyez* la note précédente.

(24) Trompé par la leçon vulgaire du texte, j'avois traduit : « Le » succès est moins l'œuvre de la prudence ou de l'industrie, que celle » des vœux qu'on a faits pour lui ». En relisant ma version, ce sens m'a déplu. Je suis revenu à l'original. J'y ai lu καὶ εὐχῆς ἔργον. Cette leçon m'a paru suspecte, car je me suis rappelé que Maxime de Tyr, dans la *Dissertation* onzième, avoit mis en question s'il falloit adresser des prières aux Dieux, et qu'il s'étoit décidé pour la négative. Je me suis donc décidé moi-même à lire τύχης *de la fortune*, au lieu de εὐχῆς, *de la prière*, malgré le silence de tous les annotateurs; et ce qui m'a garanti le mérite de ma correction, c'est que l'Archevêque de Florence

a dû lire le même mot τύχης dans son manuscrit, puisqu'il a traduit : *Idcircò optatorum adeptio fortunæ magis est quàm vel mentis judicii vel artis ;* version aussi lumineuse que celle d'Heinsius est obscure, *Nec artis aut sapientiæ, sed voti est felicitas.* Au reste, ce passage est une preuve de plus de ces hardies et pieuses fraudes que se permettoient les moines, en transcrivant les ouvrages des Anciens. Nous en avons touché un mot ci-dessus, dans la note 21 de la *Dissertation onzième.* Un de ceux qui copièrent le manuscrit de Maxime de Tyr, aura jugé que notre Platonicien parloit ici comme un païen, et tout au moins comme un hérétique, en attribuant *à la Fortune*, ce qui lui sembloit dans sa cagoterie, ne pouvoir appartenir qu'*à la prière ;* et, sans autre façon, il aura substitué un *epsilon* à un *tau*, au risque de prêter une absurdité à la plume du philosophe.

(25) Markland lit ἀκουσίως au lieu de ἑκουσίως, et je suis de son avis. Il ne faut pour cela que se bien pénétrer de la pensée de l'Auteur. Il est étonnant que cette altération ait échappé au judicieux Heinsius.

(26) Voici encore une de ces bévues de Formey, dont on ne croiroit point un Académicien capable, si l'on n'en avoit la preuve matérielle sous les yeux. Heinsius a trouvé dans le texte le mot grec δημαγωγόν, qui veut dire proprement, *Meneur du peuple, chef du parti populaire*, et il l'a rendu par un mot latin, *publicolam*, formé de deux racines latines analogues à celles qui composent le mot grec. Formey a pris ce mot pour le nom propre du troisième Consul de Rome; et il a traduit en conséquence : « Sera-ce Publicola, à la tête de la République » ? Au lieu que, s'il eût consulté le trésor de la langue latine de Robert-Étienne, celui de Mathias Gessner, et celui de Faber, il eût vu que le mot *publicola* est expliqué par *quasi cultor et observator populi, populo studens, popularis*, et qu'on y cite, au sujet de cette acception, le passage suivant de Sidonius, (*carm.* 23, v. 80):

Inter publicolas manu feroces
Trunco Mutius eminet lacerto.

(27) Formey est encore tombé, ici, dans un contre-sens. Il a dit : « En quoi Socrate est-il préférable à Solon » ? Cependant il a lu dans Heinsius : *Quâ in re Socrati præferendus est Solon ?*

(28) Les dix mille Grecs que Xénophon sauva des plus grands périls, dans cette fameuse retraite, la plus belle opération militaire de l'Antiquité, passèrent au service des Lacédémoniens, qui les employèrent à défendre les villes grecques de l'Asie, contre les entreprises des Perses. Agésilas, Roi de Lacédémone, se rendit en Asie à cette occasion, et Xénophon, qui vint l'y joindre, ayant apprécié le

mérite de ce Spartiate, lui voua l'attachement le plus sincère, et la plus intime amitié. Les Athéniens, rivaux éternels des Spartiates, jaloux, par cette raison, de faire leur cour au Roi de Perse, contre lequel Agésilas et Xénophon agissoient en Asie, prirent prétexte des liaisons de ce dernier avec le Roi de Sparte, pour le condamner au bannissement.

(29) Tout le monde connoît ce mot célèbre du Roi de Macédoine : « Si je n'étois Alexandre, je voudrois être Diogène ».

DISSERTATION XXXVII.

Si les Arts libéraux contribuent à rendre l'homme vertueux (1).

SOCRATE conversant, au Pirée, sur la politique avec quelques interlocuteurs, trace dans son discours, comme dans un drame, le tableau fictif d'une Cité bien ordonnée, d'une bonne politie : il établit des lois : il forme un plan d'éducation pour les jeunes-gens, il organise une force publique, et, sous ce double rapport, il applique le corps et l'âme des Citoyens de cette Cité, à la musique et à la gymnastique (2). Pour enseigner ces deux dernières choses, il appèle des maîtres habiles et éprouvés. Il leur donne le caractère de pasteurs de troupeau, et les nomme *gardiens*. C'est ainsi qu'il compose son corps politique de manière à faire penser aux hommes les plus vulgaires que c'est plutôt une rêverie, qu'une réalité. Mais *c'étoit la méthode de l'ancienne philosophie d'imiter le langage mystique des oracles* (3). D'ailleurs, si vous voulez, nous laisserons-là Socrate, et nous appelerons un Citoyen d'Athènes, pour nous servir d'interlocuteur (4). Aussi-bien, je l'entends qui converse en Crète, auprès de l'antre de Jupiter Dictéen (5), avec le Lacédémonien Mégille, et le Knossien Clinias (6); qui leur trace un plan de législation pour la ville de Dorique qu'il s'agit de peupler; qui les engage à persuader aux Crétois, d'admettre la musique au nombre des arts qui enfantent le courage, et de tempérer l'impétuosité de leur caractère par le charme de ses modulations, afin que leur vertu ne pèche par aucun de ses élémens, qu'elle ne soit point imparfaite, et qu'en leur fournissant contre les ennemis du dehors de quoi les vaincre avec gloire, de quoi résister à leurs efforts, au prix même de la vie, il ne lui arrive pas, d'un autre côté, d'être incapable d'offrir à ses athlètes des ressources suffisantes contre les ennemis du dedans, qui font la guerre à l'âme.

II. Quelle doctrine professez-vous donc là, Citoyen d'Athènes? A ce compte, le chemin propre à nous conduire au *bien* seroit un chemin étroit, glissant, aussi difficile à tenir qu'à discerner, encombré de beaucoup d'obstacles, dans lequel nous ne pourrions entrer qu'en fredonnant (7), en chantant, en décrivant, à tort et à travers, des figures de géométrie, et en nous appliquant à tout cela, comme si nous voulions devenir toute autre chose que des gens-de-bien? Entreprise d'ailleurs sublime, d'une haute importance, et qui tend à nous rapprocher des Dieux, à quelques égards, si nous l'envisageons sous le rapport de ses résultats (8), et facile, d'un autre côté, à acquérir, lorsqu'on a une fois pris le parti de s'attacher au *Beau*, et de détourner ses yeux des *choses honteuses*. L'hôte Athénien nous répondra, que ce qu'on appèle *loi politique*, n'est qu'une vaine écriture, si elle ne se concilie point le respect de ceux à l'usage desquels elle est destinée, et qu'il faut, d'un autre côté, que ce respect soit volontaire : qu'à la vérité, l'âme a aussi sa nombreuse multitude, ses écervelés, mais, en même-temps, qu'après qu'elle a une fois pris l'habitude de rendre hommage à la loi, de lui obéir, d'accomplir tout ce qui est ordonné par elle, cette situation, de sa part, constitue pour elle cette politie par excellence à laquelle les hommes donnent le nom de *philosophie.*

III. Voyons donc ; que la philosophie vienne remplir les fonctions de Législateur, qu'elle soit la régulatrice de l'âme insubordonnée, de l'âme livrée à toutes les impulsions, ainsi que le peuple de quelque Cité : qu'elle prenne, pour lui servir d'auxiliaires, quelques arts, non point des arts grossiers, non point des arts mécaniques, ni de ceux avec lesquels nous faisons les choses les plus communes (9) ; mais celui qui peut faire que le corps soit pour l'âme comme une sorte de char facile à diriger, et propre à exécuter tout ce qu'on exigera de lui ; et qu'elle donne à cet art-là le nom de *gymnastique* : mais celui qui est chargé de servir d'interprète aux méditations de l'âme, et qu'elle lui donne le nom de *Rhétorique :* mais celui qui, dès la première jeunesse (10), alimente et nourrit l'âme ; et qu'elle lui donne le nom de *Poésie :* mais celui qui s'occupe principalement de la nature des nombres ; et qu'elle lui donne le nom d'*Arithmétique :* mais celui qui enseigne les règles du raisonnement ; et qu'elle lui donne le nom de *Logique :* qu'elle y joigne la *Géométrie* et la *Musique,* qu'elle les associe à ses fonctions et à ses lumières, et qu'elle leur distribue à l'une et à l'autre une portion de sa besogne.

IV. Peut-être ailleurs parlerons-nous de ces arts divers (11). Quant à présent, parlons préalablement de la *Musique,* le plus ancien des élémens d'institution appropriés à l'âme, et disons-en ce qui nous paroît convenable. Combien la musique est une belle chose et pour l'homme en particulier, et pour les Cités, et pour les Nations entières, que la providence des Dieux a mis à même de la cultiver. Non que j'entende désigner ici cette espèce de musique, dont les flûtes, les hymnes, la danse, et le chant, font tous les frais, qui arrive à l'âme sans lui rien dire, et dont tout le prix est dans le plaisir de l'oreille. C'est pour avoir attaché leur affection à cette espèce de musique, que les hommes, dans leur erreur, trompés par la spécieuse illusion de ses agrémens, ont altéré les élémens originels de *la vraie musique*. Désormais elle s'est éloignée de nous, elle s'est dépouillée de sa beauté naturelle, de cette pureté saine et antique. Elle nous trompe, semblable au plumage coloré des colombes (12). Ce n'est plus cette fleur, enfant spontanée de la Nature (13). Sans nous en douter, ce n'est qu'à son simulacre que nous offrons nos hommages. Quant à cette autre *musique* ingénue et vraie, qui habite l'Hélicon, qui fut l'amie d'Homère, l'institutrice d'Hésiode, la mère d'Orphée, nous ne la possédons pas plus que nous ne la connoissons. Telle est l'aberration publique et privée où nous ont conduits cette illusion et les insensibles progrès que nous avons souffert qu'elle fît. C'est ainsi que les Doriens qui vinrent s'établir dans la Sicile, lorsqu'ils eurent abandonné cette musique simple et agreste, dont ils faisoient leurs délices, au milieu des montagnes de leur ancienne patrie, et de leurs troupeaux, et qu'ils eurent pris en affection la musique des Sybarites, et le genre de danse que la flûte ionienne les força d'aimer, devinrent (en ménageant l'expression) moins sages, et (en tranchant le mot) plus vicieux qu'ils n'étoient auparavant. Chez les Athéniens, dans leurs temps antiques, des danses, où les hommes se mêloient avec leurs enfans, des chansons, faites impromptu, dès la saison des moissons et des labours, par ceux qui travailloient à la culture des terres, et qui les chantoient couverts de poussière, et distribués selon leurs tribus, composoient toute leur musique. Mais, au moment où le charme de leurs jeux publics et de leurs représentations théâtrales en eut insensiblement (14) fait un art aux agrémens duquel il fallut ajouter sans cesse; là, fut l'origine de la corruption dans leurs élémens politiques. Au lieu que la vraie harmonie, celle qui est l'ouvrage commun des Muses, celle à laquelle préside Apollon leur chef, est en même temps la sauvegarde et des individus, et des familles, et des Cités, et des flottes, et des armées.

V. Si nous nous en rapportons à Pythagore, et nous devons nous en rapporter à lui, le Ciel a aussi son harmonie (15). Ce n'est pas qu'on le pince comme une lyre, ni qu'on y souffle comme dans une flûte. Mais les mouvemens des corps divers (16) et harmoniques qui le composent, par leur combinaison et leur accord, produisent des sons divins. Les Dieux jouissent de la beauté de ce concert. Mais nos sensations n'y peuvent atteindre. Il est trop sublime, il est trop au-dessus de notre portée. Tel est, ce me semble, le sens de la fiction d'Hésiode, lorsqu'il nous parle d'une montagne qu'il appèle l'*Hélicon*, et qu'il nous y représente les Muses y formant divers genres de concerts, ayant pour Coryphée ou le Soleil, ou Apollon, quel que soit d'ailleurs le nom de ce FEU resplendissant et harmonique. Quant à l'harmonie humaine dont notre âme peut recevoir les impressions, qu'est-elle autre chose que la régulatrice des affections qu'éprouve notre âme, tantôt les tempérant, lorsqu'elles se laissent emporter à trop d'impétuosité et d'incandescence; tantôt les excitant, les aiguillonnant, lorsqu'elles sont dans le relâchement, et qu'elles pèchent par le défaut d'énergie.

Elle est propre, sans doute, à alléger les chagrins du deuil, à refroidir les transports de la colère, à donner un frein à la cupidité, à tremper nos appétits dans la tempérance, à porter remède aux douleurs, à fournir des consolations à l'amour, à rendre le poids du malheur plus supportable. Elle est bonne à présider aux sacrifices. Elle remplit bien sa place, dans les festins. Elle fait des merveilles, à la tête des armées. C'est à elle qu'il appartient de porter la joie dans nos fêtes publiques, de tout mettre en train dans les fêtes de Bacchus, et de répandre l'inspiration dans les cérémonies religieuses. C'est encore à elle à devenir la modératrice des corps politiques. C'est ainsi que les sauvages Béotiens se policèrent en cultivant la flûte, et en chantant au son de cet instrument les poésies de Pindare. C'est ainsi que les vers de Tyrtée donnèrent de la grandeur d'âme aux Spartiates, ceux de Télésille (17) aux Argiens, ceux d'Alcée aux habitans de Lesbos. C'est ainsi qu'Anacréon rendit moins cruelle pour les Citoyens de Samos la tyrannie de Polycrate, en faisant aimer à ce tyran le beau Smerdis, la chevelure de Cléobule, la flûte de Batylle, et les chants ioniens.

VI. A quoi bon remonter plus haut (18)? Le célèbre Orphée étoit fils d'Œagre et de Calliope. Il reçut le jour dans la Thrace, sur le mont Pangée. Cette montagne étoit habitée par une peuplade de cette contrée, nommée les *Odruses*, hommes sauvages, ne vivant que de rapines, et étrangers aux lois de l'hospitalité. Néanmoins les Odruses, tout sauvages qu'ils étoient, suivirent spontanément Orphée, comme leur chef; et leur férocité céda à la beauté de ses chants. C'est-là ce qui a donné lieu de dire que les chênes et les rochers marchoient à sa suite, parce qu'on a assimilé à des êtres inanimés, les hommes âpres et brutes qu'Orphée humanisoit (19). Dans la Béotie, étoit un autre chantre non moins célèbre (20), qui ne faisoit point mouvoir les pierres, par la douceur de ses accords, selon les fictions des poëtes, (car comment des remparts s'éleveroient-ils au son de la voix et des instrumens)? Mais par l'harmonieuse beauté de ses hymnes guerrières, il réunit en phalange la jeunesse de Béotie; et ces phalanges devinrent pour la ville de Thèbes un inexpugnable rempart (21). Lycurgue entoura Lacédémone d'un rempart semblable, lorsqu'il régla que, dans les batailles, les jeunes-gens combattroient, au son de la flûte. Ceux-ci se conformèrent, en effet, à cette règle; et, dans les combats, ils alloient en mesure comme à la danse. Thémistocle se servit aussi du même instrument, lorsqu'il embarqua toute la ville d'Athènes; et, pendant qu'il en fit entendre les sons à toute la flotte, les uns ramoient, les autres combattoient, et tous concouroient à la victoire. Du sein de leur temple, les Déesses d'Eleusis (22) se joignirent à ce concert. De-là les monumens destinés à conserver le souvenir des victoires. De-là les trophées de Lacédémone et d'Athènes, qui consacrèrent leurs exploits sur mer et sur terre avec de belles inscriptions. De-là, le triomphe des Spartiates, et l'exemple de Léonidas.

VII. Mais qu'avons-nous besoin d'en dire davantage, et de nous étendre plus au long sur le chapitre de la *musique?* Elle est propre à suivre les drapeaux, en temps de guerre, à s'asseoir dans les conseils de Gouvernement, à entrer dans l'éducation de la jeunesse. Car l'ouïe est, de nos sens, celui qui a le plus de vitesse. Elle transmet rapidement à l'âme les choses dont la connoissance est de son ressort; et elle la force de correspondre aux impressions qu'elle reçoit, ainsi que d'y mettre du sien. De-là vient que les âmes étrangères aux notions libérales qui constituent la vraie harmonie, et qui se livrent à tout ce qui leur offre les dehors spécieux de la *volupté*, ne parviennent jamais à la saine et droite idée des lois de cette harmonie; et celle qui leur fait éprouver du plaisir, elles la nomment ainsi, non qu'elle ait la même fin que l'autre, mais parce qu'elle s'exerce sur le même sujet. C'est tout comme si l'on appeloit médecine, non point l'art qui ramène la santé, mais celui qui recherche et indique les remèdes propres à la maladie. C'est par une semblable bévue que le vulgaire pense que la géométrie, la partie la plus importante de la philosophie, n'est qu'un art d'une très-médiocre considération, d'une destination abjecte, et que, ne l'envisageant que sous le rapport des usages serviles, auxquels elle paroît nécessaire, il ne la croit propre qu'à déterminer les dimensions des terreins, qu'à la construction des édifices, et à tous les autres services mécaniques que nous en retirons, sans porter ses regards plus avant. Or, ce n'est point à cela que se borne la géométrie. Car les campagnes n'en seroient pas moins habitées, quand bien même les pauvres paysans n'auroient que des moyens moins exacts pour mesurer leurs héritages. Mais ce n'est-là que l'œuvre la moins distinguée de la géométrie. Sa principale fonction est de produire sur les yeux de notre intelligence le même effet que certains remèdes produisent sur les yeux du corps, de les rendre plus vifs, plus perçans, pour contempler l'Univers. Or, cette fonction, le vulgaire ne la connoît pas. Tel, un habitant du continent, qui voit pour la première fois un vaisseau dans un port, en admire l'invention, fait le tour du port dans le vaisseau, en met en jeu tous les agrès, et s'imagine que le vaisseau n'a point d'autre destination.

VIII. Minerve, qui inventa la navigation (23), diroit sans doute à cet homme-là, « Tu vois cette vaste, » cette immense mer, qui couvre la plus grande par- » tie de la terre, et qui unit entr'elles ses différentes » régions, dont jusqu'ici tu n'avois point entendu par- » ler, et que tu ne devois jamais espérer de voir. Car » chaque homme ne connoissoit que son pays, comme » chaque reptile ne connoît que son trou. Ni les liai- » sons d'amitié, ni le mélange des familles, ni les re- » lations politiques, ni l'échange réciproque des objets » de commerce de chaque contrée, n'existoient, jus- » qu'au temps où j'eus inventé l'art de construire un » vaisseau. Cette espèce de char prend son essor comme » un oiseau, et l'on le dirige du côté que l'on veut. Si » tu en doutes, fais-en toi-même l'épreuve ».

Tel est le langage que peut tenir sur la géométrie quelqu'une des Déesses, ou Minerve elle-même. « Lève » les yeux en haut. Tu vois ce spectacle qui est au- » dessus de ta tête. Spectacle magnifique, spectacle » varié, qui se *meut circulairement* (24), qui *roule* au- » tour de la Terre, parsemé d'étoiles, resplendissant » de la lumière du soleil, embelli par la clarté de la » lune. Ce spectacle, tu ne sais point quelle est sa » nature, et tu as l'air de croire savoir ce qu'il est et » le connoître. O toi, qui es étranger à ces sublimes » régions, je me charge de t'y conduire. Je te cons- » truirai un esquif léger. Je te confierai à la Géométrie, » qui d'abord te proménera dans l'intérieur du port; » et qui, après t'avoir accoutumé à soutenir le trajet, » à braver le roulis, et à ne pas redouter les tempêtes,

» te lancera hors du port ; et, te faisant voguer dans ce » facile et limpide Océan de tous les êtres, te conduira » dans les régions où habitent l'Aurore, fille de l'Air, » et les Nymphes qui dansent autour d'elle ; dans ces » régions où se préparent le lever du soleil (25), l'éclat » de la lune, et des autres corps immortels. Tant que » tu ne jouiras point de cette contemplation, tu ne » connoîtras point, tu ne posséderas point, le *bonheur* ».

NOTES.

(1) Les Cyniques et la plupart des Stoïciens ne faisoient aucun cas de ces Arts-là. Témoin *Diogène-Laërce*, liv. VI. 103, liv. VII. 32. Mais Chrysippe pensoit le contraire : εὐχρηστεῖν τὰ ἐγκύκλια μαθήματα *censuit*. Quoique Sénèque n'en soit pas le partisan décidé, il s'exprime ainsi dans la 88e. de ses *Épîtres* : *Liberales artes, non perducunt animum ad virtutem, sed expediunt*. Philon en fait un très-grand éloge dans un de ses Traités. Mais J. J. Rousseau, dans son célèbre *Discours* couronné à Dijon, en a parlé en Cynique et en Stoïcien.

(2) Il ne faut pas induire de cette énonciation de notre Auteur, que dans l'opinion de Socrate, la *Gymnastique* ne regardât que le corps, et que la *Musique* n'eût que l'âme pour objet. Il pensoit que c'étoit pour l'âme principalement que l'une et l'autre avoient été inventées. « Croyez-vous, mon cher Glaucon », dit Socrate, à la fin du troisième livre de la *République* de Platon, « Croyez-vous que la musique » et la gymnastique aient été établies, l'une pour former l'âme, l'autre pour former le corps ? *Glaucon*. Pourquoi me faites-vous cette » question ? *Socrate*. C'est qu'il me semble que l'une et l'autre ont été » principalement établies pour l'âme ». Je me suis servi de l'estimable traduction de Grou.

(3) Cette méthode de la philosophie étoit très-bien vue, très-bien entendue, très-politique dans l'intérêt des philosophes Grecs, qui l'empruntèrent des philosophes ou des prêtres Égyptiens. Le Christianisme, qui remplaça la Philosophie, trouva la planche faite, et s'en servit avec autant d'adresse que de succès. Jusqu'ici *les ténèbres* ont donné l'empire de l'esprit humain. Voyons ce que produiront *les lumières*.

(4)

(4) Le texte porte littéralement, un *hôte Athénien*, et Diogène-Laërce, dans son liv. III, sect. 52, remarque que c'est sous ce nom que Platon a coutume de désigner celui des interlocuteurs de ses dialogues, par lequel il fait énoncer ses propres opinions.

(5) Ce surnom de Jupiter tiroit son origine d'une montagne de Crète, nommée *le Mont Dicté*, sur lequel les poëtes prétendoient qu'il avoit été nourri. C'est ce que nous apprend le célèbre commentateur de Virgile, Servius, sur le 536e. vers du deuxième livre des *Géorgiques* :

Ante etiam sceptrum Dictæi Regis.

Dans le quatrième livre du même poëme, Virgile a dit, vers 152 :

Dictæo cœli Regem pavere sub antro ;

et dans le troisième livre de l'*Énéide*, vers 171, il désigne la Crète par ces mots, *arva Dictæa*, « les champs Dictéens » :

. . . . *Dictæa negat tibi Jupiter arva.*

(6) Ce Mégille, ce Clinias, et cet hôte Athénien, sont les trois interlocuteurs du Traité de Platon, intitulé, *des Lois*.

(7) Le sens propre du mot grec est, *en chantant d'une manière lascive*.

(8) Heinsius n'a point trouvé dans son exemplaire ces mots, καὶ ἐγγὺς πυ τινὸς θείας ἀρετῆς, et par conséquent, il ne les a point traduits. Davies les a placés dans son édition sur la foi du manuscrit anglois, et de celui de la Bibliothèque nationale. Markland remarque sur ce passage, qu'au lieu de τινὸς θείας ἀρετῆς, des manuscrits portent τινὸς τῆς χρείας ἀρετῆς. Mais comment se persuader que Maxime de Tyr eût commis une sorte de logomachie, en écrivant, πρᾶγμα κατὰ τὴν χρείαν... ἐγγὺς πυ τινὸς τῆς χρείας ἀρετῆς. Au milieu de ces variantes, j'ai donné la préférence à la leçon et à l'opinion de Davies.

(9) Heinsius a traduit, *quibusque in usu quotidiano utimur*. Je n'ai rien vu dans le texte qui désignât *les choses d'un usage quotidien*. Pacci a traduit, *neque ex his quæ vobis vilia conferant*. Cette version m'a paru plus exacte. Au reste, le *vobis* donne lieu de croire que Pacci a lu dans son manuscrit, ὑμῖν au lieu de ἡμῖν.

(10) Les manuscrits ne sont pas d'accord sur la vraie leçon de ce passage. Le mot τρόφον a occupé les critiques. Mais ils n'ont rien dit sur les deux mots suivans, γνώμης νέας, qui me paroissent suspects. Qui sait si Maxime de Tyr n'a point écrit, ou voulu écrire ἐκ νέας, comme on

le trouve dans Synèse, pour ἐκ νέας ἡλικίας, *ab ineunte ætate*, « dès la Jeu- » nesse ». Ce qui me fait attacher quelque poids à cette conjecture, c'est que chez les Anciens, peut-être encore plus que chez nous, les poëtes faisoient les frais des premières leçons de la jeunesse; et c'est par cette raison, sans doute, que Plutarque, après avoir commencé ses Œuvres morales par la question, *Comment il faut élever les enfans*, traite, immédiatement après, la question suivante : *Comment il faut lire les poëtes.*

(11) Davies substitue, ici, λυπῶν à πόνων, et Markland regarde cette correction comme très-heureuse, *Quam ego præstantissimam restitutionem esse arbitror.*

(12) Il n'est sans doute personne qui n'ait remarqué ce jeu de couleurs produit sur la gorge des pigeons, par la variété des reflets de lumière, selon les divers mouvemens de ces animaux. Dans le 68e. *Psaume* de David, 13e. verset, il est question *des ailes d'argent et de la gorge d'or des colombes.*

(13) Heinsius a laissé de côté ces mots οὐκ ἀτρεφὲς ἄνθος, quoiqu'ils existent dans son édition donnée à la Haye en 1607.

(14) Markland lit ἡσυχῆ, *insensiblement*, *par degré*, au lieu de ἡ ψυχὴ qui ne présente, ici, aucun sens. Car le participe μεταπεσοῦσα se rapporte évidemment à μοῦσα, qui est exprimé dans la phrase précédente. Cette correction de Markland m'a paru très-heureuse, et je me suis fait un devoir de l'adopter.

(15) On peut voir ce que dit là-dessus Macrobe, dans le *songe de Scipion*, liv. III. chap. 3. » Les Théologiens «, dit-il, entr'autres choses, « ont admis cette idée du chant céleste, et c'est la raison » pourquoi ils ont mêlé la musique à leurs sacrifices ». Sidonius Appollinaris, tout chrétien qu'il étoit, a partagé ce sentiment. Témoin ces deux vers du quinzième de ses poëmes :

Præcipuumque etiam septem vaga sidera cantum
Hinc dare, perfectus numerus quod uterque habeatur.

La singularité de l'identité numérique entre les sept planetes et les sept notes de la gamme, ne contribua pas peu à accréditer cette superstitieuse opinion. C'est grand dommage que le célèbre Herschel, avec son télescope, ait ajouté à l'un de ces diapazons, et qu'il ait dérangé leur concordance. Au reste. Platon a également admis ce mouvement harmonieux du monde. Mais, s'il faut en croire Plutarque, au neuvième livre de ses *propos de table*, cinquième question, ce langage de Platon étoit une expression figurée, par laquelle il entendoit désigner *la suprême intelligence.*

(16) Le texte dit, *les mouvemens des Génies et des corps harmoniques*. Mais Markland a judicieusement remarqué, que, dans l'opinion des Anciens, des êtres intelligens, tels que les Génies, ne faisoient point leur partie dans ce concert, s'il est permis d'employer cette expression. Ce critique a cru devoir substituer ἀνομοίων à δαιμονίων, et je l'ai suivi. D'ailleurs, à propos de cette correction, Markland cite des passages du *Songe de Scipion*, de Macrobe, de Cicéron, du livre premier des *Institutions oratoires* de Quintilien, et du traité *de la Vie contemplative* de Philon, que les curieux peuvent consulter.

(17) Télésille fut à la fois la Sappho et la Jeanne d'Arc de la ville d'Argos. Cléomène, Roi de Lacédémone, faisoit la guerre aux Argiens. Il avoit gagné contr'eux une bataille sanglante. Il marcha droit à Argos. « Il prit, dit Plutarque, « une soudaine émotion de courage » et de hardiesse inspirée divinement aux femmes qui étoient en âge, » de faire tout leur effort pour en garder les ennemis d'entrer dedans » la ville; et, de fait, sous la conduite de Télésille, elles prirent les » armes, repoussèrent Cléomène avec perte, et meurtre de bon nom- » bre de ses gens; et chassèrent l'autre Roi de Lacédémone, Dé- » maratus, hors de leur ville, qui étoit déjà entré bien avant dedans, » et en avoit occupé le quartier qui s'appelle *Pamphyliaque* ». *Traité des vertueux faits des femmes*. *Voyez*, en outre, Polyæne, liv. VIII, chap. 33; Clément d'Alexandrie, dans ses *Stromates*, et Suidas, au mot *Télésille*.

(18) Je prends la liberté de soupçonner de mon chef quelque altération dans cette phrase. Maxime de Tyr semble dire qu'il est inutile de chercher de nouveaux exemples dans les temps antérieurs, et néanmoins il le fait. Car Orphée et Amphion sont bien plus anciens qu'Alcée et Pindare. D'ailleurs, la préposition εἰς, qui se trouve ici jointe avec le pronom interrogatif τὶ, est peut-être sans un autre exemple dans ce sens-là. Ne vaudroit-il donc pas mieux retrancher le point d'interrogation, et lire, τὰ δὲ τούτων ἀρχαιότερα εἰ τι χρὴ λέγειν; et traduire : *voici des exemples bien plus anciens, s'il est nécessaire d'en alléguer*.

(19) Le texte est évidemment corrompu en cet endroit. Mais Davies et Markland l'ont restauré avec leur sagacité ordinaire. Sans autre secours qu'une insuffisante correction de Scaliger, Heinsius a parfaitement rendu le vrai sens du texte. Les annotateurs Anglois ont cité, à propos d'Orphée, plusieurs beaux passages de Quintilien, d'Eusèbe, de Dion-Chrysostôme, que les amateurs iront chercher dans leur édition. Je me bornerai à leur rappeler, ici, celui du Législateur du Parnasse latin, et celui du Législateur du Parnasse françois, qui

ne sont ni les moins pompeux, ni les moins éloquens. Voici Horace, *Art. poet.*

Sylvestres homines sacer interpresque Deorum
Cædibus et victu fœdo deterruit Orpheus,
Dictus ob hoc lenire tigres rabidosque leones.
Dictus et Amphion Thebanæ conditor arcis
Saxa movere sono testudinis, et, prece blandâ,
Ducere quò vellet.

Voici Boileau, *Art poétique*, quatrième chant :

« De-là sont nés ces bruits reçus dans l'univers,
» Qu'aux accens dont Orphée emplit les monts de Thrace,
» Les tigres amollis dépouilloient leur audace ;
» Qu'aux accords d'Amphion les pierres se mouvoient,
» Et sur les murs Thébains en ordre s'élevoient ».

(20) Amphion. *Voyez* la fin de la note précédente.

(21) Ce commentaire des prodiges opérés par la Muse d'Amphion, quoique dépouillé de toute exagération mythologique, trouvera peut-être encore beaucoup d'incrédules. Cependant, si l'on fait attention à ce qu'ont produit, de nos jours, deux hymnes guerrières, *la fameuse Marseilloise*, et le *sublime Chant du Départ*, à l'époque la plus critique de la révolution, on sera forcé de convenir du pouvoir de la musique sur des hommes placés dans certaines circonstances.

(22) . . . .

(23) Ammien-Marcellin, au 22e. livre de son Histoire, no. 8, dit que le premier vaisseau qui fut construit fut nommé *Argo* ; et l'on sait que la plus ancienne expédition navale dont l'Antiquité fasse mention, c'est celle des *Argonautes*. Dans le quinzième vers de son poëme, *de Bello Getico*, Claudien a fait honneur à Minerve, suivant l'opinion reçue, de la construction du premier vaisseau ;

. . . . *Secandis*
Argois trabibus jactant sudasse Minervam.

Et l'on trouve les vestiges de cette opinion, jusque dans le *traité des Spectacles* de Tertullien, c. VIII. *Minerva primam molita sit navem*. On peut consulter encore *Phèdre* le fabuliste, Fable VI, liv. 4, et Aristide l'Orateur, *in Minervam*, tom. I, p. 23 et 26. Nos sociétés littéraires ont quelquefois mis en question, *si la découverte de la navigation avoit été plus utile que nuisible*. Raynal, en terminant sa célèbre *Histoire de l'établissement des Européens dans les deux Indes*, paroît n'avoir pas été éloigné du vœu de la nourrice de Médée, qui s'écrioit, au sujet des *Argonautes* :

O utinam, in nemore Pelio,
Nunquam cecidisset abiegna ad terram trabes !

(24) Il est important de remarquer que les deux verbes grecs que j'ai rendus par *se mouvoir*, *rouler*, sont deux verbes de mouvement; et que l'idée de la rotation des étoiles fixes n'a point été étrangère aux Anciens. Heinsius s'est servi de deux verbes équivoques, *circuit*, et *circumvolvitur*, si toutefois le dernier n'est pas un propre verbe de mouvement. Mais Formey a tout bonnement traduit *entoure* et *environne*, verbes de repos, qui ôtent à Maxime de Tyr l'honneur d'avoir partagé l'opinion d'une de ces vérités astronomiques, que nos modernes savans ont mise à l'abri de toute controverse. Le traducteur Florentin a rendu toute la vérité du texte : *Ut circulariter circa terram movetur.*

(25) *Odyssée*, chant 12, vers troisième et quatrième.

Paris, le 12 frimaire an IX. (3 décembre 1800.)

DISSERTATION XXXVIII.

Si la vertu vient des Dieux (1).

HOMÈRE parlant à Télémaque dans la personne de Nestor, lui tient ce langage : « Car je ne pense point » que vous soyez venu au monde, ni que vous ayez » été élevé, malgré les Dieux (2) ». Le même poëte donne à tous les gens de bien le nom de *divins*, non je pense, parce que l'art les avoit rendus gens de bien, mais parce que, sous ce rapport, ils étoient l'ouvrage de Jupiter. Je soupçonne aussi que ce qu'il dit dans l'Odyssée de Démodocus, il le dit pour se peindre lui-même personnellement, sous le nom de ce dernier ; voici comment il s'exprime : « Il fut aimé par » les Muses, qui lui firent du bien et du mal. Elles le » privèrent de la vue, mais elles lui donnèrent le » talent de plaire par la poésie et le chant (3) ». Quant au talent de la poésie et du chant, à-la-bonne-heure ; mais, quant à la cécité, je ne suis pas de son avis ; les Muses n'y étoient pour rien. Démodocus ne mérite pas plus de foi, lorsqu'il dit en parlant de lui, « Je me suis moi-même donné mon talent, je ne dois » aux Dieux que la voix (4) ». Et comment se fait-il, excellent chanteur, que tu sois ton propre disciple, tandis que tu reconnois avoir reçu la voix de la part des Dieux, qui sont de tous les maîtres les seuls incapables de mal enseigner ? Démodocus répondra comme des enfans de parens riches, en recueillant la succession patrimoniale, répondroient à ceux qui cher-

chent à faire fortune : « Nos biens nous viennent d'eux-
» mêmes, ils ne sont le fruit ni d'aucune industrie, ni
» d'aucun travail ».

II. Que dirons-nous d'Hésiode (5)? Croirons-nous que pendant qu'il faisoit paître ses troupeaux, aux environs de l'Hélicon, dans la Béotie, il ait rencontré les Muses qui chantoient? Croirons-nous qu'elles lui ayent reproché son métier de berger, qu'il ait reçu d'elles des rameaux de laurier, et que sur le champ, devenu poëte, il se soit mis à chanter des vers (6); comme l'on dit des Corybantes, qu'aussitôt que le son de la flûte frappe leurs oreilles, l'enthousiasme s'empare d'eux, et qu'ils perdent entièrement l'usage de leurs premières facultés? A Dieu ne plaise. Hésiode, à mon avis, n'a fait que nous peindre, sous le voile de la fiction, son talent naturel pour la poésie, en ayant l'air d'en attribuer l'origine aux Muses; de même que si un forgeron, devenu tel sans apprentissage, s'avisoit de faire honneur de son talent inné à Vulcain. Et les Crétois, qui reçurent de leur Roi Minos une si bonne forme de gouvernement, et qui, pleins d'admiration pour sa vertu, ont prétendu qu'il avoit eu Jupiter pour maître : les croirons-nous plus dignes de foi, lorsqu'ils nous disent, que sur le Mont Ida est une grotte qu'on appèle *la grotte de Jupiter*; que Minos y demeura enfermé, pendant neuf ans (7); et que, dans ce commerce avec Jupiter, il apprenoit l'art de gouverner les hommes? Car voilà ce qu'ils nous débitent.

III. A Athènes parut un homme d'Éleusis, nommé Mélésagoras. Il n'avoit jamais rien appris. Mais il étoit inspiré par les Nymphes. Les Dieux avoient réglé par un arrêt du destin, qu'il seroit un sage et un devin. Aussi étoit-il l'un et l'autre, s'il faut en croire

P 4

les Athéniens. D'un autre côté, un Crétois, nommé Épiménide, vint également à Athènes. Il ne pouvoit pas dire non plus qu'il eût eu un maître. Il étoit néanmoins versé dans la science des choses divines, puisqu'à l'aide de certains sacrifices expiatoires, il délivra la ville d'Athènes de la peste, et des séditions qui préparoient sa ruine. S'il possédoit cette science, ce n'étoit pas qu'il l'eût apprise. Mais il disoit qu'elle étoit le résultat de son long sommeil, et de son long rêve (8). Il y eut aussi, à Proconnèse, un philosophe nommé Aristéas (9). D'abord on n'eut aucune confiance en lui, parce qu'il ne disoit point qu'il eût eu personne pour maître. Voici l'expédient dont il s'avisa, pour convaincre les incrédules. Il débita que son âme se détachoit de son corps; qu'aussitôt elle s'envoloit dans les airs; qu'elle parcouroit tour-à-tour toutes les régions de la terre, la Grèce, les pays des Barbares, toutes les îles, tous les fleuves, toutes les montagnes, et qu'elle ne s'arrêtoit que chez les Hyperboréens; qu'elle passoit ainsi successivement en revue les lois, les mœurs, les gouvernemens des peuples, les diverses qualités des terroirs, les variations de la température, les flux et reflux de la mer, et les embouchures des fleuves; enfin, qu'elle contemploit le ciel bien plus à découvert, et avec bien plus de détail que la terre. Et lorsqu'Aristéas tenoit ce langage, il méritoit bien plus de foi que les Anaxagoras, que les Xénophanes, et tous autres, qui, en parlant des choses en disent ce qu'elles sont. Car les hommes ne voyoient pas clairement ce que c'étoit que ces voyages, ces excursions de l'âme, non plus que ces yeux avec lesquels elle contemploit toutes ces choses en particulier. Mais ils pensoient, en gros, qu'elle pouvoit avoir besoin de se promener ainsi, pour se mettre à même de dire sur chaque chose ce qu'il y a de plus vrai.

IV. Voulez-vous donc que nous écartions, en le regardant comme fabuleux, tout ce qu'on nous raconte d'Aristéas, de Mélésagoras, d'Epiménide, ainsi que les fictions des poëtes, et que nous tournions notre esprit du côté de ces philosophes, nourrissons distingués du Lycée, ou de l'illustre Académie? On ne trouve, chez eux, ni fables, ni énigmes, ni merveilleux (10). Ils sont en possession de penser et de parler de manière à se mettre à la portée du vulgaire. Et d'abord voici, à peu près, le langage de leur chef: « O » Socrate! je vous entends souvent répéter que vous » prisez la *science* plus que toutes choses : que vous » adressez les jeunes-gens, les uns à un maître, les au- » tres à un autre maître, et que vous conseillez à Callias » d'envoyer son fils à l'école d'Aspasie de Milet, un » homme chez une femme. Vous-même, à votre âge, » vous allez chez elle. Encore ne vous suffit-elle pas. » Vous mettez à contribution Diotime pour des leçons » d'amour, Komus pour des leçons de musique, » Evénus pour des leçons de poésie, Ischomachus » pour des leçons d'agriculture, et Théodore pour des » leçons de géométrie. Que dans cette conduite de » votre part il y ait, ou de l'ironie, ou du sérieux, » ou toute autre chose, quel que soit le nom qu'on » lui donne, je ne laisse pas de vous en louer. Mais, » lorsque je vous entends, dans vos dialogues avec » Phèdre, avec Charmide, avec Théætète, avec Al- » cibiade, je commence à soupçonner que vous n'at- » tribuez pas tout à la *science*; que vous pensez que » le plus ancien des maîtres, pour l'homme, c'est la » Nature, et qu'à ce principe tient ce qui vous est

» échappé quelque part, dans vos discours, que c'étoit » aux Dieux que vous étiez redevable de votre commerce avec Alcibiade, et l'épithète de *divin* que » vous donnez ailleurs à Phèdre, et l'horoscope d'Isocrate que vous avez fait dans un autre endroit, quoique ce ne soit encore qu'un très-jeune homme. Quel » est, Socrate, le but de cette doctrine? Si vous voulez, je vais vous laisser de côté, et appeler, à votre » place, cet ami de l'Académie, qui vous a prêté ces » discours ». Il répondra, si nous l'en prions instamment, à notre question, qui est de savoir, si les gens-de-bien doivent aux Dieux leur probité. Je dis les gens-de-bien, et non pas les poëtes, afin que vous ne m'alléguiez point Hésiode, et non pas les devins, afin que vous ne m'alléguiez point Mélésagoras, et non pas les faiseurs d'expiations, afin que vous ne m'alléguiez point Epiménide. Je mets à l'écart toutes les dénominations de ce genre, pour ne faire entrer dans le sujet de la question que *la vertu*, celle qui rend les hommes capables de remplir tous leurs devoirs, de bien gouverner leur famille, et de se conduire en bons citoyens. Dites-nous de cette *vertu*, si l'homme la reçoit des Dieux sans y mettre du sien, ou bien je vous laisserai aussi de côté. La raison va se répondre à elle-même, comme un homme répond à un autre homme, avec une liberté égale à sa confiance, en ces termes :

V. Malheureux! Es-tu donc fou (11) de penser que ce qui constitue la beauté des belles actions humaines, soit le résultat facile et prompt de l'industrie des hommes, et que les Dieux n'y ayent que peu ou point de part (12)! Quoi donc, ne conviendras-tu point que toutes ces choses prises ensemble, la divination, l'initiation aux mystères, le talent des poëtes, la science des expiations et des oracles, ne valent pas la *vertu;* et néanmoins penseras-tu que, tandis que toutes ces choses n'entrent dans l'esprit humain que par l'inspiration des Dieux, une chose bien plus rare et bien plus précieuse, *la vertu*, est l'ouvrage des hommes? Tu as une haute opinion de la Divinité, de penser qu'elle met amplement et magnifiquement du sien dans les choses de peu d'importance (13), et qu'elle n'en met point du tout dans ce qui est d'un bien plus grand prix! Sans compter que si chacune de ces choses est l'œuvre de la Divinité, la *vertu* doit l'être aussi nécessairement. Car il n'en est point de la Divinité comme d'un forgeron, chez qui un charpentier ne peut point aller faire son apprentissage, comme d'un laboureur qui ignore la navigation, comme d'un marin qui ne connoît point la médecine, comme de ces hommes qui possèdent un art auquel d'autres hommes sont étrangers. La Divinité n'est point ainsi renfermée dans la sphère d'un art unique. Mais, si quelque chose émane d'elle, ce qui, eu égard à l'âme de l'homme et à la mesure de sa capacité, est un art individuel, n'est, par rapport à la Divinité et aux dimensions de sa *science*, qu'une petite portion du tout. Si donc ces choses sont à la disposition de la Divinité, recherchons si elle a, à la fois, et le pouvoir et l'intention de te donner la *vertu*, qui est d'un prix bien supérieur à tout le reste.

VI. Procédons dans cette recherche de cette manière. Supposons d'abord que la Divinité est souverainement parfaite, qu'elle se suffit souverainement à elle-même, et qu'elle a une puissance infinie, de manière que retrancher quelqu'un de ses attributs, ce fût détruire son essence. Car si elle n'étoit point parfaite, elle ne se suffiroit point à elle-même ; et si elle ne se suffisoit point à elle-même, elle ne seroit point parfaite. Et si elle ne se suffisoit point à elle-même, et qu'elle ne fût point parfaite, comment auroit-elle la toute-puissance (14)? Si donc elle se suffit à elle-même, si elle est parfaite, et qu'elle ait la toute-puissance (15), elle veut le *bien*, puisqu'elle est parfaite ; elle le possède, puisqu'elle se suffit à elle-même ; elle peut l'opérer, puisqu'elle a la toute-puissance. Si elle veut le bien, si elle le possède, si elle peut l'opérer, pourquoi ne le donneroit-elle point? Car posséder une chose, et ne pas la donner, c'est ne vouloir pas la donner. Vouloir donner une chose, et ne l'avoir pas, c'est ne pouvoir pas la donner. Avoir une chose, et vouloir la donner, comment ne le pourroit-on pas? Si donc elle possède le *bien*, elle possède ce qui en est la perfection. Or, la perfection du *bien* c'est la *vertu*. Elle donne donc ce qu'elle possède. D'où il suit que nul *bien* ne peut venir à l'homme, s'il n'émane de la Divinité ; et que, d'un autre côté, ce qui n'en émane point ne sauroit être un *bien* pour l'homme. Comment donc la *vertu* vient-elle de la Divinité? Toute l'espèce humaine reçut, dès son origine, une double inclination, les uns pour la vertu, les autres pour le vice. De ces deux choses, l'une, le *vice*, a besoin qu'on le réprime, l'autre, la *vertu*, a besoin qu'on lui aide à se conserver. Les âmes qui ont du penchant pour le *vice*, lorsqu'elles sont dirigées au *bien* par les bonnes leçons des lois et des mœurs, ne nuisent à personne ; et elles gagnent à cela, non d'augmenter la mesure de leur propre *bien*, mais de diminuer celle du mal qu'elles devoient produire. Quant aux âmes les mieux disposées au *bien*, placées entre les deux extrêmes du *vice* et de la *vertu*, dans un état de vacillation et d'incertitude, qui les pousse tantôt vers l'un, et tantôt vers l'autre, elles ont besoin que la Divinité les soutienne, combatte avec elles, leur aide à faire pencher la balance, et les conduise comme par la main vers le plus avantageux de ces deux côtés (16). Car la facilité à se laisser entraîner vers le mal est l'effet d'une foiblesse innée (17), qui flatte et séduit les âmes même vertueuses, par l'attrait des jouissances, par l'amorce des désirs, et les conduit dans les mêmes routes que les âmes livrées au vice.

VII. Ecoutez en effet Jupiter qui dit : « Hélas! à » quels reproches les hommes s'abandonnent-ils con- » tre les Dieux! Ils prétendent que c'est nous qui » sommes les auteurs de leurs maux. Au lieu que ce » sont eux-mêmes qui s'attirent, par leurs propres » crimes, des calamités qui n'étoient point dans les » décrets du destin (18) ». Mais vous ne l'entendrez point disant rien de semblable sur le compte des gens de bien. Il ne se défendra point d'être la cause de leur probité. Il ne fera honneur d'un semblable soin à nul autre. Au contraire, « Pourrois-je jamais perdre de » vue le divin Ulysse, qui se distingue dans toutes les » circonstances critiques, par sa présence d'esprit, et » par son courage, et qui est chéri de Pallas (19) » ? Qui donc niera qu'il fût redevable aux Dieux de son mérite et de sa vertu, cet Ulysse toujours présent à la pensée de Jupiter, objet de la prédilection de Minerve, à qui Mercure sert de guide, pour qui Calypso conçoit une passion violente, et que Leucothoë sauve du naufrage? S'il étoit redevable de ce qu'il étoit à l'expérience qu'il avoit acquise « en parcourant les Cités et » en étudiant les mœurs de divers peuples, ou en

» éprouvant sur mer plusieurs sortes de revers et de » malheurs (20) », comment ne pas attribuer aux Dieux les événemens accumulés autour de lui pour produire et faire éclater sa *vertu* (21) ? Ne sont-ce pas eux qui lui suscitèrent cette multitude d'ennemis à combattre; parmi les Barbares, les Troyens; parmi les Grecs, deux de leurs principaux chefs, Ajax et Palamède; dans sa maison, des libertins remplis d'insolence et d'audace; chez les Cyclopes, le plus féroce d'entr'eux; chez les Thraces, le peuple le plus étranger aux lois de l'hospitalité; entre les enchanteresses, la plus profonde dans son art? Ne sont-ce pas eux qui lui suscitèrent celui d'entre les monstres qui avoit le plus de têtes, et, sur les mers de plusieurs régions, les tempêtes les plus violentes, et des naufrages continuels? Ne sont-ce pas eux qui le réduisirent à mener une vie errante, à mendier, à n'être couvert que de haillons, à demander des morceaux de pain, à se battre à la lutte avec un ivrogne, à souffrir des coups de pied et à recevoir toute sorte d'avanies de sa part? Ce fut par attachement pour lui que les Dieux l'exposèrent à toutes ces épreuves. Ce ne fut point Neptune, irrité « de ce qu'il avoit arraché la vie à un fils qu'il aimoit (22) ». Ce ne fut point le Soleil, pour se venger de l'enlèvement de ses bœufs. Non, Neptune n'a pu aimer à ce point un homme féroce, un fils qui violoit les droits de l'hospitalité. Non, le Soleil avoit assez de bœufs pour être insensible à la perte de ceux qui lui furent enlevés. Tous ces événemens, c'étoit Jupiter qui en étoit l'arbitre suprême. N'est-ce pas lui aussi, qui, ne permettant pas à Hercule son propre fils de vivre dans l'inertie et dans la mollesse, l'éloigna de toutes les jouissances de la *volupté*; et qui, tandis qu'il laissoit Euristhée s'y abandonner à son aise, suscitoit à Hercule des sangliers, des lions, des potentats, des tyrans, des scélérats, de longs chemins, des terres désertes, et des fleuves difficiles à passer? Quoi! Jupiter auroit pu tripler la longueur de la nuit (23); et celui dont il devint le père cette nuit même, il n'auroit pas pu l'affranchir des peines et des fatigues de la vie? Mais il ne voulut point le faire, car il n'est pas permis à Jupiter de vouloir autre chose que ce qui est le *Beau* suprême. De-là l'héroïsme d'Hercule, de Bacchus, d'Ulysse. Mais pour nous rapprocher d'un ordre de choses plus à notre portée, pensons-nous que chez Socrate lui-même, l'art ait fait tous les frais de sa *vertu* (24); et que les Dieux n'y ayent été pour rien? Fils d'un lapidaire de profession, s'il eût voulu succéder à son père, l'art lui en auroit enseigné le métier. Mais, destiné par les Dieux à devenir un sage, il laissa-là le métier de son père, et il embrassa la *vertu*.

NOTES.

(1) On peut consulter là-dessus la doctrine de Platon, dans son Traité, *si la vertu est susceptible d'être enseignée*. Dans celui intitulé *Ion*, il répète plusieurs fois qu'on ne peut faire les bonnes actions sans le secours, sans l'intervention, sans l'aide des Dieux; ou, pour rendre peut-être avec plus de fidélité le θείᾳ μοίρᾳ, *si les Dieux n'ont réglé par un arrêt du Destin que ces actions seroient faites*. Platon, comme on voit, alloit encore plus loin que le Christianisme dans la doctrine *de la Grâce*.

(2) *Odyssée*, chant 3, vers 28.

(3) *Odyssée*, chant 8, vers 63.

(4) Maxime de Tyr emprunte ces mêmes paroles d'Homère dans la *Dissertation* qui a pour titre, *Si les choses que nous apprenons sont des réminiscences*. Nous renvoyons à la note sur ces paroles dans la Dissertation dont il s'agit.

(5) Il y a ici une altération dans le texte. On peut consulter là-dessus les conjectures de Davies et de Markland. J'ai suivi l'opinion de ce dernier.

(6) On sait que, chez les anciens Grecs, les poëtes joignoient au talent de faire des vers, celui de les chanter. La poésie d'alors faisoit marcher ces deux choses ensemble. Au commencement du premier livre de ses *Tusculanes*, Cicéron insinue que cet ensemble fut la cause de la longue défaveur de la poésie, et des poëtes, chez les Romains. Elle fut telle que l'on reprocha à un Gouverneur de province qu'il nomme, d'avoir emmené des poëtes avec lui. *Serò igitur à nostris poetæ vel cogniti vel recepti. Quamquam est in* originibus *solitos esse in epulis canere convivas ad tibicinem de clarorum virorum virtutibus, honorem tamen huic generi non fecisse declarat Oratio Catonis in quâ objecit ut probrum Marco nobiliori, quòd is in provinciam poetas duxisset.*

(7) Heinsius a traduit, chaque neuf ans, *singulis novem annis;* et Davies remarque que Pacci a mieux fait, en traduisant, pendant neuf ans : d'autant que dans la douzième *Dissertation*, sect. 7, Maxime de Tyr s'est exprimé sans équivoque, ἐν ἐνναέτει χρόνῳ, *durant un intervalle de neuf ans*. Héraclide dans le traité que nous avons de lui, *de Cretum politiâ*, dit expressément que Minos employa *neuf ans* à mettre en ordre les lois de la Crète. Le Scholiaste d'Homère sur le 178e. vers du 19e. chant de l'*Odyssée*, tient le même langage.

(8) Voyez *Diogène-Laerce*, livre premier, article *Épiménide*.

(9) Proconnèse étoit une ile de la Propontide, en face de la ville de Cizyque. Elle fut connue sous un autre nom, celui d'Élaphonnèse; et Calepin remarque que ces deux dénominations tiroient leur origine de la multitude de cerfs dont cette ile abondoit. Quant à Aristéas, on peut consulter, entr'autres, son article dans Hésychius de Milet.

(10) Maxime de Tyr, comme on voit, perd, ici, de vue que dans sa *Dissertation X*, sect. IV, il a dit que les fictions mythologiques n'étoient pas moins employées par les philosophes, et par Platon lui-même, qu'elles ne l'étoient par les poëtes. Il ne s'est pas rappelé *du char ailé de Jupiter*; *des onze phalanges* (Formey a dit *quinze*, quoique dans le latin il y ait *undecim*) *qui composent l'armée des Dieux; des fleuves infernaux, le Pyriphlégéton, l'Achéron, le Cocyte; de Clotho, d'Atropos, et du mystique fuseau :* liv. X du traité *de la République*. Or, tout cela est passablement énigmatique; tout cela tient assez du merveilleux; et c'est tout simple. A l'instar des prêtres d'Égypte, leurs instituteurs et leurs maitres, qui avoient deux religions, l'une naturelle et secrète, l'autre mystique et vulgaire, les philosophes eurent deux doctrines dans le même genre. L'une étoit appelée *ésotérique*, ou *intérieure*, et l'autre *acroamatique*, ou *exotérique*, c'est-à-dire,

dire, *auditive* ou *extérieure*. Cette profession d'une double doctrine se retrouve chez les Mages des Perses, chez les Druides des Gaules, et chez les Gymnosophistes de l'Inde, témoin le Séthos et Warburton. Que, dans leurs étroites et familières conversations avec ceux de leurs disciples d'une force de tête digne d'entendre la vérité à découvert, ils écartassent toute mysticité, toute fiction, c'étoit dans l'ordre. Mais, dans leurs écoles publiques, et dans leurs écrits, ils devoient être plus circonspects, et toujours s'accommoder jusqu'à certain point à *l'obscurité* sur laquelle reposoit l'influence et l'empire des dominateurs de la multitude. L'intérêt de leur considération personnelle, et l'intérêt politique, l'exigeoient ainsi; et les persécutions qu'éprouvèrent quelques philosophes couronnées par la mort de Socrate, ajoutèrent à ces motifs de prudence. C'étoit, à coup sûr, à cette double doctrine que Cicéron faisoit allusion, lorsqu'il disoit assez plaisamment, qu'*Il ne concevoit pas que deux Haruspices pussent se rencontrer sans rire*. On peut croire, en effet, que les *Haruspices* de tous les temps et de tous les pays, pour peu qu'ils soient exempts de cagoterie, rient un peu aux dépens de l'espèce humaine. Si je ne craignois pas de pousser les choses trop loin, je rappelerois le mot de ce Pontife, qui, dans un de ces momens d'abandon où l'âme se met à son aise, dit à l'un de ses Familiers : *La buona cosa che quella favola di Christo!*

(11) Heinsius, au lieu de ἱρεῖς, lit ἱρωταῖς, et Davies observe avec raison à ce sujet que les plus savans hommes peuvent commettre des bévues. Car ἱρεῖς et ἱρωταῖς, en cet endroit, sont synonymes. Markland aime mieux lire τὶ λιρεῖς; cette correction m'a paru heureuse, et je l'ai suivie.

(12) Heinsius a traduit, *Divino munere difficillimè*. Mais ce n'est pas là la question. Pacci a traduit, *Virtute verò divinâ angustissimè*, et, en cela, il s'est un peu plus rapproché de la thèse.

(13) Ah! Maxime de Tyr, à quoi pensiez-vous, vous-même, lorsque vous traitiez avez tant de légèreté les objets sacrés de la religion des Peuples : les Prêtres païens ne connoissoient donc pas l'Inquisition, que vous ayez impunément mis la *vertu* au-dessus de tout l'attirail du sacerdoce; ou bien, de votre temps, les lumières étoient-elles assez répandues pour qu'on pût dire hautement sa façon de penser sur ces matières ? Non, sans doute; mais peut-être la vraie raison de la liberté avec laquelle les philosophes écrivoient sur tout ce qui composoit les superstitions populaires, c'est que l'imprimerie n'existoit pas; c'est que les ouvrages des philosophes, bornés au cercle étroit des lettrés, dans ces temps barbares, étoient sans conséquence pour le reste du genre humain, qui ne pouvoit ni ne savoit lire, et qui étoit trop encroûté d'ailleurs de la rouille des superstitions, pour que les ef-

forts des rhéteurs pussent faire pénétrer au travers de l'ignorance les rayons de la lumière.

(14) Le texte porte littéralement : *Comment auroit-elle de la puissance ?* Mais Maxime de Tyr vient de dire que DIEU a une *puissance infinie*. C'est donc avec la latitude de cette mesure qu'il faut entendre, ici, cet attribut de la Divinité.

(15) *Voyez* la note précédente.

(16) C'est évidemment de cette doctrine des Platoniciens, admise par les Pères de l'Église, et les théologiens qui les ont suivis, qu'est née cette autre doctrine *de la grâce* qui a fait tant de bruit, dans ces derniers siècles, sous les drapeaux de Jansénius.

(17) Cette foiblesse innée du Platonisme, les Chrétiens l'ont également admise. Ils ont fait plus, ils en ont fait la base fondamentale, et, pour parler le langage des saints livres, la pierre angulaire de leur édifice. Car ce qui, dans la doctrine de Platon, n'étoit qu'un simple accident, est devenu un élément essentiel et constitutif dans la doctrine du christianisme. La chute d'Adam a imprégné sa postérité d'une tache universelle ; et c'est pour détruire principalement le péché originel, que Dieu lui-même s'est incarné.

(18) *Odyssée*, chant premier, vers 32 et suivans.

(19) Ces paroles sont empruntées d'Homère. Maxime de Tyr, qui les a mises dans la bouche de Jupiter, et qui a cru les tirer du chant premier de l'*Odyssée*, vers 65 et suivans, où l'on trouve, en effet, les premières expressions de ce passage, et non les autres, n'a pas fait attention que ces mots, tels qu'il les a cités, et qui sont dans le chant dixième de l'*Iliade*, Homère les a mis, non dans la bouche de Jupiter, mais dans celle de Diomède.

(20) *Odyssée*, chant premier, vers 3 et 4.

(21) Formey a traduit : « Pourroit-on nier que c'est *la volonté des* » *Dieux qui l'ont fait passer* par ces épreuves, *qui ont été cause* qu'on lui » a donné le nom de *Bon*, et qu'il l'a été, en effet » ? *La volonté* des Dieux *qui ont été* cause, etc. Je doute que la sévérité de la *Syntaxe françoise* admette la hardiesse de cette syllepse. Quelle opinion d'ailleurs a voulu nous donner du héros de l'*Odyssée* cet académicien, en l'appelant le *bon* Ulysse ? A-t-il pu traduire ainsi le *vir bonus* de la version latine ? Un peu plus bas, il n'a pas moins mutilé le sens de l'original, lorsqu'il a traduit : « Et la plus dangereuse des enchante- » resses, véritable monstre à plusieurs têtes ». Il n'a pas vu que l'enchanteresse, ici désignée, étoit *Circé*, qui n'étoit pas *un véritable monstre à plusieurs têtes* ; et que, par le véritable *monstre à plusieurs têtes*, c'est-à-dire, *Cerbère*, Maxime de Tyr faisoit allusion à la descente d'Ulysse aux Enfers.

(22) *Odyssée*, chant onzième, vers 102. Il s'agit ici de Polyphème.

(23) Jupiter, couchant avec Alcmène, femme d'Amphytrion, se trouva si bien auprès d'elle, qu'il fit durer la nuit trois fois plus qu'à l'ordinaire. Voyez les *Mythologues* et l'*Amphytrion* de Molière.

(24) Dans l'*Histoire de la philosophie païenne, ou sentimens des philosophes et des peuples païens les plus célèbres, sur Dieu, sur l'âme, et sur les principaux devoirs de l'homme*, tom. I, chap. 17, §. 3, le compilateur a réuni un très-grand nombre de citations qui attestent que les philosophes pensoient généralement que le secours de Dieu étoit nécessaire à l'homme pour faire le *bien*. *Voyez* ce que nous avons dit ci-dessus, dans la 21e. note de la *onzième Dissertation*.

Paris, le 10 brumaire an IX. (1 novembre 1800.)

DISSERTATION XXXIX.

Un Bien *n'est pas plus grand qu'un autre* Bien.

Ni moi non plus, je ne suis point de l'avis d'Homère, lorsqu'il reproche à Glaucus le Lycien, d'avoir échangé ses armes d'or contre celles de Diomède qui n'étoient que d'airain, et d'avoir donné ce qui valoit dix fois davantage, pour ce qui valoit dix fois moins (1). Sans doute, ce seroit un légitime sujet de querelle et de contestation, pour un de ces spéculateurs qui ne songent qu'à l'argent, « pour ces navigateurs qui ne » s'occupent que de leur cargaison, et du bénéfice » que leur avidité s'en promet (2) ». Mais non pas pour un poëte digne d'être le disciple de Calliope, cette Muse, à laquelle il n'est permis ni de louer les choses honteuses, ni de blâmer les choses honnêtes (3). Or, il convenoit à Glaucus, issu d'Hyppolochus, de Bellérophon, de Sisyphe, d'Eole, tous personnages de haute recommandation, lorsqu'il rencontroit un guerrier qui paroissoit son ennemi, selon les lois de la guerre, mais que les liens de l'hospitalité qui avoit eu lieu entre leurs pères, rendoient son ami; un guerrier qui renouoit amitié avec lui, et qui invoquoit la précédente liaison de leurs ancêtres; il convenoit à Glaucus de mesurer l'échange de ses armes, moins sur leur prix réel, que sur les autres circonstances, et de n'avoir nul égard à l'or ni à l'airain qui en étoient la matière, comme auroient pu faire, à Lemnos (4), des marchands qui auroient acheté du vin, « donnant en

» échange, les uns de l'airain, les autres du fer, ceux-» ci des peaux de bœufs, ceux-là des bœufs même ». Car, en ce qui concerne les usages ordinaires de la vie, on calcule, dans les échanges, les différences de valeur ; et le plus et le moins sont balancés par des supplémens équitables. Il n'est personne qui, même les yeux bandés, ne sache qu'un talent vaut mieux que dix mines, qu'une drachme vaut mieux qu'une obole. En matière de possession territoriale, les petits propriétaires (5) mesurent les terres à la toise (6), selon Hérodote (7); ceux qui sont un peu plus aisés les mesurent au stade, et les plus riches les mesurent au schœne, comme chez les Egyptiens (8). S'il s'agit d'une fortune en troupeaux, Polyphème étoit moins riche, en ce genre, que Dardanus, « qui avoit trois » mille jumens dans ses pâturages (9) ». D'ailleurs, si, prenant à part chacune des choses nécessaires aux besoins de la vie, on met en balance avec elle les biens réels et véritables (10), on trouvera, je pense, que les premières ont une valeur et un prix subordonné à des variations de haut et de bas, selon les temps, les lois, le goût des plaisirs, les mœurs et les conditions : au lieu que ce qui est *vrai bien*, est stable, solide, immuable, en équilibre avec lui-même, commun à tous les hommes, indivisible, plein, ayant tous les élémens qui conviennent à son essence, insusceptible d'accroissement ni de soustraction. Car ce qui peut recevoir de l'accroissement, en reçoit, lorsqu'on y ajoute quelque chose. Mais, si l'on ajoute un *bien* à un autre *bien*, ne regardez pas le premier *bien* auquel le second est ajouté, comme ayant acquis quelque chose de plus; car il étoit *bien* auparavant. Si, au contraire, ce qui est ajouté n'est point un *bien*, c'est se moquer que de demander si le *bien* croît en intensité par l'addition de ce qui est mal. Ce qui pèche par quelqu'une des qualités nécessaires à son essence, pèche par ce défaut-là même. Mais, si le *Bien* pèche par l'absence des qualités intégrantes du *Bien*, il n'est pas *Bien*, lorsqu'il pèche par ces qualités; et s'il pèche par toute autre chose, sans pécher par les qualités intégrantes du *Bien*, ce défaut ne nuit point à l'essence du *Bien* (11).

II. Quoi donc! cela ne suffit-il point pour faire entendre ce que je veux dire? N'y a-t-il pas telle chose que nous appelons *la santé du corps?* Sans doute. N'y a-t-il pas telle autre chose que nous appelons *la maladie?* Fort bien. Considérons séparément chacune de ces choses. *La santé* ne consiste-t-elle point dans la bonne harmonie de l'économie animale, lorsque les élémens contraires s'accordent à se combiner ensemble pour le mieux possible; le feu avec l'eau (12), la terre avec l'air, chacun tour-à-tour, l'un avec l'autre, et tous avec tous? Est-il donc un rapport sous lequel *la santé* puisse paroître quelque chose de divers, de multiple, et non pas un tout simple, un ensemble unique? Car, parler d'harmonie, c'est parler de stabilité (13). Dans toute substance harmonique, chaque partie garde sa place. Elles ne courent point l'une contre l'autre, chacune reste exactement dans le point qui lui a été assigné. D'un autre côté, *la maladie* qu'est-elle autre chose que la cessation, le dérangement de l'état de paix entre les parties du corps, lorsque celles-ci, sortant de l'harmonie où elles ont été jusqu'alors ensemble, s'attaquent réciproquement, se déclarent la guerre l'une à l'autre, et qu'au milieu de ce conflit le corps éprouve des agitations, des convulsions, des tiraillemens, qui le conduisent à sa fin. Or, est-il un point-de-vue sous lequel cet état de guerre puisse être regardé comme une chose simple et unique? Certes, la médecine seroit alors d'une bien médiocre considération. Cette guerre donc entre les parties organiques du corps, laquelle se compose d'élémens nombreux et divers, et qui produit ce que nous appelons *les maladies*, a fait naître un art qui se diversifie également sous plusieurs rapports, qui met en œuvre diverses sortes d'instrumens, de remèdes, d'alimens, de régimes. Si nous considérons *la musique*, nous y verrons aussi que ce qui en constitue l'*harmonie* est un en soi, qu'il n'est susceptible ni d'amélioration, ni de détérioration, et que ce qui en constitue *la cacophonie* se compose d'élémens divers et séparés. C'est ainsi qu'un chœur de musiciens qui vont parfaitement ensemble ne forme qu'un tout unique (14). S'ils ne vont pas d'accord, le désordre s'en mêle; l'un va dans un sens; l'autre va dans un autre; l'unité n'est plus, et le chaos en a pris la place. Il en est de même d'un vaisseau à trois rangs de rames. Lorsque la flûte conduit les rameurs, toutes les mains se meuvent avec harmonie, et les rames vont à l'unisson. Otez la flûte, vous ôtez l'accord des rameurs; et le vaisseau ne marche plus. C'est encore ainsi qu'entre les mains d'un cocher, un char (15) est dirigé dans une même ligne, et par une seule impulsion. Otez le cocher, le char sera entraîné, tantôt dans une direction, tantôt dans une autre. C'est enfin ainsi qu'une armée, en campagne, maintient son ensemble, par l'unité du mot d'ordre. Otez cette unité; au lieu d'un corps d'armée serré en phalanges, vous n'avez plus qu'une vaine et impuissante multitude (16).

III. Quel est donc *le bien* du corps? *La santé*. Quel

en est *le mal? La maladie.* Or, *la santé* est une, et *les maladies* sont en grand nombre. Quel est le *bien* dans la musique? L'*harmonie* (17). Or, l'*harmonie* est une, et le défaut d'*harmonie* a diverses manières d'être. Dans un chœur, *le concert* est un, et *le charivari* peut exister de plusieurs manières. Sur un vaisseau à trois rangs de rames, le son de la flûte est un, et il y a plusieurs manières d'en marquer la mesure. Dans un char, l'art du cocher a aussi son unité; et le défaut de cet art a des modifications diverses. Dans une phalange, le soin de garder le mot d'ordre a aussi son unité; et le mot d'ordre y est exposé à plus d'un genre d'anarchie. Je ne vois ni excès, ni défaut, dans la nature de cette unité. Elle est stable et fixe. Elle n'admet dans son essence aucun mouvement ni progressif, ni rétrograde. Mais, lorsqu'il s'agit de choses qui font nombre et pluralité, alors je peux discerner les diverses natures de ces choses. Car, si le plus long chemin a un terme unique, il est susceptible de plusieurs stations. Qu'il faille aller à Babylone. *L'Assyrien en sera plus près que l'Arménien, l'Arménien plus près que le Lydien, le Lydien plus près que l'Ionien, et l'Ionien plus près que l'habitant des îles.* Mais nul n'est encore à Babylone, ni l'Assyrien, ni l'Arménien (18), ni le Lydien, ni l'Ionien, ni l'habitant des îles. Qu'il faille aller à Eleusis. Le Péloponnèse (19) sera d'abord le plus voisin, ensuite Mégare, ensuite Corinthe. Mais vous n'êtes pas encore initié. Fussiez-vous à Mégare, fussiez-vous dans le Péloponnèse, vous ne serez pas pour cela initié, avant que vous n'ayez pénétré dans le temple de la Déesse. Pensez donc que la vie est comme un long chemin qui conduit à Eleusis ou à Babylone; que le terme de ce chemin est, ou un palais, ou un temple, ou une initiation : qu'au milieu de l'immense multitude de personnes dont ce chemin est couvert, on ne voit que gens qui courent, qui s'entrechoquent, qui sont rendus de fatigue, qui se reposent, qui sont étendus à terre, qui reviennent sur leurs pas, qui ne savent où ils vont. Car à ce chemin tiennent plusieurs sentiers, qui séduisent par des agrémens trompeurs, et dont la plupart conduisent à travers des abîmes et des précipices, les uns dans le pays des Sirènes, les uns dans celui des Lotophages, et les autres dans celui des Cimmériens (20). Mais il n'y a qu'une voie étroite, ardue, scabreuse, par où il ne peut passer que peu de monde, qui aboutisse au véritable terme de ce chemin. Dans cette voie s'engagent à peine, pour arriver avec beaucoup de fatigues, de travaux et de sueur, les âmes les plus actives, et les plus laborieuses (21), qui désirent atteindre le but ; âmes amoureuses d'une initiation dont elles ont, par une sorte de divination, comme apprécié d'avance toute la beauté. Aussi lorsqu'elles sont enfin arrivées, les fatigues sont finies pour elles. Leurs vœux sont accomplis. Car, où seroit pour elles une initiation plus auguste ; un lieu digne d'être recherché avec plus d'empressement ? Il en est du *vrai Bien* pour l'homme, comme d'Eleusis pour ceux qui ne sont point initiés. Faites-vous donc initier. Allez ; arrivez à ce lieu. Prenez possession du *vrai Bien*, et vous ne désirerez rien de plus.

IV. Mais, si vous donnez le nom de *vrai Bien* à ce qui n'est point tel de sa nature, à la santé du corps, à la beauté de ses formes, à l'étalage de l'opulence, à la renommée des ancêtres, à la considération attachée aux magistratures, toutes choses faites pour être mises au rang des avantages agréables, plutôt qu'au rang des *biens*, vous prostituez les mystères de l'initiation, vous profanez les choses qui touchent à la Divinité. Il en est des biens dont vous désirez la possession, comme des mystères d'Alcibiade, lorsque, au milieu de ses orgies, devenu ivre, et jouant tantôt le rôle de celui qui porte le flambeau, tantôt celui du Hiérophante, il tourne en dérision les cérémonies de l'initiation (22). D'ailleurs, il n'est pas plus aisé de trouver un *bien* plus digne qu'un autre *bien* d'être enveloppé sous le voile des mystères (23), que de trouver un *Beau* qui soit plus beau qu'un autre *Beau*. Car, si vous ôtez à l'un et à l'autre quelqu'un de leurs élémens, le *Beau* qui a perdu quelque chose, n'est plus *Beau*; le *Bien* qui a perdu quelque chose, n'est plus *Bien*. Ne voyez-vous point ce Ciel qui est au-dessus de votre tête, ces astres qui l'embellissent, cet Ether qui est au-dessous du Ciel, cet air qui est au-dessous de l'Ether, cet Océan qui est au-dessous de l'air, et cette terre que l'Océan environne? Considérez la nature de chacune de ces choses. Cette terre, partie du tout, est étendue, variée dans ses sites : elle produit les arbres : elle nourrit les animaux : mais, si vous la comparez à la mer, elle est moindre que la mer; tout comme la mer est moindre que l'air, l'air moindre que l'Ether, et l'Ether moindre que le firmament. Jusqu'à ce dernier, les parties de l'Univers suivent une progression d'après laquelle elles surpassent et sont surpassées, tour-à-tour. Allez jusqu'à lui, et vous y trouverez la grandeur fixée en même-temps que la beauté. Car, qu'y a-t-il de plus beau que le Ciel, de plus brillant que les astres, de plus vivifiant que le soleil, de plus fécond que la lune (24)? Où est une plus belle harmonie que celle qui existe entre les autres puissances du Ciel ? Qu'y a-t-il de plus saint et de plus auguste que les Dieux eux-mêmes (25).

V. L'erreur où les hommes tombent d'ailleurs en admettant plusieurs sortes de *bien* (26), ils la commettent en admettant plusieurs Dieux, et en leur distribuant à chacun son apanage, comme avec une balance. Quel est celui des Dieux qui se présente ? Jupiter. Qu'il règne. Quel est cet autre? Saturne. Qu'il soit garrotté. Vulcain, qu'il ait une forge. Mercure, qu'il soit messager. Minerve, qu'elle travaille à l'aiguille. Ils ignorent, je pense, que tous les Dieux n'ont qu'une même loi, les mêmes mœurs, une même manière d'être, sans nulle division, sans nul conflit. Ils ont tous la même part à l'Empire ; ils sont tous du même âge ; ils s'intéressent tous également à la conservation des hommes ; ils sont revêtus des mêmes prérogatives ; ils partagent la même autorité, et cela dans tous les temps. Ils ne forment qu'une même nature sous des noms divers (27). Dans l'ignorance où nous sommes, à leur égard, nous attribuons à chacun d'eux les bienfaits de leur providence commune. Les dénominations se multiplient et se diversifient, comme celle des plages de la mer : tantôt, en effet, c'est la mer Égée, tantôt la mer Ionienne (28) ; ici, c'est la mer de Myrto ; là, c'est la mer de Crète ; quoique la mer soit une, homogène, soumise aux mêmes impressions et cohérente dans toutes ses parties. Il en est ainsi du *Bien*. Il est un, semblable à lui-même, et identique sous tous les rapports. Notre opinion ne le divise que parce que notre foiblesse et notre ignorance nous empêchent d'atteindre à sa véritable essence. Callias est opulent. Il est heureux, sous le rapport de ce genre de *bien*. Mais Alcibiade est plus beau que Callias. Comparons ces deux genres de *bien* ensemble, l'opulence avec la beauté. Laquelle des deux vaut cent bœufs ? Laquelle des deux n'en vaut que neuf (29) ? A laquelle des deux donnerons-nous la préférence ? Pour laquelle ferons-nous des voeux ? Le Phénicien et l'Egyptien feront des vœux pour le *bien* de Callias. L'habitant d'Elée et celui de la Béotie en feront pour le *bien* d'Alcibiade. Pausanias étoit d'une naissance illustre, mais Eurybiade avoit plus de renommée. Comparons la renommée avec la noblesse. Laquelle des deux vaut mieux ? A laquelle des deux irons-nous présenter la palme ? Socrate étoit pauvre : Socrate n'étoit pas beau : Socrate n'avoit point de renommée : Socrate étoit d'une naissance obscure : Socrate ne jouissoit d'aucune considération. Mais le moyen qu'il fût sans quelque difformité, qu'il jouît de quelque considération, qu'il fût distingué par sa naissance, qu'il eût quelque renommée, qu'il possédât quelque bien, celui qui étoit le fils d'un simple lapidaire, qui étoit camus, qui avoit un gros ventre, qui fut joué sur le théâtre, qui fut jeté en prison, et qui mourut dans le même lieu où étoit mort Timagoras (30). O quelle pénurie de *bien*, pour ne pas dire quelle abondance de maux ! Avec quoi les mettrons-nous en parallèle ? Que dirons-nous ? Comparons Socrate avec ses antagonistes, sous le rapport de la possession des *biens*. Ne voyez-vous point qu'il est vaincu par Callias sous le rapport de la fortune, par Alcibiade sous le rapport de la beauté du corps, par Périclès sous le rapport de la considération publique, par Nicias sous le rapport de la renommée ? Ne voyez-vous pas qu'Aristophane triomphe à ses dépens, sur le théâtre ; et Mélitus, dans les tribunaux ?

C'est en vain qu'Apollon lui a décerné la palme. Ce Dieu a eu beau le proclamer le plus sage des mortels (31).

NOTES.

(1) Le vers d'Homère que Maxime de Tyr censure, ici, est le 234e. du chant sixième de l'*Iliade*. Il termine, à-peu-près, l'épisode où le poëte raconte ce qui se passa entre Glaucus et Diomède, sur le champ de bataille : épisode curieux et intéressant, par les notions qu'il donne à recueillir sur la sainteté des droits de l'hospitalité chez les Anciens. D'ailleurs, le texte porte littéralement, d'*avoir donné ce qui valoit cent bœufs pour ce qui n'en valoit que neuf*.

(2) *Odyssée*, chant huitième, vers 163.

(3) Le texte dit à la lettre, *les belles choses* : sur quoi je remarque que, dans notre langue, nous attachons au mot *Beau* substantifié, le sens philosophique et moral qu'il a dans la doctrine des anciens philosophes; mais que l'adjectif de ce mot ne peut point être employé dans ce même sens avec le même succès qu'il l'est, dans la langue grecque.

(4) Les éditions vulgaires portent, λαπῶ, qui ne dit rien, au lieu de λῆμνῳ qui désigne *Lemnos*. Heinsius, auteur de cette judicieuse correction, y a été conduit par le passage d'Homère que Maxime de Tyr a appliqué, ici. Ce passage est emprunté du septième chant de l'*Iliade*, vers 473 et 474. Un peu plus haut, dans le 467e., on trouve que c'est à Lemnos qu'avoit été fait, contre du vin, l'échange des objets détaillés plus bas.

Les rédacteurs des *Institutes* de Justinien, ont cité ce même passage d'Homère, liv. III, tit. 24, §. 2, à propos de la question controversée parmi les Jurisconsultes Romains; savoir, si ce contrat étoit proprement un contrat de vente, ou un simple échange. Pour dire en passant, notre avis sur cette question, il nous semble qu'il faut nier que le contrat de vente ait existé, avant que les hommes ayent songé à battre monnoie, si, selon la rigueur du principe consacré dans les écoles de Droit, on ne veut admettre le contrat dont s'agit, que lorsqu'on y fait entrer un prix *en argent*.

(5) En comparant ce texte au passage du second livre d'Hérodote, chap. 6, dont il est emprunté, Davies et Markland ont remarqué que

la mémoire de Maxime de Tyr l'avoit trompé; et qu'au lieu des *cultivateurs* en général, il falloit, ainsi que la progression de la phrase l'indique d'ailleurs, *les petits propriétaires*.

(6) Selon Pollux, le lexicographe, la mesure grecque que j'ai rendue par le mot *toise*, étoit comprise entre les extrémités des deux bras horizontalement étendus.

(7) Les manuscrits varient sur le nom de l'Auteur. Les uns nomment *Prodicus*. Celui de la Bibliothèque nationale nomme *Prodotus*. Mais Heinsius a très-bien vu qu'il s'agissoit, ici, d'Hérodote.

(8) Le *stade* est une mesure ancienne assez connue, quant à la dénomination, sinon, quant à la dimension. Cette dernière est fixée d'une manière précise dans le *Dictionnaire Encyclopédique*. Quant au *Schœne*, mesure égyptienne beaucoup moins connue, les Auteurs ne sont pas d'accord sur sa véritable dimension. Les uns la font de trente stades, les autres de quarante, d'autres d'un plus grand nombre. Voyez *Strabon*, liv. XVII.

(9) Le 221e. vers du chant vingtième de l'*Iliade*, parle de *jumens* et non de *chevaux*, comme porte le texte. Ce qui paroit bien plus dans l'ordre des choses.

(10) Ce passage a donné de la tablature aux critiques. Heinsius, Davies et Markland ont formé chacun leur conjecture pour le corriger. J'ai pris la liberté de penser qu'il n'y avoit point de correction à faire, et que le sens de Maxime de Tyr pouvoit être entendu dans le texte tel qu'il est. D'ailleurs, Formey m'a paru avoir commis, ici, un vrai contre-sens, en traduisant le latin d'Heinsius.

(11) Formey a également mutilé le sens de cette phrase.

(12) Markland remarque, ici, que Maxime de Tyr ne fait qu'emprunter, dans cet endroit, un passage du *Symposiaque* de Platon. « Lorsque le chaud et le froid, le sec et l'humide sont harmoniquement combinés et mélangés ensemble, le bien-être, la santé de l'homme en est l'heureux résultat ».

(13) Davies relève, ici, une inadvertance d'André Schott, un Helléniste moderne, qui a travaillé sur Maxime de Tyr. Faute d'avoir fait attention que le mot στάσιν du texte, signifie aussi bien *solidité*, *stabilité*, qu'il signifie *sédition*, cet annotateur avoit cru qu'au lieu de μέτρον, il falloit lire ἄμετρον, avec l'*α* privatif, et il avoit dénaturé le vrai sens de l'original. Au surplus, ces inadvertances peuvent échapper aux plus habiles Hellénistes; et lorsqu'on les aperçoit, il convient d'en faire plutôt un sujet d'indulgence que de censure. *Aliquando bonus dormitat Homerus*.

(14) Quoique la leçon vulgaire, dans ce passage, ne soit point celle des deux manuscrits que Davies a pris pour guides, je lui ai donné la préférence sur celle que ce critique a proposée. D'ailleurs, le sens revient, à-peu-près, au même des deux côtés.

(15) Markland fait remarquer, ici, que le mot grec ἅρμα est pris, dans cette phrase, par *synecdoque*, pour *les chevaux attelés au char*. Cela s'entend de soi-même ; et il cite, à ce propos, le vers qui termine le premier chant des *Géorgiques* de Virgile, où ce poëte a fait un usage bien plus hardi de cette figure, au sujet du même mot :

. . . . Frustrà retinacula tendens
Fertur equis auriga, neque audit currus habenas.

(16) Le texte porte εἰς πλήθους φυγήν. Cette dernière expression a paru suspecte à Markland ; et j'avoue que j'ai partagé son opinion. Mais peut-être que Maxime de Tyr n'avoit pas écrit, ainsi que ce docte critique le suppose, εἰς πλήθους φύσιν. Quoique dans le style grec on puisse dire πλήθους φύσις pour πλῆθος, dans le même sens que notre Auteur a dit, *Dissertation XLI*, sect I, ποταμοῦ φύσις pour ποταμός, ce n'est peut-être pas une raison suffisante pour admettre cette correction. Qui sait si la vraie leçon ne seroit pas plutôt εἰς πλῆθος φεῦγον ?

(17) Heinsius, sur la foi de la version de Pacci, a ajouté, comme lui, « Quel en est le *mal* (de la musique) ? Le défaut d'harmonie.» Davies refuse d'admettre cette addition ; d'abord, parce que les deux manuscrits, qu'il a soigneusement vérifiés, n'offrent point cette leçon, et ensuite, parce que le *Discours* de Maxime de Tyr ne l'exige pas.

(18) Les éditions vulgaires de notre Auteur ne contiennent point les membres de cette phrase que nous avons mis en italique. C'est le manuscrit de la Bibliothèque nationale, auquel Davies donne l'épithète de *præstantissimus*, qui a fourni à cet Helléniste la partie du texte qui devoit remplir cette lacune. Quoique cette lacune existe dans la version latine d'Heinsius, Formey y a néanmoins suppléé.

(19) Le grec porte Πελοπόννησος αὕτη : et cette dernière expression a donné lieu à Markland de conjecturer, que Maxime de Tyr avoit débité cette Dissertation dans quelqu'une des cités du Péloponnèse.

(20) Maxime de Tyr fait allusion, ici, aux aventures d'Ulysse. *Voyez*, d'ailleurs, le traité d'Apulée intitulé, *du Dieu de Socrate*.

(21) C'est, à peu de chose près, dans les mêmes termes que les saints livres s'expriment touchant *le chemin du Ciel*.

(22) On voit, en effet, dans Plutarque et dans Cornélius-Népos, *vie d'Alcibiade*, que ce dernier fut solennellement accusé par un certain

Androclès, d'avoir fait, dans sa maison, un sujet de ridicule et de plaisanterie de la célébration des mystères.

(23) Formey a traduit : « Un *bien* ne sauroit être plus *mystérieux* » qu'un autre *bien*, tout comme il n'y a point de *beau* qui l'emporte » en *beauté* sur un autre *beau* ». On peut douter que ce soit avoir fidèlement traduit le latin d'Heinsius : *Bonum bono non magis est mysticum*. *Mystérieux* ne rend pas *mysticum*.

(24) On a déjà vu, dans plusieurs passages de notre Auteur, qu'il parle dans le sens le plus positif de l'influence de la lune, sur les productions de la terre.

(25) *Voyez* la note d'Heinsius sur le mot τιμιώτερον de ce passage. *Propriè locutus est*, dit-il, *quia τῶν τιμίων est Deus, et, ut Alcinous loquitur*, κατὰ τὴν τοῦ τιμίου ὑπεροχὴν : « DIEU est non-seulement auguste, » mais même il est l'Etre auguste par excellence ». Au reste, on remarque dans cette note d'Heinsius un passage d'un paraphraste inédit d'Aristote, qui « regarde comme ridicule de louer les Dieux » d'une chose qui les fait descendre à notre niveau ; savoir, lorsqu'on » les loue de tendre, de se diriger vers le Bien ». Cette tendance, cette direction est, en effet, tellement inhérente à leur *essence*, qu'ils ne pourroient ne pas l'avoir sans cesser d'être ce qu'ils sont.

(26) Le Traducteur Florentin n'a pas fait assez attention, ici, à la pensée de notre Auteur ; et il est tombé dans un contre-sens, en appliquant aux gens-de-bien, *bonis viris*, ce qui ne devoit être entendu que du bien moral. Heinsius ne s'y est pas trompé.

(27) Voilà le mot sacramentel. Voilà bien l'unité de Dieu, aussi formellement, aussi expressément proclamée par la philosophie, qu'elle l'est par ceux qui la reconnoissent *sous trois hypostases*, sans compter la Sainte-Vierge, et les Demi-Dieux de la légende.

(28) Davies et Markland ont fait assaut d'érudition, au sujet du mot Ἰόνιον de l'original, le premier, pour démontrer que ce mot doit être écrit par un *omicron*, le second pour établir qu'on pourroit aussi bien l'écrire par un *oméga*. *Voyez* leurs notes dans leur édition.

(29) Ceci fait allusion à ce qui a été dit au commencement de cette *Dissertation*, des armes de Glaucus et de celles de Diomède.

(30) Timagoras, Athénien, fut envoyé en ambassade auprès du grand Roi. Valère-Maxime dit que ce fut auprès de Darius. Plutarque et Suidas disent que ce fut auprès d'Artaxerxès. Quoi qu'il en soit, à son retour de Perse, Timagoras fut condamné à mort par les Athéniens. S'il falloit en croire Valère-Maxime, le peuple d'Athènes auroit fait un crime capital à Timagoras de s'être présenté au grand Roi, selon le cérémonial des Perses, et non point selon le cérémonial grec.

Si le jugement des Athéniens contre Timagoras n'avoit eu que ce motif, ce seroit un exemple bien rigoureux de l'austérité républicaine. Mais Suidas et Plutarque rapportent que Timagoras fut condamné pour s'être laissé corrompre par les largesses du grand Roi; et Maxime de Tyr paroît confirmer, ici, le témoignage de Plutarque et de Suidas. Voyez *Valère-Maxime*, lib. VI, cap. 3, ext. 2; Plutarque, *Vie d'Artaxerxès*, et Suidas sous le mot *Timagoras*.

(31) *Voyez* les notes de la première section de la Dissertation intitulée : *Si Socrate fit bien de ne rien dire pour sa défense*.

Paris, le 30 frimaire an IX. (21 décembre 1800.)

DISSERTATION XL.

Il est des Biens *plus grands que d'autres* Biens.

PUISQUE vous blâmez Homère d'avoir reproché à Glaucus son échange avec Diomède, faut-il plaider la cause d'Homère devant vous, ou celle de Glaucus devant Homère? Prenons ce dernier parti, car le tribunal d'Homère me paroît digne d'être préféré même au vôtre. Voici donc ce que Glaucus peut lui dire : « Si, selon vous, Homère, un *bien* étoit moindre » qu'un autre *bien*, ou moindre qu'un plus grand *bien*, » vous auriez, sans doute, une juste raison, de reprocher » à Jupiter de m'avoir troublé l'esprit (1). Néanmoins » dans l'échange que j'ai fait d'une armure d'or contre » une armure d'airain, empressez-vous un peu » moins d'accuser ou Jupiter, ou moi. Car Diomède, » en recevant mon armure d'or, n'en devint pas plus » riche; et moi, je n'en devins pas plus pauvre, en re- » cevant son armure d'airain. Nous ne nous fîmes nul » tort l'un à l'autre, dans un échange où les valeurs » matérielles n'étoient pas les mêmes, mais où le prix » d'opinion et d'estime étoit identique ». Mais mettons Glaucus de côté, et laissons comparoître Ulysse, plus sage que lui, qui nous dira quel est son sentiment sur la possession des *biens*. N'est-ce pas lui qui regarde le palais d'Alcinoüs, comme le séjour du *bonheur* (2), parce qu'on y chante, et qu'on y est dans l'alégresse? N'est-ce pas lui qui, faisant des vœux pour Nausicaa (3), lui souhaite en mariage un époux avec lequel elle ne fasse qu'un cœur et qu'une âme; et qui, ailleurs, fait consister le bonheur de Calypso (4) dans son immortalité. Or, je pense que si ce même Ulysse s'étoit trouvé, autre part, chez quelqu'un qui n'eût fait consister son bonheur, ni dans les *voluptés* de la table et de la musique, ni dans les douceurs de l'harmonie conjugale, mais qui eût possédé des biens d'un genre supérieur à ceux-là, il auroit convenablement parlé de ce dernier genre de *biens*. Mais, puisqu'il a été question, entre nous, du *Beau* (5), et que vous me le représentez comme renfermé dans un point d'unité, voyons; je vais vous répondre, à ce sujet, en peu de mots. Il me paroît que si vous eussiez été à la place du berger Troyen, que Mercure vous eût été envoyé de la part de Jupiter, chargé de conduire devant vous trois Déesses, dont vous eussiez dû être le juge, et entre lesquelles il vous eût fallu décerner le prix de la beauté; séduit, comme lui, par les charmes de Vénus, vous auriez jugé que Junon et Minerve étoient *laides*. Car si le *Beau* qui est dans la *beauté* est un, et qu'entre trois rivales, il n'y en ait qu'une à qui la palme soit décernée; il faut, de toute nécessité, que la *laideur* soit le partage de toutes celles qui sont vaincues.

II. O le plus recommandable des juges! n'allez pas si vite; prodiguez un peu moins le mot de *laideur*, et parcourez successivement les divers degrés, en descendant du premier jusqu'au dernier, de peur qu'encore une fois je ne vous oppose Homère distinguant Junon par ses *blanches fesses*, l'Aurore par ses *doigts de rose*, Minerve par ses *yeux bleus*, Thétis par ses *pieds d'argent*, et Hébé par ses *beaux talons*. Il n'ôte (6) à aucune de ces Déesses, ce qu'elles ont de *beau*, quoique ce *beau* n'existe que dans une des parties de leur corps, parce qu'il ne veut parler des habitans de l'Olympe, qu'avec le ton d'éloge et de respect qui leur convient; et qu'il veut s'abstenir de les dégrader le moins du monde. Écoutez-le, lorsqu'il vous dépeint un chœur de Nymphes, en habit de chasse (7), prenant leurs ébats sur les montagnes, ayant Diane pour chef. « Celle-ci, dit-il, porte sa » tête et son front au-dessus des autres » ; et il ajoute, « On la distingue aisément, au milieu d'elles, quoique » nulle d'entr'elles ne soit sans *beauté* (8) ». Ou bien, vous moquerez-vous de lui, parce qu'il met la *beauté* de Diane au-dessus de celle des Nymphes? Entendez-vous comme il parle de la *beauté* de Ménélas, lorsqu'il dit que *le sang couloit de sa cuisse blessée?* Il compare la *beauté* de sa cuisse à celle de l'ivoire, matière destinée à des mords de cheval, et que d'habiles ouvriers ornent d'une teinture de pourpre. « Tels, ô Ménélas, étoient » rougis par le sang, et tes cuisses robustes, et tes » jambes, et tes beaux pieds (9) ». Ailleurs, lorsqu'il loue la *beauté* d'Agamemnon, il n'a point recours aux ouvriers de la Carie et de la Lydie, ni à de l'ivoire teint de pourpre par des femmes Barbares. Mais il assimile sa tête et ses yeux aux yeux et à la tête de Jupiter; ce qui prouve que la *beauté* d'Agamemnon étoit supérieure à la *beauté* de Ménélas. Car la *beauté* du premier résidoit dans ses yeux et dans sa tête, tandis que la *beauté* de l'autre n'étoit que dans ses cuisses et dans ses pieds. Or, celui dont la *beauté* résidoit dans les parties du corps les plus nobles, étoit supérieur en *beauté*; et celui dont la *beauté* résidoit dans les parties du corps moins distinguées, n'alloit pas pour cela jusqu'à la *laideur*. Seulement il avoit une *beauté* moindre que l'autre. Quoi donc ! dans l'armée des Grecs, n'étoit-ce pas Achille qui les surpassoit tous en *beauté* ? Nirée n'étoit-il pas le plus *beau* après lui ? A votre avis, Nirée vaincu en *beauté* par Achille, n'étoit donc pas moins *laid* que Thersite ? Et, pour ne pas me borner à traiter ma question, en me renfermant dans le chapitre du *Beau*, Ajax ne le disputoit pas en valeur militaire à Achille, ni Diomède à Ajax, ni Sthénélus à Diomède, ni Ménesthée à Sthénélus. Et néanmoins ce ne sera pas une raison pour qu'on dise que Ménesthée étoit sans valeur, eu égard à Sthénélus; Sthénélus, eu égard à Diomède; Diomède, eu égard à Ajax; et Ajax, eu égard à Achille. Mais il est, ici, sur le chapitre de la valeur, une gradation progressive. On ne franchit point les intermédiaires. On descend successivement des premiers degrés aux degrés inférieurs.

III. C'est nous être assez occupés de qualités corporelles, de la force et de la *beauté*. Si vous mettiez en parallèle Andromaque et Pénélope, chacune d'elles ne vous paroîtroit-elle pas un modèle de chasteté et d'amour conjugal ? Néanmoins vous donneriez la palme à Pénélope, non parce qu'elle est Grecque et l'autre Barbare, mais parce que vous croiriez devoir l'accorder au plus haut degré de vertu. Nestor est consulté par Agamemnon. Direz-vous que c'est un imbécille qui vient prendre l'avis d'un homme sensé ? Certes, vous ne voudriez point traiter avec cette indignité, insulter à ce point le chef suprême des Grecs, le fils de Jupiter, le pasteur des peuples. Et, néanmoins, tout prudent qu'il étoit lui-même, il eut besoin d'un conseiller plus prudent que lui, de Nestor. Si nous mettons actuellement en parallèle ceux d'entre les *biens* (10) qui ont des points de similitude, des rapports communs, je n'en réussirai pas mieux à vous persuader qu'il existe entr'eux du plus et du moins, et qu'ils sont séparés par une différence d'intensité (11). Car vous prétendez que la *santé* est une chose simple. Or, quelle est la chose du monde qui l'est moins? Car les corps, dans leur constitution organique, sont susceptibles, quant à la mesure de la *santé*, d'un bien plus grand nombre de modifications, que les âmes dans leur manière d'être. C'est tout le contraire de votre opinion. Celui qui s'efforce d'atteindre le point suprême de l'hygiène, poursuit une chimère, une chose fugitive, que ne saisiroient pas sans peine Esculape même ou Chiron. Mais celui qui, au milieu des divers degrés accessibles à ses efforts, se contente de celui où il arrive, est assez entendu dans son art, sans désespérer d'ailleurs de parvenir jusqu'au degré le plus élevé. Il en est de même des *biens*. Or, comme il est trois points-de-vue qui mènent à la solution de la question qui nous occupe, le premier, celui *de la vérité*, dans un sens intrinsèque, le second celui *de la possibilité*, le troisième celui de *l'utilité*, nous la considérerons sous chacun de ces rapports, après avoir renversé l'ordre dans lequel nous venons de les présenter, pour commencer par le rapport de l'utilité. Nous n'admettrons donc encore, ni comme possible, ni comme vrai, ce que nous disons, qu'il est des *biens* plus grands que d'autres *biens*. Examinons donc notre question, eu égard à *l'utilité*. Car il est bien des choses, qui, quoiqu'elles ne fussent ni vraies, ni possibles, n'ont pas laissé d'amener des résultats *utiles* par la confiance qu'on leur accordoit.

IV. Socrate, en quintessenciant (12) la nature du

bien, et en circonscrivant son essence dans les étroites et uniques limites du *souverain Bien*, n'a-t-il point détruit, renversé, pour la plupart des hommes, l'espérance d'y arriver? Celui qui admet, au contraire, certaines gradations, des stations intermédiaires, et conserve plusieurs étages, pousse en avant celui qui a déjà fait quelque chemin, comme s'il en avoit réellement fait la moitié; et, lorsqu'il est arrivé à ce terme, il le console de ses efforts, par son succès, de même que s'il étoit parvenu au plus haut degré du *bien* : et celui qui s'élève enfin jusqu'à ce degré suprême, est préconisé comme le plus homme-de-bien entre les probes. L'autre opinion, au contraire, n'offre-t-elle pas l'inconvénient de décerner la palme du courage à la lâcheté, le prix de la force à la foiblesse; ne détruit-elle point toute émulation entre ceux qui ont le premier rang dans la carrière; et ne confond-elle point tous les genres de mérite, entre ceux qui n'ont de commun que d'exceller également dans un genre particulier (13)? Je n'en dirai pas davantage, sur ce qui concerne *l'utilité*. Je passe à ce qui regarde *la possibilité*. C'est l'or d'un titre inférieur, et non pas le plomb, qui sert à discerner l'or d'un titre plus élevé. C'est en comparant argent à argent, airain à airain, que l'on règle le prix respectif de ces métaux. En général, on ne détermine avec exactitude les valeurs, qu'en comparant entr'elles les choses identiques quant à *l'essence*, et diverses quant à *l'intensité*. Mais, si, pour déterminer la valeur des *biens*, vous les mettez en parallèle avec des *maux*, le moyen que le plus petit des *biens* ne vous paroisse pas le plus grand (14). Car, de même que la lumière produite par le feu a beaucoup plus d'éclat au milieu de la nuit qu'en plein jour, à cause de l'obscurité qui l'environne, et qu'en plein jour, au contraire, elle est foible et sensible à peine, en comparaison de la lumière du soleil; de même, sans contredit, un *bien*, quel qu'il soit, mis en parallèle avec des *maux*, paroîtra le meilleur, le plus grand, le plus excellent des biens : ainsi qu'une petite étincelle, au milieu d'épaisses ténèbres, ainsi qu'une foible clarté, au milieu d'une profonde nuit. Mais, si vous le faites entrer en lice avec des choses de même nature, c'est alors que vous verrez quel est celui d'entre les *biens* qui est réellement le meilleur. Au lieu qu'autrement vous brouillez vos idées, et vous ne pouvez point porter de jugement sain. Voyez-vous la lune, cet astre amphibie, qui se montre également la nuit et le jour, comme elle brille, pendant la nuit, d'un éclat que le soleil fait disparoître ? Le jour, c'est donc le soleil, le plus actif et le plus brillant de tous les Corps Célestes, qui a le dessus; la nuit, c'est la lune, le plus foible de tous. Il en est de même des *biens*. Si, en les mettant au milieu des *maux*, vous les placez comme au milieu de la nuit, de l'obscurité, des ténèbres, le moins précieux d'entr'eux l'emporte. Si, au contraire, vous les comparez les uns aux autres, la victoire reste nécessairement à celui qui a le plus de valeur réelle.

V. Du rapport de la *possibilité*, je passe à celui de la *vérité* intrinsèque. Penserons-nous que la vie de l'homme soit autre chose qu'un cours d'existence partagé entre les fonctions de l'âme, les fonctions du corps, et les accidens de la fortune ? Lorsque l'harmonie règne entre ces trois élémens, et leurs attributions respectives, lorsque chacun d'eux arrive au plus haut point de son intensité, l'ensemble qui résulte de cette combinaison, s'appèle *bonheur*. Lorsque l'âme commande, à l'instar d'un Général; lorsque le corps obéit, à l'instar d'un soldat; lorsque la fortune agit et coopère, à l'instar des armes, la victoire résulte de ce triple concours. Si vous ôtez la fortune, vous désarmez le soldat. Si vous retranchez le soldat, autant vaudroit destituer le Général. Or, le soldat vaut mieux que les armes, et le Général vaut mieux que le soldat. De deux choses l'une : si, faisant cas du Général, vous méprisez le reste, quel parti le Général tirera-t-il de la fortune? Et si vous faites un cas égal de chacune de ces trois choses, quel parti la fortune tirera-t-elle du Général? Que l'âme fasse les fonctions de Général, que le corps fasse les fonctions de soldat, que la fortune soit l'auxiliaire de l'un et de l'autre; c'est fort bien; c'est à merveille; mais point d'identité d'estime et de considération entre ces trois choses. Voyez-vous, dans la navigation, comme le pilote commande au vaisseau, ainsi que l'âme commande au corps; voyez-vous comme le vaisseau obéit au pilote, ainsi que le corps à l'âme; comme les vents poussent le vaisseau, ainsi que la fortune pousse les talens. Qu'il survienne une tempête; si le vaisseau n'éprouve aucun mal, et que le pilote reste à son poste, il faut espérer qu'il n'y aura point de naufrage. Le vaisseau aura beau aller à la dérive, l'art du pilote l'empêchera d'être submergé (15). Mais, si vous commencez par le pilote, et que vous le retranchiez, le vaisseau devient inutile, quand bien même il demeureroit intact. Les vents sont également inutiles, quand bien même ils seroient favorables. D'où il suit que, sur mer, quand on navigue, le premier rôle appartient au pilote, le second au vaisseau, et le troisième à l'auxiliaire extérieur qui donne l'impulsion.

C'est ainsi que, dans la carrière de la vie, le premier rang appartient à l'âme, le second au corps, et le troisième à la fortune. Or, les *biens* propres à celle de ces choses qui est la plus considérable, sont au-dessus des biens propres à celles de ces choses qui le sont le moins.

VI. A mon avis, il n'y a point parité de mérite même entre nos sens. Homère étoit aveugle, mais il entendoit les leçons de Calliope. Atys (16) étoit sourd, mais il contemploit l'astre de la lumière. Transposez les infirmités : qu'Atys entende sans voir, et qu'Homère voie sans entendre. Atys n'entendra point les leçons de Calliope. Mais Homère ne laissera point d'être son disciple. Je n'admets pas, non plus, parité de rang, même entre les Dieux. Je m'en rapporte à Homère, lorsqu'il dit : « L'univers fut partagé en » trois Empires. Chacun des fils de Saturne eut un » rang (17) », non pas égal, car les Empires n'étoient point égaux. Il n'y a, en effet, nulle parité entre l'Empire du Ciel, et l'Empire de la Mer, entre l'Empire de la Mer et l'Empire du Tartare. Et néanmoins les trois Dieux, Pluton, Neptune et Jupiter étoient également fils de Saturne. Si Lysandre étoit Spartiate, Agésilas étoit de la famille d'Hercule. Or, en fait de vertu, je donne la prépondérance à celle qui tient à une illustre origine. Ceux qui se plaisent à dompter les chevaux, n'aiment-ils pas qu'ils soient de bonne race, « tels que ceux que Jupiter donna à » Tros, pour prix de son fils Ganymède (18) »? Le chasseur n'aime-t-il pas aussi que ses chiens courans soient de bonne race? Et le philantrope, celui qui se livre avec plaisir à la culture des hommes, ne mettra-t-il point de différence entre les extractions? Ne dira-t-il point, qu'on ne me parle pas d'Artaxerxès fils de Xerxès (19), c'est une race de lâches; ni de Crésus, fils d'Alyatte, c'est une race d'efféminés; ni d'Hippias, fils de Pisistrate, c'est une race de tyrans (20)? Mais, si l'on me parle de Léonidas ou d'Agésilas, je vois l'origine de leur vertu. Ma mémoire me rappèle Hercule. Je loue le beau sang dont ils sont issus. Plût aux Dieux qu'Athènes eût encore des descendans d'Aristide, des descendans de Socrate! Je les honorerois, comme s'ils descendoient d'Hercule, de Persée, comme les rejetons d'une illustre tige (21). Vous louez les fleuves, lorsqu'ils coulent avec limpidité, dès leur source; vous faites l'éloge des plantes qui laissent des surgeons propres à les remplacer dans leur décrépitude; et vous ne louerez point, parmi les hommes, une honorable série de générations, si, ayant pris son origine dans la vertu, comme dans une source limpide, elle se maintient dans cette pureté, sans nulle dégénération, sans nul mélange (22)? Jusque-là, c'est parler en homme : de tels principes méritent d'être avoués. Mais, si je vous interroge touchant les richesses, que me répondrez-vous? Dans quel rang les placerez-vous? Parlez nu-tête, et faites-nous entendre le langage de votre âme. Que pensez-vous des richesses? Qu'elles sont un *mal*? Pourquoi donc en avez-vous la passion? Qu'elles sont un *bien*? Pourquoi donc les fuyez-vous? « Votre langue a » proféré le serment, mais votre âme est restée muet- » te (23) ». Ne pensez ni l'un ni l'autre, ni qu'elles soient un *bien*, ni qu'elles soient un *mal* (24). Placez-les plutôt dans le milieu, dans l'intermédiaire du *mal* et du *bien*. Tenez-vous dans cette sorte d'indifférence. N'avancez, ni ne reculez. Ne sortez point des limites de cette opinion. Si, en changeant l'expression, et vous abstenant d'appeler les richesses un *bien*, vous leur attachez quelque idée de prédilection, le mot est dénaturé; vous établissez la prépondérance.

NOTES.

(1) « Jupiter, dit Homère, trouble alors l'âme de Glaucus, qui, » pour des armes d'airain du prix de neuf taureaux, donne à Diomède » des armes d'or de la valeur de cent taureaux ». Eustathe remarque, sur ce vers, que Porphyre l'entendoit dans un sens plus honorable à Glaucus. Selon lui, ce Prince ne voulut point avoir l'air de lésiner, de marchander avec Diomède. Il voulut, au contraire, montrer la générosité que lui commandoient les circonstances; et, selon Porphyre, c'est ce sentiment-là, qui, dans le sens d'Homère, fut inspiré à Glaucus par Jupiter. A la vérité, Eustathe n'admet point cette opinion de Porphyre. Mais, n'en déplaise à l'Archevêque de Thessalonique, je suis de l'avis du philosophe.

(2) *Odyssée*, chant neuvième, vers 5 et suivans.

(3) *Odyssée*, chant sixième, vers 180 et suivans.

(4) *Odyssée*, chant cinquième, vers 215 et suivans.

(5) Ceci correspond à ce qui a été dit dans la *Dissertation* précédente, sect. IV.

(6) Markland a tort, ici, de faire passer le discours de Maxime de Tyr à la seconde personne, et de mettre dans la bouche du fictif interlocuteur ce qui est beaucoup mieux dans celle d'Homère. Il s'est laissé induire dans cette erreur par Heinsius. Je viens de consulter les annotations de Reiske; et cet annotateur pense également qu'il faut laisser, ici, le texte tel qu'il est.

(7) Heinsius a commis, ici, une légère inadvertance. Χορὸν ἀγρευτικὸν dit Markland, *non est chorum agrestem, sed venatorium vel venandi peritum;* et Markland a raison.

(8) Voyez l'*Odyssée*, chant sixième, vers 106 et suivans.

(9) Voyez l'*Iliade*, chant quatrième, vers 146 et suivans. Markland remarque, ici, que Maxime de Tyr a mutilé le texte d'Homère. Cela lui arrive, en effet, la plupart du temps; ce qui prouve, ainsi que nous l'avons déjà observé plus d'une fois, que notre philosophe citoit de mémoire.

(10) Le texte porte τῶν ἀρετῶν. En conséquence, Heinsius a traduit *virtutes ;* et Pacci, avant lui, avoit apparemment lu le même mot dans son manuscrit, puisqu'il a traduit : *Cœterùm de virtutibus disserens.* Markland a néanmoins pensé qu'il falloit lire τῶν ἀγαθῶν, au lieu de τῶν ἀρετῶν. Maxime de Tyr paroit, en effet, se référer, ici, à ce qu'il a dit dans la *Dissertation* précédente, sect. I. « D'ailleurs, » si, prenant à part chacune des choses nécessaires aux besoins de la » vie, on met en balance avec elle les biens réels et véritables, etc. » Au surplus, dans tout le cours de la *Dissertation*, il s'agit de *biens*, et nullement de *vertus*.

(11) Markland a eu, sur ce passage, une conjecture dans laquelle il est seul de son avis. Reiske a pensé que le texte n'avoit point besoin de correction : quelque difficile qu'il soit, en effet, d'entendre cette phrase, à la première lecture, on y parvient après quelques efforts. En général, il ne faut pas trop se presser de supposer des altérations dans les passages dont le sens ne s'aperçoit pas, au premier coup-d'œil. Les inversions, et les ellypses, qui sont la source de tant de beautés dans la langue grecque, y produisent aussi quelquefois une obscurité qui exige de l'attention et du travail.

(12) L'original porte περιάγων τὸ ἀγαθὸν, et les deux annotateurs Anglois ont cherché querelle à ce participe. Que le traducteur Florentin ait eu tort de rendre le texte par *bonum circumducere*, et que, par cette version, il l'ait obscurci ; à-la-bonne-heure. Mais de chicaner l'interprétation d'Heinsius, je n'en ai pas été d'avis. Il m'a paru, au contraire, qu'en traduisant, *cum virtutem tam arctè restringit*, cet habile Helléniste avoit à la fois exprimé la pensée de Maxime de Tyr, et rendu sensible l'énergie du participe περιάγων, qui peut bien s'entendre dans un sens voisin de celui de *concentrer*, c'est-à-dire, de celui d'une opération morale analogue à celle que les chimistes désignent par le terme technique de *concentration*. Seulement, auroit-il dû rendre τὸ ἀγαθὸν par *bonum*, au lieu de *virtutem*, par la raison alléguée ci-dessus, note 10.

(13) Si, en effet, le *bien* est un, comme Maxime de Tyr l'a soutenu dans la *Dissertation* précédente, Ajax est un lâche en comparaison d'Achille, Agamemnon est un sot en comparaison de Nestor, et cet Ionien qui vint, à Babylone, montrer au grand Roi son adresse à jeter de loin des balles de pâte sur la pointe d'une aiguille, est un aussi grand personnage que le sublime Auteur de l'*Iliade* et de l'*Odyssée*.

(14) Il y a, en effet, une grande différence entre le mérite d'une chose, considéré sous un point-de-vue intrinsèque, et le mérite de cette chose, envisagé sous un point-de-vue de relation. C'est au défaut de la juste application de ce principe, que tient la diversité et

même la contrariété de nos jugemens, sur des questions identiques. L'inimitable Auteur des *Essais*, Montaigne, raisonnoit sur le fondement de cette règle, lorsqu'il disoit dans son aimable naïveté, liv. II, chap. XVII : « Les qualités mêmes qui sont en moi non reprochables, je les trouvois inutiles *en ce siècle*. La facilité de mes mœurs » on l'eust nommée lascheté et foiblesse ; la foi et la constance s'y fussent trouvées scrupuleuses et superstitieuses ; la franchise et la liberté, importune, inconsidérée et téméraire. A quelque chose sert » le malheur. Il fait bon naistre en un siècle fort despravé. Car, par » comparaison d'autrui, vous estes estimé vertueux, à bon marché. » Qui n'est que parricide, en nos jours, et sacrilège, il est homme de » bien et d'honneur :

Nunc si depositum non inficiatur amicus,
Si reddat veterem cum totâ ærugine follem,
Prodigiosa fides, et Thuscis digna libellis,
Quæque coronatâ lustrari debeat agnâ.
JUVEN. Satyr. XIII, v. 60. 15.

(15) Ce passage est, à la fois, un de ceux qui avoient été le plus défigurés dans le texte, et l'un de ceux qui ont été le plus heureusement restaurés par les critiques Anglois.

(16) Heinsius relève, ici, une faute de mémoire de Maxime de Tyr. Atys, fils de Crésus, qui fut tué sans intention, par le Phrygien Adraste, n'étoit point sourd. Ce sourd-là, auquel notre Auteur fait allusion, étoit un autre individu que les historiens ne nomment pas. Voyez *Hérodote*, liv. I, n°. 34, 43 et 85.

(17) *Iliade*, chant quinzième, vers 189.

(18) *Iliade*, chant cinquième, vers 265.

(19) Il est, ici, question d'Artaxerxès, surnommé *Longue-main*. Voyez *Hérodote*, liv. VII, n°. 106 et 151 ; et *Plutarque*, dans la vie de ce Prince.

(20) Le texte porte littéralement : *C'est une race de méchans, de pervers.*

(21) Heinsius a traduit εὐπατρίδας par *patricios*, et Formey a rendu *patricios* par cette périphrase du mot *patricien*, « comme devant être » mis au rang des premières familles de l'État ». Pacci a traduit, *Cum omnibus præterea qui benefici in patriam fuerunt.* J'ai cru devoir me tenir plus près de la lettre du texte. Au reste, selon les Platoniciens, *la noblesse* avoit quatre sources, mais la plus considérable, à leurs yeux, étoit celle qui avoit son fondement dans la grandeur, dans l'élévation de l'âme. ἐάν τις ᾖ γεννάδας τὴν ψυχὴν, ᾗ μεγαλόψυχος. Voyez *Diogène-Laërce*, liv. III, sect. 88 et 89

(22) Sur la foi des deux manuscrits qui lui ont servi de guide, Davies a ajouté à cette phrase deux mots grecs, qu'Heinsius ni Pacci n'ont point trouvés dans les manuscrits sur lesquels ils ont travaillé.

(23) C'est un passage de l'*Hyppolite* d'Euripide, vers 612.

(24) Tout dépend, en effet, des voies par lesquelles on les acquiert, et de l'usage qu'on en fait, après qu'on les a acquises. « Si je peux » amasser du bien », dit le philosophe, dans le *Manuel* d'Epictète, chap. 31 : « Si je peux amasser du bien, sans manquer à mon hon» neur, à ma bonne-foi, à ma grandeur d'âme, montrez-moi le » moyen, et j'en amasserai ». Que n'a-t-on pas dit, d'ailleurs, contre l'amour désordonné des richesses, cette éternelle, cette incurable maladie du cœur humain, depuis le poëte Grec, de qui Virgile a emprunté son énergique sentence :

. . . . *Quid non mortalia pectora cogis*
Auri sacra fames !

jusqu'au poëte François qui a paraphrasé la même pensée ?

Et l'intérêt, ce vil Roi de la terre,
Pour qui l'on fait et la paix et la guerre,
Triste et pensif auprès d'un coffre-fort,
Vend le plus foible au crime du plus fort.

Cette aveugle passion a fourni, dans tous les temps, un beau lieu commun de déclamation. Les deux meilleurs mots de l'Antiquité que l'on connoisse, sur ce sujet, sont, l'un de Diogène, et l'autre de Démosthène. Voici le premier : « Si Diogène », disoit le voluptueux Aristippe, « savoit faire la cour aux tyrans, il ne se contenteroit pas » de légumes ». Diogène, instruit de ce propos, répondit : « Si Aris» tippe savoit se contenter de légumes, il ne feroit pas sa cour aux ty» rans ». Voici le second : dans sa célèbre *Oraison* περὶ στεφάνου, (le désespoir des Orateurs de tous les âges) Démosthène, en repoussant les reproches de vénalité et de corruption qu'Æschines avoit dirigés contre lui, « s'honore d'être né avec un patrimoine suffisant pour le » dispenser de ramper auprès de la Puissance avec lâcheté, et de men» dier ses faveurs avec bassesse ».

Paris, le 18 nivôse an IX. (8 janvier 1801).

DISSERTATION XLI.

Dieu étant l'auteur des biens, d'où viennent les maux?

On rapporte qu'Alexandre, le Macédonien, étant entré dans le temple de Jupiter-Ammon, et ayant été appelé *fils d'Ammon*, en demeura persuadé, en conséquence de ce que dit Homère, qui appèle Jupiter, « le père des Dieux et des hommes (1) ». Satisfait de cet oracle (2), il ne jugea point à propos de demander rien de plus à son père, ni touchant la fuite de Darius, ni touchant les combats qu'il alloit livrer, ni touchant les malheurs de la Grèce, ni touchant les bouleversemens de l'Asie. Mais, comme s'il n'avoit eu rien à désirer d'ailleurs, il interrogea Jupiter touchant le Nil, et lui demanda d'où partoit ce fleuve pour descendre en Égypte (3). Etoit-ce donc là l'unique chose qui manquât à son *bonheur*; et, en l'apprenant, devoit-il être pleinement heureux (4)? Non, par Jupiter! Quand même, outre la source du Nil, il auroit parfaitement connu tout ce qui intéressoit le Danube, ou même l'Océan; quand il auroit su si l'Océan est une espèce de fleuve, qui environne toute la terre, s'il est l'origine et la source de la mer qui baigne nos rivages, s'il n'est qu'un marais destiné à recevoir, à leur coucher, le soleil et la lune, ou que toute autre des choses nées de l'imagination des poëtes. Il auroit dû laisser couler les fleuves des lieux où Jupiter a placé leurs sources; et, après

après être arrivé, ou au temple d'Ammon, ou auprès des chênes du pays des Thesprotiens, ou auprès de la Pythonisse du Parnasse, ou auprès de l'Oracle du fleuve Ismènes (5), ou auprès de l'Oracle de Délos, ou auprès de tout autre, soit Grec, soit Barbare, prier Jupiter ou Apollon de rendre une réponse unique, mais d'une utilité commune et générale pour toute l'Espèce humaine. Certes, c'étoit sur cette question qu'il eût été plus important pour le genre humain de consulter les Dieux, que de les consulter, comme les Doriens, sur leur expédition dans le Péloponnèse ; comme les Athéniens, sur leur expédition en Ionie (6) ; ou comme les Corinthiens, sur leur expédition en Sicile.

II. Voyons ; faisons comme si nous étions chargés d'une mission semblable, de consulter les Oracles sur une question qui intéressât l'Espèce humaine ; et demandons à Jupiter quel est l'auteur et le dispensateur des *biens* parmi les hommes ; quelle en est l'origine ; quelle en est la source, et d'où ils émanent. Certes, nous n'avons nul besoin de fatiguer Jupiter d'une semblable question, lorsque nous sentons d'où viennent les biens, lorsque nous en voyons la cause, lorsque nous en savons l'origine, lorsque nous connoissons celui qui en est l'auteur et qui les dispense, savoir : l'ordonnateur harmonique du firmament, le cocher du soleil et de la lune, le coryphée des divers genres de mouvemens auxquels les astres sont subordonnés dans leur cours, le régulateur des saisons, l'économe des vents (7), celui qui a été l'architecte de la mer et de la terre, celui qui marque le lit des fleuves, celui qui fait naître et mourir les fruits, celui qui engendre les animaux, celui dont émanent la végétation, la pluie, la fécondité, l'existence, la vie; celui dont l'intelligence inaltérable, incorruptible, se promène avec une facile rapidité, et comme d'un coup-d'œil, sur tout ce qui existe, et embellit tout ce qu'elle touche, semblable aux rayons qui s'élancent du soleil, et qui, dirigés vers la terre, remplissent d'éclat toute la partie qu'ils en embrassent. Or, en quoi consiste le mode de ce contact de la suprême intelligence? J'avoue que je ne peux point le dire, mais Homère nous le donne indirectement à entendre, dans ce passage : « Il dit, et » le fils de Saturne fit un signe d'approbation avec » ses blonds sourcils (8) ». Ce fut aussi d'un clin des sourcils de Jupiter que reçurent l'existence, et la terre, et tous les animaux qu'elle nourrit, et la mer, et tous les êtres qui l'habitent, et l'air, et tous les volatiles qui le peuplent, et le firmament, et tous les Corps qui s'y meuvent. Jupiter cligna le sourcil, et toutes ces œuvres existèrent (9). Jusque-là je n'ai pas besoin d'oracle; j'en crois Homère; je m'en rapporte à Platon; et j'ai pitié d'Épicure.

III. Mais, si je passe à ce qui concerne les *maux*, d'où sont-ils venus ici-bas? Quelles en sont les sourcés? Qui les a produits? Dans quels lieux ont-ils pris naissance? Est-ce en Ethiopie, comme la peste? Est-ce à Babylone, comme Xerxès? Est-ce dans la Macédoine, comme Philippe? Car ils ne viennent point du Ciel, de par tous les Dieux! Ils ne viennent point du Ciel. « Les immortels ne peuvent encourir aucun sujet de reproche (10) ». C'est ici, sans doute, c'est ici que j'ai besoin des Oracles. Interrogeons les Dieux, Jupiter, Apollon, et vous tous, autres Dieux qui rendez des oracles, et qui prenez quelque intérêt au Genre humain, dites-nous, de grâce, dites-nous, quelle est l'origine des maux? Quelles sont leurs causes? Comment nous en défendrons-nous? Comment les éviterons-nous? « Car il est permis de fuir les *maux* et de s'y sous- » traire (11) ». Ne voyez-vous point quelle multitude de *maux* s'agitent ici-bas, et s'attachent aux destinées humaines? N'entendez-vous pas tout retentir de lamentations, de gémissemens? L'homme se plaint que les maladies soient entrées, comme élémens de construction, dans la structure de sa machine. Il se plaint de l'instabilité de la santé, et de son ignorance sur la durée de la vie. Quel est, en effet, l'âge de l'homme où il ne soit point sujet à souffrir? A peine né, à peine sorti du sein de sa mère, à peine retiré des langes de la Nature, il ne fait que pleurer et vagir. A mesure qu'il grandit et qu'il s'approche de l'adolescence, la fougue des passions s'empare de lui; l'intempérance le gagne. Arrive-t-il à la jeunesse, il s'échauffe, il s'enflamme, il devient effréné; on ne peut plus le contenir. Parvient-il jusqu'à la vieillesse, jusqu'à la décrépitude, jusqu'au bord du tombeau; son corps n'est plus pour son âme que le domicile le plus incommode. Il devient hargneux, acariâtre, inerte. Il ne peut plus supporter ni la pluie, ni le vent, ni le soleil; il accuse continuellement les saisons et l'atmosphère; il ne cesse de faire la guerre à Jupiter (12). L'hiver, il se surcharge de vêtemens. L'été, il faut qu'il se rafraîchisse. Gorgé d'alimens, il provoque la digestion : la digestion faite, il se gorge encore d'alimens. A l'instar de l'Euripe, semblable au flux et reflux de la mer, il n'est jamais stable, jamais en repos. Rien ne le rassasie ; rien ne le contente. Il mange avec voracité. Il n'a jamais ni assez d'habits, ni assez de chaussures, ni assez d'aromates (13), ni assez de remèdes, ni assez de bains. Plusieurs individus, plusieurs arts ne servent qu'à un individu unique, tandis qu'un seul pâtre suffit à des milliers de chevaux, à des milliers de boeufs, et un seul berger à des milliers de brebis (14). Malgré tout cela, tant d'appareil est insuffisant. Car quels moyens a l'homme pour se soustraire aux incursions de la peste? Quelle digue peut-il opposer aux torrens de la pluie qui tombe du ciel? Comment peut-il comprimer les tremblemens de terre, et amortir les feux que vomissent les volcans? Voyez-vous la série et la succession des *maux*? Voyez-vous la continuité des périls? « De tous les êtres que nourrit la terre, » l'homme est le plus infortuné (15) ». Si nous tournons nos regards du côté de l'âme, nous verrons les maladies se répandre en foule sur elle. Ecarterez-vous la douleur? Elle sera en proie à la crainte. Eloignerez-vous la crainte? Elle sera en proie à la colère. Appaiserez-vous la colère? L'envie en prendra la place. Les affections désordonnées l'assiègent de tous côtés. Les *maux* naissent de tout ce qui est en contact avec elle. Elle ne sauroit compter sur un moment de relâche.

IV. Que répondront à cela Jupiter, Apollon, et les autres Dieux qui rendent des oracles? Ecoutons leur interprète, qui s'exprime ainsi : « Les hommes nous » accusent d'être les auteurs de leurs maux, tandis » qu'ils s'attirent eux-mêmes, par leur propre faute, » des malheurs auxquels ils n'étoient point destinés (16) ». Quelle est donc la cause des crimes des hommes? Regardons le ciel et la terre comme deux demeures différentes, dont l'une est inaccessible à tous les *maux*, et l'autre offre le mélange des *maux* et des *biens*, de manière que les *biens* tirent leur origine de la première, et que dans l'autre, les *maux* prennent leur source dans une native et spontanée méchanceté. Cette méchanceté est de deux espèces. La première tient aux affections matérielles du corps, et l'autre aux fonctions morales de l'âme (17). Parlons d'abord de la première. Vous voyez de la matière soumise à la manipulation d'un habile ouvrier. L'ornement que reçoit cette matière, est l'œuvre de l'art. Si, au contraire, cette matière reçoit quelque difformité, (car les choses humaines ne se font point elles-mêmes (18) ce qu'elles sont), n'en accusez point l'art. Un artiste ne peut pas avoir l'intention d'agir contre les règles de son art, ni un Législateur contre les principes de la justice; et l'Intelligence divine atteint son but avec bien plus de précision et d'exactitude que l'homme dans tout ce qu'il entreprend. De même donc que dans la manipulation des arts, tandis que l'artiste, plein de son objet, fait certaines choses qui tendent, d'une manière directe et spéciale, à sa fin, il résulte de cette manipulation même d'autres choses, qui ne sont point dans l'intention de l'artiste, mais qui sont de purs résultats de la matière, telles que les bluettes qui s'échappent de l'enclume, les étincelles qui s'élèvent d'un foyer ardent, ou telle autre chose semblable; effet nécessaire de la manipulation de l'artiste, et nullement objet primordial de son intention: de même, en ce qui concerne les accidens qui arrivent sur la terre, et que nous regardons comme des déluges de *maux* pour l'humanité, il ne faut point les imputer à l'art qui gouverne le monde; mais plutôt les envisager comme des accessoires qui résultent nécessairement de l'immense manipulation de l'Univers. Ce que nous appelons *maux* et *destruction*, ce qui devient pour nous sujet de deuil et de larmes, le Grand Ouvrier l'appèle *conservation* et *salut du Tout*. Car sa providence s'étend sur le tout ; et la nécessité exige que la partie souffre pour l'intérêt du Tout. Athènes est attaquée de la peste : Lacédémone éprouve des tremblemens de terre : la Thessalie est submergée : le mont Etna est en feu. Mais à quelle époque Jupiter avoit-il donc promis l'immortalité aux Athéniens ? Car, si la peste eût cessé, Alcibiade n'auroit-il point exécuté son expédition en Sicile ? A quelle époque avoit-il promis aux Lacédémoniens que leur territoire seroit exempt de tremblemens de terre ; aux Thessaliens, que leurs campagnes ne seroient point inondées ; aux Siciliens, qu'ils ne seroient point incendiés par les irruptions de l'Etna ? Jusque-là, il ne s'agit que de la condition et des *maux* du corps. En considérant ces accidens divers que vous nommez *destruction*, vous ne faites attention qu'aux êtres qui périssent, au lieu que je nomme ces mêmes accidens *salut* et *conservation*, parce que j'envisage la série des êtres et leur succession. Vous voyez la transmutation d'existence entre les corps, leurs alternatives de génération, le sens-dessus-dessous d'Héraclite, qui disoit que la vie étoit la cause de la mort, et que la mort étoit le germe de la vie. Le feu vit aux dépens de la terre, l'air vit aux dépens du feu, l'eau vit aux dépens de l'air, et la terre aux dépens de l'eau. Telle est la succession, la vicissitude de vitalité entre les êtres ; telle est la rotation de l'Univers entier, entre la vie et la mort, entre la mort et la vie.

V. Passons actuellement à cette autre source des *maux* que nous avons appelée native et spontanée, qui s'engendre, et reçoit ses développemens, dans les *puissances morales* de l'âme, et qui se nomme proprement *méchanceté* (19). Voilà la cause qui meut la volonté; DIEU n'y a point de part. Car, puisqu'il falloit que la terre fût créée susceptible de produire des des fruits, de nourrir des animaux, et de fournir à la subsistance des nombreuses espèces d'êtres qui la peuplent, et que, d'un autre côté, elle recélât dans son sein le germe des *maux*, il fallut que ces germes, expulsés du ciel, subissent ici-bas des combinaisons avec les choses terrestres. Après avoir donné l'existence aux nombreuses et diverses espèces d'animaux, DIEU les distribua d'abord en deux classes principales, dont la première fut destinée à offrir beaucoup de variétés dans la manière de s'alimenter et de vivre, dans sa structure corporelle, à être destituée d'intelligence et de raison, à s'entre-dévorer, à n'avoir aucune notion de DIEU, à n'être point susceptible de vertu, à ne connoître d'autre besoin que celui d'une pâture éphémère, à ne vivre sous d'autres lois que sous l'empire des sensations, à posséder une certaine mesure de forces physiques, mais incapable de toute fonction rationnelle : et la seconde, celle de l'espèce humaine, fut destinée à être homogène, susceptible d'identité de lois et d'unité, foible en ce qui concerne le corps, d'une force à toute épreuve, sous le rapport des facultés intellectuelles, capable de la connoissance de DIEU, des formes politiques, appropriée aux douceurs de la sociabilité, amie de la justice, des lois, et sensible à l'amitié. Il falloit donc que cette espèce fût supérieure à toutes les autres. Mais, en même temps, elle devoit être, je pense, inférieure à DIEU, sans néanmoins que cette infériorité fût fondée sur ce qu'elle étoit sujète à la mort. Car ce que le vulgaire des hommes appèle *mort*, cela même est *le commencement de l'immortalité*; c'est la naissance dans la vie à venir, après que les corps ont été dissous par le temps et par l'effet des lois physiques auxquelles ils sont soumis (20); et lorsque l'âme retourne au même lieu, et à la même existence, qu'elle avoit auparavant (21). Le moyen que DIEU imagina de rendre la condition de l'homme inférieure à la sienne, fut d'attacher l'âme à un corps de terre, comme un cocher à un char; et après avoir abandonné les rênes aux mains du cocher, il le laissa se diriger dans la carrière, muni de sa part de la force nécessaire pour se bien conduire, mais revêtu, en même temps, du pouvoir de se perdre. Lorsque l'âme est montée sur le char, et qu'elle s'est emparée des rênes (22), si elle est destinée à la félicité et au bonheur, elle n'oublie point que c'est DIEU qui l'a placée sur ce char, que c'est lui qui lui en confie la conduite; aussi elle tient les rênes avec attention; elle conserve la direction du char; elle réprime les écarts des coursiers. Or, ceux-ci ont des affections différentes. Ils veulent aller, l'un d'un côté, l'autre de l'autre. L'un est enclin à l'intempérance, à la gourmandise, à la lubricité. L'autre est fougueux, emporté, téméraire. Celui-ci est sans vigueur et sans énergie. Celui-là est servile, bas et rampant. Le char, ainsi livré à des impulsions contraires, met le cocher dans l'embarras. Si les chevaux lui forcent la main, et qu'ils se rendent maîtres de lui, l'essieu est emporté dans la direction que lui donne celui des chevaux qui prend le dessus. Tantôt entraîné par celui que les passions brutales dominent, le char se précipite, avec le cocher, dans la luxure, dans l'ivrognerie, dans l'incontinence, et autres infâmes et impures jouissances de cette nature. Tantôt entraîné par celui qu'emporte une aveugle fougue, il est jeté au travers de tous les genres de maux (25).

NOTES.

(1) Ce ne fut pas, sans doute, en conséquence de l'expression d'Homère, qu'Alexandre prit au mot le Grand-Prêtre de Jupiter. Car, à ce compte, le dernier goujat de l'armée du Roi de Macédoine eût été son frère.

(2) Le mot du Grand-Prêtre avoit donc un peu plus de sens pour Alexandre, que le mot du poëte.

(3) Si l'on s'en rapporte à d'autres Auteurs, Alexandre ne fit point au Grand-prêtre de Jupiter cette question ridicule, touchant les sources du Nil. Il lui demanda, *si son père lui destinoit l'Empire de l'Univers*. En habile courtisan, le Hiérophante lui repondit, qu'*Il deviendroit le maître de toute la terre*. Alexandre lui demanda encore, *si tous les assassins de son père avoient été punis*. Le Hiérophante, pour lui faire sa cour avec encore plus de délicatesse, lui répondit, *que son père ne pouvoit être atteint par aucun assassinat; mais que tous les assassins de Philippe avoient péri par les supplices*. Voyez *Quinte-Curce*, liv. IV, chap. 7, n°. 26; *Diodore de Sicile*, liv. XVII, pag. 528; Plutarque, *Vie d'Alexandre*, et Justin, liv. X, chap. 11.

(4) Markland pense que cette phrase doit se terminer par un point d'interrogation. Cela m'a paru évident, d'après le début de la phrase suivante.

(5) Ce fleuve étoit en Béotie. Apollon avoit un Oracle non loin de ses bords. Voyez *Pausanias*, liv. X, chap. 10; et Pindare dans ses *Pythiques*, Ode 11, vers septième et suivans.

(6) Formey a traduit: « Une pareille consultation auroit été, si je » ne me trompe, plus avantageuse que celle des Athéniens au sujet » du Péloponnèse, ou de l'Ionie, ou bien celle des Corinthiens au » sujet de la Sicile ». Je ne m'arrêterai pas à l'impropriété du mot *consultation* employé par le traducteur Prussien. Celui qui écrit dans

une langue qui n'est pas sa langue-mère, est très-exposé à de semblables bévues. Mais Formey en a commis, ici, une autre qui mérite moins d'indulgence. Pourquoi a-t-il mis sur le compte des Athéniens seuls la *consultation* de l'Oracle au sujet *du Péloponnèse et de l'Ionie;* tandis que la première appartient aux Doriens, dont il ne parle pas, et que la version latine d'Heinsius ne lui permettoit pas de s'y tromper : *Quam cum de Peloponneso Dorici, aut de Ioniâ Athenienses, etc.*

(7) C'est la lettre du texte.

(8) *Iliade*, onzième chant, vers 528.

(9) On a justement admiré et regardé comme sublime, ce mot de Moïse, au premier chapitre de la *Génèse* : « Dieu dit que la lumière » soit, et la lumière fut ». Mais Moïse distribue, sans trop en donner la raison, l'œuvre de la création en six jours. Comme l'idée de Maxime de Tyr est bien plus grande et bien plus magnifique, « Jupiter » cligna le sourcil, et l'Univers reçut l'être ».

(10) Ni les traducteurs latins, ni les annotateurs Anglais, ne me paroissent avoir aperçu le vrai sens de ce passage. Ils l'ont tous entendu comme si le mot grec φθόνος, signifioit, ici, comme il le fait ordinairement, *l'envie*, ce sentiment pénible et haineux que nous inspire l'aspect du bonheur d'autrui. Or, il est évident que cette acception ne donne à la phrase, ni un sens raisonnable en lui-même, ni un sens d'analogie. Mais, outre cette acception, le mot φθόνος en a une autre, qui le rend synonyme de μέμψις, ψόγος, ἐπιτίμησις, qui signifient *reproche*, *blâme*, *repréhension*. C'est dans ce sens qu'Euripide a dit dans son Hécube, ἀποφθείνειν φθόνος γυναῖκας, *C'est une action repréhensible de tuer des femmes*.

(11) *Iliade*, chant 14, vers 80. La traduction vulgaire de ce vers porte : *Neque enim ullam culpam meretur fugisse malum.* Pacci l'a rendu par ce vers latin :

Nulla sit invidia à nobis mala prava fugare.

Heinsius l'a rendu par cet autre vers latin, qui n'est, à peu près, que celui de Pacci :

Nulla etenim invidia est longè mala prava fugare.

Et Formey a mutilé ce sens en traduisant :

Rien ne peut les bannir, les chasser loin de nous.

Il a travesti un aphorisme de morale, en une plate réflexion. D'ailleurs, nous remarquerons, ici, que dans les deux vers latins de Pacci et d'Heinsius, le mot *invidia* a le même sens que le mot φθόνος dans la note précédente.

(12) Maxime de Tyr fait, sans doute, allusion, ici, à ce proverbe des Anciens que Théognis a judicieusement appliqué à la morale :

. . . . οὐδὲ γὰρ ὁ Ζεὺς
οὔτ' ὕων πάντας ἁνδάνει, οὔτ' ἀνέχων. Vers. 25 et 26.

Jupiter nec pluvius nec serenus omnes juvat.

« Soit pluie, soit beau temps, Jupiter ne sauroit plaire à tout le » monde ».

(13) Formey a rendu le mot latin *unctionibus* par *oignemens*, que je n'ai trouvé ni dans *Richelet*, ni dans le *Dictionnaire de l'Académie*. Je n'ai pas voulu employer le mot *onguent* dans son acception étymologique et primitive, et lui faire signifier *les drogues aromatiques* et *les essences* dont se parfumoient les Anciens. L'Académie a décidé que ce mot n'étoit plus en usage dans ce sens-là.

(14) Formey a traduit un *écuyer*, eu égard aux chevaux, et un *bouvier*, eu égard aux bœufs. Il s'est évidemment trompé. D'abord les mots grecs ἱπποφορβὸς et βουφορβὸς signifient littéralement : *Celui qui fait paître les chevaux, celui qui fait paître les bœufs*; et jusque-là, il n'y a ni *écuyer* ni *bouvier*. D'ailleurs, il est clair que ce n'est guère que dans un pâturage qu'un seul homme peut commander à une multitude de chevaux ou de bœufs.

(15) *Infortuné*; C'est ainsi que Pacci et Heinsius ont rendu le mot grec ἀκιδνότερον. Si je ne me trompe, ce n'est point-là le vrai sens de cette épithète. D'autres ont traduit *ærumnosius*, sans avoir été plus heureux. Le Cit. Bitaubé l'a rendu par, *le plus foible*. Cette acception est la plus voisine du sens littéral. Mais jusque-là peut-être, la pensée d'Homère n'est pas rendue. A mon avis, le sixième et septième vers qui suivent celui où se trouve le mot en question (*Odyssée*, chant 18, vers 129), et que le Cit. Bitaubé a rendus avec autant de précision que d'élégance : « Tel est le cœur de ce fragile habitant de la terre, il » change avec les jours que le père des Dieux et des mortels lui en- » voie », servent d'explication et de commentaire à l'épithète dont s'agit, et quelle que soit sa signification littérale, je pense que, placée où elle est, elle doit être rendue à peu près ainsi : « De tous les êtres » que nourrit la terre, l'homme est celui qui offre le plus de disparates » et de contrastes ». Selon un des Scholiastes de Sophocle, ce vers d'Homère exprime la même pensée que celle qui se trouve renfermée dans les 125ᵉ. et 126ᵉ. vers de l'*Ajax Furieux* du poëte tragique que nous venons de citer. Témoin de la déplorable démence d'Ajax, Ulysse dit à Minerve : « Je vois que nous tous qui vivons, ici-bas, » ne sommes rien de plus que des fantômes, qu'une ombre légère ».

(16) Le plus grand nombre des traducteurs d'Homère omettent, dans la traduction de ce beau passage, deux mots qui m'y paroissent essentiels, ὑπὲρ μόρον, puisqu'ils servent à faire connoître l'opinion d'Homère, et des penseurs ses contemporains, sur l'obscure et délicate matière de la prédestination. Rochefort a senti tout le poids de ces deux mots, et les a très-fidèlement rendus. Il fait parler Jupiter :

> « Des mortels, disoit-il, voyez les injustices.
> » Ils sont, à les entendre, en butte à nos caprices,
> » Leurs maux viennent de nous. Cependant leurs fureurs,
> » *Contre les lois du sort*, causent tous leurs malheurs ».

(17) Le sens de ce passage est assez difficile à rendre, même à ne consulter que les versions latines. Formey l'a senti, et il s'est tiré d'affaire, en laissant tout bonnement ce passage de côté.

(18) Markland a très-judicieusement aperçu que ces mots grecs ἀκρατῶς ἑαυτῶν τὰ ἐν γῇ ἔχοντα, formoient ce qu'on appèle dans la Syntaxe grecque un *accusatif absolu*, et qu'il falloit les rendre, en les considérant comme placés entre deux parenthèses, par les mots suivans : *Cùm res terrestres non sint sui juris.* Quel sens pénible et embarrassé Pacci et Heinsius n'ont-ils pas donné à ce passage, faute d'avoir eu la sagacité grammaticale de Markland.

(19) Cette question de l'origine du *mal moral* a joué un grand rôle dans le *monde intellectuel*, depuis qu'elle fut agitée, pour la première fois, dans l'école de Pythagore. De l'habitude où étoient ceux des disciples de ce philosophe, qu'on a distingués par l'épithète d'ακουσματικοὺς d'interroger toujours *au superlatif*, étoit née cette question : « Quelle » est de toutes les propositions la plus véritable ». On avoit fait à cette question cette réponse : « C'est que DIEU est bon, et que les hommes » sont méchans ». Il n'y eut qu'un pas à faire de cette réponse à cette autre question : « Si DIEU est bon, d'où vient que les hommes sont » méchans » ? et ce pas-là, on le fit. Il en résulta pour l'entendement humain un vrai *nœud gordien*, qui a été et qui sera probablement à jamais la pierre d'achoppement de la métaphysique. Les philosophes païens ne purent s'en tirer qu'en aboutissant aux *deux principes*, qui devinrent la base de l'hérésie des Manichéens ; et les Pères de l'Église, en se jetant dans le *franc-arbitre*, ne firent que remplacer une difficulté par des difficultés plus grandes.

La doctrine particulière de Platon, sur ce point, n'étoit, au fond, qu'une sorte de manichéisme ; et, dans la très-exacte analyse que Bayle a faite de cette Dissertation-ci, dans son article *Pauliciens*, note L, il a très-judicieusement remarqué que Maxime de Tyr admet, ainsi que Platon, deux principes, DIEU et la *Matière* ; l'un *bon* ; mais incapable de corriger la *méchanceté* de l'autre ; et que, par-là, il laisse à découvert la suprême bonté et la suprême sainteté que Platon reconnoissoit dans l'Être éternel.

Au surplus, s'il en faut croire Simplicius, le commentateur d'Épictète, chap. XXXIV, les difficultés inhérentes à cette question ont eu des conséquences funestes. La manière défectueuse avec laquelle ces difficultés ont été résolues, les doutes et les incertitudes que ce grand inconvénient a répandus sur une matière qui tient de si près aux premières notions des lumières naturelles, n'ont pas peu contribué, selon lui, à semer des germes d'athéisme, et à pervertir les élémens de la morale. Remarquons, en passant, que ce qui arriva, dans les temps voisins de Simplicius, au sujet de la morale, est arrivé dans ces derniers siècles, au sujet de la métaphysique. Pour avoir prétendu que l'existence du soleil, de la lune, de la terre, de la mer, et de tous les objets qui frappent nos sens (chose dont on n'avoit point douté depuis l'extinction de l'ancienne secte des Sceptiques) avoit besoin d'être prouvée selon les règles et dans les formes *de la dialectique*, Descartes a ouvert, le premier, la porte au Pyrrhonisme moderne. Voici comme s'en exprime le *Docteur Thomas Reid*, dans ses excellens Essais sur les facultés intellectuelles de l'homme, *Essai VI*, chap. 4, pag. 557. *Thus, before the time of Descartes, it was taken for a first principle that there is a sun and a moon, and earth, and sea, which really exist, whether we think of them or not. Descartes thought that the existence of those things ought to be proved by argument; and, in this, he has been followed by Malebranche, Arnauld, and Locke. They have all laboured to prove by very weak reasoning the existence of external objects of sense; and Berkeley and Hume, sensible of the weakness of their arguments, have been led to deny their existence altogether.* C'est ainsi que l'esprit humain, en voulant agiter certaines questions, en cherchant à s'élancer au-delà de sa sphère, finit par ne savoir plus où se fixer, et par se trouver dans la situation de cet Abbé, dont parle Bayle, qui, au milieu de son incertitude théologique, au sujet des Calvinistes, des Jansénistes, des Thomistes et des Molinistes, disoit: *Quem fugiam habeo, quem sequar non habeo.* « Je connois bien quelle » est la doctrine que je dois rejeter ; mais je ne connois pas quelle est » celle que je dois admettre ».

(20) Voilà bien la doctrine *de la résurrection*, article de foi de la Religion Chrétienne, non-seulement quant au fonds et à la substance du dogme, mais même quant à l'expression. « Le corps », disent les saints livres, « retourne à la terre d'où il a été tiré ; l'esprit retourne » à DIEU qui l'a donné ».

(21) Platon considéroit l'âme dans trois différentes manières d'être ;

la première, dans son existence, avant qu'elle entrât dans le corps ; la seconde, dans son existence, pendant qu'elle étoit dans le corps ; la troisième, dans son existence, après qu'elle étoit sortie du corps. D'ailleurs, Maxime de Tyr emprunte tout ceci du traité de son maître, intitulé *le Phædre*.

(22) On trouve dans le livre VI, chap. 17, n°. 13 des *Institutions* de Lactance, un passage bien analogue à celui-ci : « Ces passions de » l'âme ressemblent à un char attelé. Pour le conduire à bien, le pre- » mier devoir du cocher est de bien connoitre sa route. S'il ne s'en » écarte pas, il ne lui arrivera point d'accident, avec quelque rapidité » qu'il aille. Mais, s'il s'en écarte, en vain marchera-t-il avec précau- » tion et lenteur ; ou bien il courra des risques parmi des endroits sca- » breux, ou bien il se jetera dans des précipices, ou bien il arrivera » dans un lieu où il n'avoit pas besoin d'aller. C'est ainsi que le cours » de cette vie, qui est dirigé par les passions, comme par de fringans » chevaux » ; et la suite.

(23) Markland pense que le dernier mot de cette Dissertation doit être accompagné de plusieurs points : *Nam mutilus procul dubio est hic λόγος*. Il lui paroit que le texte est mutilé en cet endroit, et que l'allégorie, d'ailleurs très-belle, de Maxime de Tyr, n'a pas pu se terminer ainsi. Ni Henri-Étienne, ni Scaliger, ni Heinsius, ni Davies, ni Reiske, ni aucun des autres savans qui ont travaillé sur notre Auteur, n'ont eu cette idée. Il est donc possible que ce ne soit, de la part de Markland, qu'une conjecture gratuite.

Paris, le 30 nivôse an IX. (20 janvier 1801.)

FIN.

TABLE

Des Auteurs cités par Maxime de Tyr, telle qu'elle a été donnée dans l'édition de Davies.

Le chiffre romain indique la Dissertation.

TABLE

Des Auteurs cités ou indiqués dans les Notes.

N. B. La lettre D et le chiffre romain marquent la Dissertation, la lettre *n* et le chiffre arabe marquent la note dans son ordre arithmétique.

A.

APULÉE,

B.

C.

D.

E.

F.

G.

H.

I.

J.

K.

L.

M.

MOSCHUS,

O.

P.

Q.

R.

S.

T.

V.

X.

Z.

TABLE DES MATIÈRES

Contenues, soit dans le texte, soit dans les notes.

La lettre *D*, et le chiffre romain qui la suit, marquent la Dissertation ; la lettre *S*, et le chiffre romain qui la suit, marquent la section de la Dissertation ; la lettre *n*, et le chiffre arabe qui la suit, marquent la note dans son ordre arithmétique.

A.

B.

C.

Critobule

D.

E.

F.

G.

H.

I.

J.

L.

M.

N.

O.

P.

Périandre,

R.

S.

T.

Tydeé,

V.

Fin de la Table des Matières.

www.ingramcontent.com/pod-product-compliance
Ingram Content Group UK Ltd.
Pitfield, Milton Keynes, MK11 3LW, UK
UKHW021848190726
13855UKWH00001B/205